KB057678

어리숙한
한울님

어리숙한 한울님

동학의 비결2

심 국 보 지음

　신은 불완전하다. 세상살이를 보면 알 수 있다. 신이 완전하고 무결하다면 어찌 우리 삶이 이렇겠는가. 불완전한 신의 뜻을 바로 세우는 것은 오로지 사람의 몫이다. 신의 이름을, 절대자의 위엄을 때로는 빌리기도 하지만, 이제 신의 이름은 하나의 관행이다.

　신은 있다. 사람으로 존재한다. 사람이 곧 한울, 즉 인내천(人乃天)이다. 이런 생각을 이 책에서 밝히려 했다. 얼마나 좋은가. 조금은 실수도 하고 혼란스럽기도 하고 엉뚱하기조차 한 하느님, 하나님, 상제님, 알라, 여호와, 한울님이시여!

　완전함, 무결함을 추구하는 사람의 의지는 때로는 신으로 표출되지만, 이는 허상이다. 신은 완전하지 못하나 우리 인간의 삶은 점점 더 완전해지고 있다. 함께하기 때문이다. 지금 동학 천도교가 제대로 자리 잡지 못하고 있음은 함께하는 이가 적어서다. 적을 뿐만 아니라 낡아 보인다. 수운 최제우 선생의 말씀 그대로다. 기둥은 마른 듯하다. 그렇지만 힘은 남아 있다(柱似枯形力有餘 기둥이 마른 것 같으나 힘은 남아 있도다!). 이런 생각들을 담으려 했다. 얼마나 좋은가. '아름답도다 우리 도의 행함이여!' 라고 수운은 말씀하셨다. 또 말씀하셨다. "먼저 믿고 뒤에 정성 들여라!" 믿음은 무엇인가?

"옳고 그름을 거듭 생각해서 옳은 것은 취하고 그른 것은 버리는 쪽으로 마음을 정하라. 정한 뒤에는 다른 말을 믿지 않은 것이 믿음이다."라고 수운은 말씀하였다.

그렇다. 함부로 믿지 않는 것이 믿음이다. 정한 뒤의 다른 말을 믿지 않는 것이 믿음이다. 옳음과 그름에 대한 이해가 먼저다. 제각각의 처지와 형편에 따라 옳음과 그름에 대한 판단은 제멋대로다. 명확한 것은 '나'다. 나의 생각이, 나의 기준이 소중하다. 또 수운의 말씀을 빌려 표현하면 이렇다. "도가 있는 바를 알지 못하거든, 내가 나를 위하는 것이요 다른 것이 아니다!"

허허로움, 가을을 지나고 겨울이 오고 있다. 찬바람에 정신은 맑다. 나를, 세상을 보는 눈은 밝고 또 밝다. 구름, 바람과 먼지가 인다. 해는 짧고, 걸어야 할 길은 멀다. 어둔 공간을 주문 소리로 밝혀 보자!

지기금지 원위대강 시천주 조화정 영세불망 만사지!

<개벽신문>에 연재한 글을 모았다. 가늘고 모질고 투박한 글을 책으로 만들어주신 도서출판 모시는사람들의 박길수 대표를 비롯한 직원들에게 감사의 마음을 전한다.

2018년 겨울
탁암 심고

머리말 —5

제1부 서세동점이 끝나고 있다

서세동점이 끝나고 있다

생각하면 있고 생각하지 않으면 없다

대부분의 종교에서 신이나 절대자, 숭배의 대상은 모든 일에 완전 무결하고 전지전능하며, 도덕적·인격적으로는 지고·순수·순결하며, 악한 것과는 담을 쌓은 선한 존재이자 때로는 엄한 벌을 내리는 무서운 존재이기도 하다. 그러나 동학의 경전에 등장한 신(상제, 천주, 한울님)은 능력 면으로 보자면 전지전능하지도 않으니 다른 신에 비하면 조금 어리숙한 편이고, 착하지도 악하지 않은 존재다.

수운(水雲, 최제우)이 득도할 때다. 한울님은 수운에게 홀연히 나타나 고백하신다. 아래 인용의 '나'는 한울님이자 상제·천주(天主)이고, '너'는 수운 최제우 선생이다.

> 내 또한 공(功)이 없어 너를 세상에 내서 사람들에게 이 법을 가르치게 하니 의심치 말고 의심하지 말라.(『동경대전』「포덕문」)

한울님은 그동안 공이 없었다고 솔직히 수운에게 밝힌다. 한울님은 전지전능하지 못하여 공을 이루지 못했으니, 한마디로 능력이 좀 '딸리는' 분이다. 또한 한울님은 지극히 높고 지극히 착한 존재가 아니다. 수운은 득도한 다음 해(1861)에 몰려드는 제자들과 여러 차례 묻고 답한다. 그중에 어느 제자가 도(동학)를 배반하고 돌아가는 자에게도 왜 '강령'이 되냐고 따지듯 묻는다. 수운은 이렇게 답한다.

한울님은 선악을 가리지 않기 때문이니라.(『동경대전』「논학문」)

노이무공(勞而無功) 그리고 불택선악(不擇善惡)

강령(降靈=接靈과 降話)은 동학의 주문수행 과정에 나타나는, 온몸이 떨리거나 병이 든 것처럼 몸이 오싹해지는 현상이다. 강령은 '기화지신(氣化之神)', '접령강화'라고도 하는 것으로, 동학의 수행 과정에서 체험하는 중요한 현상이다. 무당의 신내림 같은 것이라 할 수도 있다. 접령(接靈; 한울님이 현상(떨림)으로 나타남)과 강화(降話; 한울님의 가르침이 들려 옴)로 한울님 모심을 체험할 수 있고, 이러한 체험을 하지 못한 사람은 자기의 몸에 기화지신(氣化之神)이 없으니 도를 믿는다고 하지마는 탁명교인(이름만 걸어놓은 교인)에 지나지 않는다고 말하기도 한다. 이와 관련하여 의암 손병희는 몸에는 '기화지신'이 없고 '영(靈)'이 없는 것'은 '사람이 형상을 갖추었을 뿐' 살아 있는 송장이라고 단언* 하였다.

---

* 『명리전』「활동장」, "몸에 기화의 신이 없고 … 다만 사람의 형상을 갖추었을 뿐이니라, 몸을 갖추고 영이 없는 것은 주검이니, 살고도 죽은 것은 가히 세상을 헛살았다고 말할 것이니라."

강령이라는 소중한 경험을 함으로써 한울님 모심(侍天主)을 체험했음에도 도를 배반하는 사람이 있는 것에 대해, 수운은 한울님이 선악을 가리지 않기 때문이라고 무심하게 말한다. 한울님은 악한 사람한테도 감응할 수 있다는 것이다. 전지전능한 신이라면 있을 수 없는 일이다. 한울님의 대변자인 수운이 이처럼 한울님의 어리숙함을 고백(대변)하고 있으니, 우리(사람)에게 친근하기는 하지만 절대자로서의 권위는 부족하고, 오로지 착하기만 하지도 않고 불택선악하니 어쩌면 자격 미달로 의심함직도 하다.

이러한 한울님의 체면을 살려 주고 권위를 세워 줄 필요가 있다. 그래서다. 한울님은 자신의 뜻을 펴려고 애쓰는 과정에 있는 분이며, 완성자로서 초월해 있는 신이 아니라 생성 변화해 가는 과정에 있는 분이라고 해석(표영삼, 『동학1』, 통나무, 113~114쪽)하기도 한다. 한울님은 온 천지의 생명체계 그 자체로서 자기조직력에 의해 생성 발전하는 과정에 있을 뿐이며, 완성이란 있을 수 없다. 따라서 어느 시점에서 보아도 미완의 상태이다. 이렇게 변화 과정에 있는 한울님이다 보니, 인간 역시 창조적 주체로서 역할을 해야 한다. 부모가 능력을 발휘하지 못하면 자식이 나서야 하는 이치와 다를 바 없다. 여기에는 신의 예정설이나 역사의 결정론과 같은 것이 용납되지 않는다. 인간의 역사는 인간의 주체적 노력과 책임 있는 선택에 따라 이루어진다. 사람이 역사 창조의 주체가 되어 책임 있는 선택을 할 수밖에 없다. 한울님도 제대로 사람을 만나야 비로소 역사에 남을 공덕을 이루고 그 이름을 떨칠 수 있다. 한울님은 수운 최제우를 만나 그동안 노이무공, 즉 애쓰고 노력했지만 실적이 없었는데, 수운 선생을 만나 비로소 성공했다고 솔직하게 털어놓는다.

나도 또한 개벽 이후 노이무공 하다가서 너를 만나 성공하니 나도 성공 너도 득의(得意; 뜻을 이룸) 너희 집안 운수로다.(『용담유사』「용담가」)

사람은 죽어서 어디로 가는가?

노이무공을 고백하는 한울님의 '무능력'을 제외하면 동학의 신은 다른 종교의 신과 별다르지 않다. 한울님은 주문 외고 기도하는 사람의 정성에 감응하니 충분히 인격적이며, 한울님은 스스로 귀신마저도 자신이라 했으니 유일무이한 존재이기도 하다. 다만, 한울님은 모든 사람의 몸 안에도 존재한다. 사람의 관점에서 보면 시천주(侍天主), 즉 사람이 한울님을 모시고 있는 것이다.

나는 도시 믿지 말고 한울님을 믿었어라. 네 몸에 모셨으니 사근취원(捨近取遠; 가까운 것을 버리고 먼 것을 취하려 함) 하단 말가.(『용담유사』「교훈가」)

수운 선생이 제자들에게 하신 말씀이다. 한울님은 저 높은 곳에 계시는 분이 아니라 모든 사람이 몸 안에 모시고 있으니, 가까운 곳을 외면하고 멀리서 찾으려(捨近取遠)하지 말라고 수운은 누누이 강조한다. 한울님이 어디에 계시는지 그 소재를 분명히 밝힌 것이다. 한울님이 내 몸에 계시니 따로 천당 지옥이 있을 리 없다. 수운은 천당 가고 지옥 가는 그런 영혼을 부정하였다. 그러니 죽은 뒤의 세상도 따로 있을 리 없다.

> 우습다 저 사람은 저희 부모 죽은 후에 신도 없다 이름하고 제사조차 안 지내며 오륜에 벗어나서 유원속사(唯願速死) 무삼 일고, 부모 없는 혼령혼백 저는 어찌 유독 있어 상천하고 무엇하고 어린 소리 말았어라.(『용담유사』「권학가」)
> 한나라 무고사가 아 동방 전해 와서 집집이 위한 것이 명색마다 귀신일세. 이런 지각 구경하소. 천지 역시 귀신이요 귀신 역시 음양인 줄 이같이 몰랐으니 경전 살펴 무엇하며….(『용담유사』「도덕가」)
> 귀신 역시 나(한울님)이니라(鬼神者吾也).(『동경대전』「논학문」)
> 천상에 상제님이 옥경대 계시다고 보는 듯이 말을 하니 음양이치 고사하고 허무지설 아닐런가.(『용담유사』「도덕가」)

이상의 구절들은 수운이 한울님 이외에 어떤 귀신이나 영혼은 없으며, 천당·지옥 등 내세도 없다고 부정하며 하신 말씀들이다. 한울님·상제·하느님·천주·하나님이 저세상에서 성스럽게 계신다는 것을 단호히 부정한 것이다. 수운에게는 따로 내세, 즉 사후세계가 없다. 군이 사후관이나 내세관이 필요한 사람들을 위해 수운은 "나의 나 된 것을 생각하면 부모가 이에 계시고, 뒤에 뒤 될 것을 생각하면 자손이 저기 있도다"(「수덕문」)라는 말씀으로 허전함을 달래준다. 훗날 의암 선생은 이를 성령출세(性靈出世)라는 법설로 정리하셨다.

이 구절에 대한 해설로는 묵암(默菴, 申龍九, 1883~1967) 선생의 아래 말씀이 제격이다.

> 영혼은 자식들에게 간다. 내가 자식을 생각하고 자식이 나를 생각하니 부모의 영혼이 자손에게로, 또 그 뒤의 자손에게로 전하여 간다. 도 하는 사람은 그 생각이 제자에게 간다. 그래서 도를 닦으면 장생의 길이 있고, 도를 닦지 않으면 멸망의 길뿐이다.(『회암 하준천 천도강론』, 모시는사람들, 2011, 138~142쪽)

'종교 미신'에 대한 비판, 조롱 그리고 풍자

마르크스는 종교에 비판적이었지만 그리 적대적이지는 않았다고 한다. 마르크스는 종교를 비판함으로써 종교가 뒷받침하는 착취와 억압의 사회체제와 질서를 제거할 수 있다고 보았다. 마르크스에게 종교는 단순한 의식현상의 문제가 아니라 사회경제를 포함하는 정치적 문제였다. 마르크스는 종교비판을 통해 억압적 사회체제와 대결하려했다. 오래전에 『자본론』을 읽어 그 내용은 거의 잊었지만 아직도 기억에 남아 있는 구절이 있다.

이 소녀(10세)는 God(하느님)을 Dog(개)라고 썼다.

마르크스가 영국의 아동교육과 아동노동의 실태를 서술하면서 아동노동조사위원회의 보고서를 인용한 구절이다. 이 구절이 아니더라도 1860년대 영국 자본주의 하에서 어린이들이 하루 12시간 이상의 노동으로 혹사당하고 제대로 배우지도 못했던 역사적 사실을 충분히 드러낼 수 있었다. 그럼에도 마르크스가 '하나님(God)을 개(Dog)'라고 하는 소녀의 사례를 각주에 집어넣은 것은 신을 조롱하고 풍자하려는 의도 때문이었을 것이다.

신이란 우수계급이 자기의 계급을 영원히 옹호하기 위한 술책이며, 소수의 현명한 사람이 자기의 불완전을 번민하던 끝에 자기의 상상으로 뭉쳐 놓은 완전의 상징이며, 다수의 무지자가 자연계의 광대숭엄을 경악한 나머지 오라! 하며 함부로 추정한 아호이다.(김기전, 『개벽』, 1921.6.)

이러한 발언을 한 소춘 김기전(小春, 1894~1948) 선생은 동학·천도교의 많은 수행자 중 가장 빼어난 한 분이다. 일제강점기 말기 불치병으로 여겨졌던 폐병을 주문 수행을 통한 신앙의 힘으로 극복한 후, 소춘은 자신의 수도 경험을 통해 아래와 같이 고백했다.

우리 몸에 지기(至氣)가 훨씬 내리어, 기화의 넘침이 없으면 한울님 스승님의 영파(靈波)가 우리 몸에 통하지 못하는 동시에 한울님 스승님의 그 자세한 가르침(啓示)을 받을 수가 없다. 마치 라디오의 수화기에 전류를 통하지 않으면 방송국으로부터 오는 말을 받아 들을 수가 없는 것과 같다. 그러므로 우리들 도를 닦는 사람, 특히 천사(天師; 한울님과 스승님)의 뚜렷한 감응을 얻고자 하는 사람은 먼저 완전한 기화를 얻어, 천사의 신령을 교통할 터전을 장만하는 것이 그 첫째이다.(표영삼, 『동학1』, 통나무, 113~114쪽 재인용)

지극한 신앙인이기도 했던 소춘이었지만, 그의 신관은 다분히 무신론적이고 반종교적이다. 이것은 수운의 가르침을 반영한 것이기도 하지만, 일제강점기의 사회적 분위기의 영향이기도 하다. 신의 계시라고 할 수 있는 '천사문답(天師問答)'을 통한 수운의 강렬한 한울님 체험이 『천도교경전』에 곳곳에 있음에도 불구하고, 동학하는 사람들의 신에 대한 관념은 일정 부분 무신론적이고, 신에 대해서 적대적이기도 하다. 이러한 사실은 "한울님은 생각하면 있는 것이요, 생각지 않으면 없는 것입니다."(김승복, 『천재하방: 한울은 어디에 있는가』, 모시는사람들, 2009, 236쪽)라고 한 월산 김승복(月山, 1926~2004) 선생의 말에서도 확인할 수 있다. 동학·천도교인들의 이러한 경향은 전적으로 기존의 군주적·제왕적이며 계급적인 신 개념에 대한 반발이라 보면 된다.

전지전능한 신, 불멸하는 영혼, 천당-지옥이라는 내세관 등은 모두 이원론적인 세계관에서 비롯된 잘못된 생각이다. 사회구조에서도 귀족과 평민, 노예라는 신분제가 정당화되었고 중앙집권제와 가부장제도 등 여러 형태의 피라미드형 위계 구조가 이러한 이원론적 틀 위에 구축되었다. 이 세상과 저세상, 성스러운 세계와 속된 세계라는 도식으로 감성적인 세계와 초월적인 세계가 이중으로 분리되어 있다고 믿어 왔다. 이러한 이원적 세계관은 헛된 생각이고 잘못된 믿음, '종교미신'이다.

반(反)종교운동과 창생

'종교미신'이란 표현은 페이스북에서 어느 과학자(facebook: Ung-Jin Kim)가 즐겨 쓰는 표현이다. 생물학자인 그는 과학적인 관점에서 종교가 자본주의의 탐욕과 아집과 강자의 논리와 결합하여 절대화되고 사회악으로 전락하는 현상들을 열거하고, "인간들에게 가장 필요한 것은 합리적, 이성적 사고와 과학적 자연관, 과학적 자기이해 그리고 과학적 세계이해이다. 종교미신이 주장하는 것처럼, 선택받고 특별하고 절대적인 '나'가 아니라, 시공간과 지구화학적 과정의 부산물로서 평범하고 자연스러운 환상에 불과한 '나'를 깨달아 에고의 덫(ego-trap)으로부터 자유로워져야 한다. '과학적 깨달음'이 최고의 영성

(spirituality)이며, 자유이며, 평화이며, 안식이며, 모든 것을 정상화 한다."고 하면서 다음과 같은 제안을 한다.

사람들이 모이는 것은 좋은 일이다. 종교미신의 유일한 장점이다. 종교집회를 모두 비종교적 친목집회로 바꿔라. 재래 장터 모임 형식이라도 좋다. 기존의 정기집회에서 일체의 허구와 거짓말과 종교미신을 제외하고, 사실과 역사적 진실과 과학과 문학, 예술과 우호와 협력과 정의를 진지하고 자유롭게 생각하고 나누는, 즐겁고 사회적으로 유익한 창의적 교제 모임으로 거듭나라.(facebook: Ung-Jin Kim)

이런 차원에서 보면 우리나라의 경우 최근 종교인구가 줄고, 특히 20~30대의 젊은층에서 종교를 믿지 않는 비율이 점차 늘고 있다는 언론보도는 바람직한 현상이다. 이는 '종교미신'의 잘못된 세계관에 대한 거부라 해석할 수도 있겠다. 더불어 천도교하는 사람들 역시 줄고 있는데, 이는 천도교가 극히 반성해야 될 일이다. 동학·천도교가 선천 종교와 비슷해지고 닮아 가고 있지는 않은지 되돌아 볼 일이다.

1930년대 초반, 일제치하의 조선 사회에 '반종교운동'이 고조되었던 때가 있었다. 당시 반종교운동의 주된 대상은 천도교로, 실상은 좌익세력의 '반천도교운동'이었다. 좌익 논객들은 대부분 '종교는 민중의 아편이다'라는 마르크스의 도식이나 '종교투쟁은 계급투쟁에 종속되어야 한다'라는 레닌의 반종교 이론을 근거로 천도교의 활동을 비판한다. 이에 대해 김형준*은 종교 발생 및 계급적 기반과 관련하여 레닌의 입장을 비판하면서 천도교의 민중성을 강조한다.

즉 '종교는 피지배계급이 지배계급과의 투쟁에서 자기의 무력(無力)을 위안하려는 데에서 생긴다'고 본 레닌의 견해를 비판하고, 김형준은 '모든 종교적 신념은 그 창시기에는 하층계급이 그 시대의 사회적 조건을 벗어나서 좀 더 높고 새로운 사회적 생활을 실현하려는 데에서 기인하는 것'으로 밝힌다. 그러면서 그는 '레닌이 본 종교는 세기말적 발악을 하고 있는 기성종교에 불과'하며 천도교는 이와 달리 '창생(蒼生)계급'을 기반으로 발생했고, '민중을 억압으로부터 해방하려는 정신적 도구'라며 천도교를 적극 옹호한다. 김형준이 고군분투하면서 자신만만하게 옹호했던 천도교와 지금의 천도교는 안타깝게도 많이 다르다. 의암 손병희 선생의 시 한 구절을 외어 본다.

내가 사는 것은 누구를 위하여 사는 것인가
내가 사는 것은 창생을 위하여 사는 것이라.
我生誰爲生　我生爲蒼生(『의암성사법설』「강시」)

---

* 김형준(1906~?), 『신인간』에 천도교 철학 관련 많은 글을 게재했다. 필명으로 오성(午星) 등을 사용하였다. 위 반종교운동 관련한 글은 1931~1932년 『신인간』, 57호, 『당성』6호 등에 실린 것을 인용함.

"돋는 해와 지는 해를 보기로 합시다"

    겨울은 가고 봄이 되었다. 봄바람은 세찬 겨울바람과는 다르다. 남녘의 매화꽃은 핀 지 오래고 춘분을 앞두고 양지바른 곳에는 진달래, 생강나무, 목련 등이 행여 뒤질세라 다투듯 피어나고 있다. 오면 가게되고, 가면 오는 법이다. 수운은 '천령(天靈)이 선생께 강림하였다고하는데 어찌 된 것이냐'는 제자들의 질문에 이렇게 답한다.

> 가고 돌아오지 아니함이 없는 이치를 받은 것이다.(受其無往不復之理)
>
> (『동경대전』「논학문」)

무왕불복(無往不復)!

    무왕불복은 '가면 반드시 돌아온다'는 말이다. 돌고 도는 순환을 의미한다. 세상만사가 고정불변이 아니라는 것이다. 겨울이 가면 봄이오듯 그렇게 천령, 한울님의 영이 수운께로 강림하였다는 것이다. 가면 반드시 오는 천령의 이치는, 집 나간 멍멍이가 밤 되면 집으로 돌아오는 이치이기도 하고, 낮에는 바람이 산으로 불고 밤이면 마을로 불어오는 이치와도 전혀 다르지 않다. 이렇게 자연스럽게 천령, 한울님의 영은 수운께 강림하신 것이다. 그러면 수운께 강림한 한울님의 영은 그간 어디를 행차한 것인가.

한울님은 상제님이고 알라이고 하늘님이며 하느님이기도 하고 하나님·야훼이기도 하니 오래 전 유대인들과도 함께했고, 무하마드에게 강림하기도 했다. 가까이는 태평천국의 난으로 유명한 홍수전에게도 한울님은 어김없이 함께하였지만, 자신의 뜻을 달성할 수는 없었다. 마침내 한울님은 스스로의 능력과 한계를 절감하며 수운께 강림하여 자신의 무능을 고백하고 수운께 희망을 의탁한다. 무소부재(無所不在)! 한울님은 없는 곳이 없다 했으니 한울님은 보이는 듯 들리는 듯 하며 세상 만물과 더불어 존재하였지만, 수운께 강림한 한울님은 오히려 수운께 자신의 처지를 호소한다.

노이무공(勞而無功)! 힘써 노력했으나 제대로 이룬 공은 없었다! 이 한마디에서 우리는 집 나가면 고생이듯, 온 세상을 헤매었던 한울님의 처량한 모습을 떠올릴 수 있다. 세상사람들에게 이용당할 만큼 당하고도 지상천국의 꿈은 이루지 못하고 노숙자 신세로 전락한 한울님을 만난다. 한울님이 당한 그간의 고초를 살펴보자.

"잘 다듬어진 체계적인 미신"

이해할 수 없는 숱한 자연현상과 재해, 사나운 맹수들 앞에 사람들은 늘 불안했고, 누구도 피해 갈 수 없는 죽음에 대한 두려움에 빠진 사람들에게 한울님은 '나를 돌봐 줄 큰형님' 같은 믿음직한 존재였다.

사람들은 자연에서 비롯되는 생명에의 위협으로부터 보호받고 싶어했고, 부조리한 사회에서는 정의가 실현되기를 원했고, 유한한 삶을 안타까워하며 불멸을 희구했으니, 실은 과대망상까지도 한울님께 가탁한 셈이다. '나를 돌봐 줄 큰형님' 같던 한울님은 어쩔 수 없이 전지전능한 절대자로 변모한다. 오늘날 관점에서 보면 대부분의 종교의 경전들에 반영된 터무니 없는 개념들은 오래 전 옛날 미개한 야만 시대의 사람들의 관념을 반영한 것이다. 그래서다. 대부분의 종교는 '잘 다듬어진 체계적인 미신*이다.

기성종교를 '미신'이라고 표현하는 것에 불편해할 사람들도 있을 것이다. 그러나 서양에서 신의 이름을 걸고 종교재판소를 설치하고 마녀사냥을 했던 게 수천 년 전의 일도 아니고 우리로 치면 조선 시대 때였음을 기억할 필요가 있다. 15~17세기 사이에만 유럽에서 50만 명 이상이 사람들, 주로 여자들이 '마녀' 혹은 '마법사'라는 이름으로 화형 당했다. 당시 사람들은 마녀들이 빗자루를 타고 하늘을 날아다녔다고 믿었다고 한다. 이것은 교황청의 공식 입장 변화와 관련이 있었다고 하는데, 이전에는 사람이 날아다닐 수 있다고 믿는 것을 금지했

---

* 기독교를 '잘 다듬어진 체계적인 미신'이라 한 사람은 마르퀴 드 콩도르세(1743~1794, 프랑스 수학자·철학자). 토마스 제퍼슨(1743~1826, 미국 3대 대통령, 독립선언문의 필자)도 비슷한 표현을 한다. "나는 세계적으로 잘 알려져 있는 미신(신화)들을 살펴보았지만 우리의 특별한 미신(기독교)이 다른 것에 비해 더 낫다는 점은 발견하지 못했다. 미신들은 한결같이 우화와 신화에 근거를 두고 있었다."

다가, 1480년 이후부터는 정반대로 사람(마녀)이 날아다닐 수 없다고 믿는 것을 금지했기 때문이라고 한다. 『해리포터와 마법사의 돌』에도 하늘을 나는 빗자루가 등장하니 소설의 한 장면인 듯하지만, 교황청에서 빗자루를 마법의 도구로 여겼다는 것은 우스운 말이긴 해도 결코 지어낸 이야기는 아니다. 『해리포터와 마법사의 돌』은 제법 역사적 사실에 근거한 소설인 셈이다. 마녀사냥의 실상을 그린 그림에는 '살아 있는 여성의 복부를 칼로 가르고, 눈을 뽑고, 도끼로 손목을 자르는 장면'도 등장한다. 마녀 고문실의 광경을 직접 보고 그린 화가는 말한다.

나는 몸통에서 떨어져 나온 손과 발, 머리통에서 빠져 나온 눈알들, 다리에서 떨어져 나온 발목들, 부풀린 동맥, 천장까지 끌어 올려졌다가 바닥으로 내동댕이치려고 빙글빙글 회전시키고, 머리를 거꾸로 하여 공중에 매달리는 희생자들을 보았다. … 간단히 말해서 나는 인간의 육체가 얼마만큼 폭행당할 수 있는가를 목격한 대로 묘사하면서 이에 대해 개탄하지 않을 수 없다.(마녀사냥에 관한 것은 마빈 해리스, 『문화의 수수께끼』, 2000, 한길사 참고)

마녀사냥의 희생양은 누구였나? 1562년에서 1684년까지 남서 독일에서 일어났던 1,258건의 마녀 처형에 대한 연구에 의하면, 마법사의 82%가 여자들이었으며 무기력한 노파나 하층계급의 중년여인들이 그 지역에서 민중반란이 있을 때마다 희생되었다고 한다.

혹자는 기독교에서 고문과 마녀들의 화형을 실행했을 정도로 잔인했던 것에 대해 신약성서 속에 나타난 예수의 언행에 일정 부분 책임을 돌린다. 예수는 자신을 따르려거든 부모·형제·자매를 버릴 각오를 하라 했고, 제철이 아닌 무화과 나무에 열매가 없다는 이유 하나만으로 무화과를 영원히 열매 맺지 못하게 했으며, 성령을 욕되게 말하는 자는 결코 용서받지 못할 것이라고 저주의 말을 남겼다. 이러한 예수의 언행의 상당 부분이 훗날 기독교의 무관용과 잘못된 근본주의 종교관의 제1의 원인이라 지적한다.*

마녀사냥이 시들해지면서 서양은 '식민지 사냥'(서양 입장에서는 식민지 개척이겠지만)에 본격적으로 나선다. 식민지 사냥의 길라잡이는 선교사들이었다. 이들은 다른 어떤 계급의 사람들보다 더 많은 분쟁과 전쟁의 원인이 되었다. 아프리카나 아메리카를 예로 들 필요도 없다. 한국에서의 가톨릭 선교 사례는 피로 물든 최악 사례의 하나다. 18세기 이래 2백 년에 걸쳐 동아시아 지역에서 수많은 순교자들이 배출된 결정적인 이유는 '조상 제사 금지령'이었다. 아시아를 포함한 제3세계에서 서구 제국주의가 함포를 앞세우고 침략할 때 교황청이 제사 금지령을 내린 것은 문화와 종교 차원에서의 제국주의적 행패였다. 이

---

* 버트런트 러셀(1872~1970, 영국의 수학·철학자), 『나는 왜 기독교인이 아닌가』, 사회평론, 2005. 위의 '나를 돌봐줄 큰형님'이란 표현 역시 러셀의 것.

로 인하여 조선에서 1만 명 전후의 무고한 백성들이 목숨을 잃은 것은 교황청의 과오에서 비롯된 것이었다. 잘못된 선교 정책으로 순교자가 생기자 프랑스 군대를 불러들여 조선을 정복할 것을 요구(황사영 백서사건)했고, 1866년 프랑스함대가 조선을 침략할 때 프랑스 신부와 조선인 신자는 침략의 앞잡이 노릇을 한다. 수운은 서양사람들을 두려운 눈으로 지켜보면서 말씀하였다.

> 서양사람들은 천주의 뜻이라 하여 부귀는 취하지 않는다 하면서 천하를 쳐서 빼앗고 그 교당을 세우고 그 도를 행한다고 하므로 내 또한 그것이 그럴까 어찌 그것이 그럴까 하는 의심이 있었다.(『동경대전』「포덕문」)

수운은 당신의 나라가 미국 등 서양을 등에 업은 왜놈들에게 유린되어 식민지로 전락하는 것을 직접 지켜보지 못했기에 서양 세력을 의심하는 정도였지만, 서구의 식민지로 전락한 아프리카의 한 지도자(조모 케냐타, 1889~1978, 케냐 초대 대통령)는 이렇게 말한다.

> 선교사들이 왔을 때 그들은 성경을, 우리는 땅을 가지고 있었다. '기도합시다'라고 해서 눈을 감았다 떠 보니 우리는 성경을, 그들은 땅

을 가지고 있었다.**

신과 종교를 조롱하고 비판할 자유

올해(2015) 초 프랑스 파리에서 주간지 〈샤를리 엡도〉에 대한 테러를 두고 언론의 자유 또는 표현의 자유가 우선하는 것인지, 인종 차별 금지 또는 종교 모독 금지가 우선되는 가치인가에 대한 논란이 많았다. 때마침 프란치스코 교황은 "신을 핑계로 테러를 자행하는 것은 옳지 않다."라며 아랍인 테러분자들을 비난하면서도, 〈샤를리 엡도〉에 대해서는 "표현의 자유를 수호하는 것이 중요하지만 다른 사람의 종교와 관련해서는 한계가 있다. 누구도 다른 사람의 믿음을 도발해서는 안 된다. 누구에게도 다른 사람의 종교를 모욕하거나 조롱 권리는 없다."라고 하였다. 교황의 이 발언은 전형적인 양비론이다.

"어떤 측면에서 전통적인 절대신 관념은 시대착오적이다. 역사상 가장 위대한 몇몇 인물들은 하나님을 믿지 않았다. 반면 가장 저질 행위는 하나님의 이름을 내걸고 저질러졌다."고 한 프란치스코 교황이지만, 다른 사람의 종교를 모욕ㆍ조롱하면 안 된다는 것에서 교황 역시 종교라는 동종업계에 종사하는 '종교업자'라는 사실을 알 수 있다. 종교가 저지른 잔혹한 역사적 사실들을 증언하고, 더불어 이에 대한 자성의 목소리를 내는 것은 철학자ㆍ과학자들의 몫이었다. 이들이

---

* https://blog.naver.com/dovan125/140167623594

제대로 신과 종교를 조롱·모독·비판했기에 세상은 그나마 나아졌고, 이를 통해 처량한 신세가 된 '한울님'의 권위는 오히려 높아졌고, 따라서 한울님은 기력을 조금씩 회복중이다. 무왕불복의 이치다. 잠시 살펴본다.

내가 이해하는 바로는 기독교는 계시 종교였고 지금도 그렇다. 그런데 어떻게 수많은 우화, 설화, 전설이 유대교와 기독교라는 계시 종교와 뒤섞여서 역사상 가장 많은 피를 부른 종교를 만들어 낸 것일까?(존 애덤스)[*]

구약성서의 신 야훼는 모든 소설을 통틀어 가장 불쾌한 주인공이라고 할 수 있다. 시기하고 거만한 존재, 좀스럽고 불공평하고 용납을 모르는 지배욕을 지닌 존재, 복수심에 불타고 피에 굶주린 인종 청소자, 여성을 혐오하고 동성애를 증오하고 유아를 살해하고, 대량학살을 자행하고 자식을 죽이고 전염병을 퍼뜨리고, 과대망상증에 가학피학성 변태 성욕에, 변덕스럽고 심술궂은 난폭자로 나온다. 유아 때부터 그의 행동양식을 주입 받은 우리 같은 사람들은 그런 행위들이 빚어내는 공포에 둔감해졌을 수 있다.(리처드 도킨스, 『만들어진 신』 제2장, 김영사, 2007)

성경은 악을 정당화한다. 성경이 없다면, 우린 지상에 천국을 만들

---

[*] https://blog.naver.com/piuy770/221351292583

수 있을 것이다.(한나 스미스)*

양식 있는 사람이라면 기독교를 공포의 눈으로 바라볼 것이다.(볼테르)**

기독교는 야만적인 개념과 가치로 중무장하고 필요하다면 주위의 민족을 야만인이라 단정하고 정복하는 것을 하나님의 계시라고 선동한다. 아직 유럽은 불교를 받아들일 만큼 성숙하지 못했다. 불교는 문명의 종말과 피곤함 때문에 생긴 종교이지만, 기독교는 문명의 맹아도 아직 보지 못했다. 기독교는 필요하다면 인류를 파멸시킬 것이다.(니체)(네이버 지식in-기독교가 사랑의 종교입니까?)

돈는 해와 지는 해를 보기로 합시다

동학은 종교인가? 그렇기도 하고 그렇지 않기도 하다. 동학은 무극대도(無極大道) 즉 '지극히 커다란 도(道)'라고 했으니, 단순히 '종교'로 분류하기에는 곤란한 점이 많다. '우리 학문'이기도 하고, '종교'일 수도 있고, 동학하는 사람들은 그 역사가 보여주듯 세상을 바꾸고자 하는 혁명 집단이기도 했다. 동학을 천도교로 이름을 바꿀 때, 의암 선생은 이런 점을 가장 고심했다.

동학혁명 이후 일진회의 친일 행위로 동학은 친일의 오명을 뒤집어

---

*   https://blog.naver.com/revealthetruth/221205883226
** http://www.aspire7.net/reference/illuminati.htm

쓴다. 일진회와 동학을 분리하면서 의암 선생은 동학이라는 이름 대신 천도교라는 이름을 세상에 알린다. 동학을 세계 표준에 맞추어 천도교라는 '종교'로 새롭게 하겠다는 의지의 표명, 그러나 고육지책이었다. 특별히 '교정쌍전'을 강조한다. 교정쌍전(敎政雙全), 종교와 정치를 병행해야 온전할 수 있다는 뜻이다. 비록 '종교'로 포장하지만 동학 창도 이후 45년 동안 이루었던 광제창생의 역사를 결코 포기하지 않겠다는 것이었다.

일본은 러일전쟁에서 열강 러시아를 격파하고, 여세를 몰아 조선을 집어삼킨다. 일본의 뒤에는 미국이 든든한 배경으로 자리하고 있었다. 당시의 대세는 일본이었고, 미국이었다. 수운 선생이 '순망치한'으로 중국의 중요성을 강조했지만 현실적으로 중국은 이빨 빠진 호랑이였고 서구열강의 동네북이었으니, 해월 선생이 강조한 중원(중국)포덕은 아직 때가 아니었다. 동학에서 천도교로의 방향 전환은 살아남기 위한 방편이었고, 서양세력을 등에 업은 왜놈들과의 타협이었다. 당연히 일본에 대한 저항을 포기했다는 비판도 따랐지만, 3.1운동으로 천도교는 저력을 보였다.

계절의 전환기는 항상 어수선하다. 절기는 어김없이 다가오지만 날씨는 절기를 앞서기도 뒤서기도 하니 혼란스럽다. 냉철한 판단은 쉽지 않다. 이런 견해는 어찌 보아야 하나?

1945년 8.15해방 후 남한청우당의 일부 지도층이 미소 냉전의 20세기 후반의 시운을 오독했다. 구소련을 배경으로 한 북한체제와 미국 등 서방 세계의 노선에 선 대한민국의 건국에서, 그 시운의 성쇠가 분명했지만 이미 천도교 지도층은 큰 시운의 흐름을 읽을 지도력이 부족하고 미약했다.(신일철,『신인간』통권642호(2004.2), 22쪽)

방정환(小波, 1899~1931)은 어린이들에게 "돋는 해와 지는 해를 보기로 합시다."라고 했다. 어린이들의 부지런함을 강조한 것만은 아닐 게다. 그때 돋는 해는 일본이다. 중국이 지리멸렬했던 최근 150년간 동아시아의 골목대장 노릇을 한 것은 일본이다. 중국은 150년간의 굴욕의 세월을 뒤로 하고 최근 다시 거인으로 돌아왔다. 미국과 일본은 서로 손잡고 중국을 봉쇄하고 대아시아를 건설하려 한다. 미국이 한국에 사드를 배치하겠다는 것도 그 일환이나, 몽상이고 헛꿈이다. 이제 '돋는 해'는 중국이다. 동학에서 천도교로의 전환을 뒤로 하고, 천도교에서 다시 동학으로 전환할 때이다. '중원포덕'의 기회이다. 서구의 미개하고 미신적 유일신에 물든 한울님의 찌든 때를 벗겨내고 새 옷으로 갈아입고 춘삼월 호시절을 즐길 때이다. 수운께서 노래하셨다.

서산에 구름 걷히고 모든 벗 모이리니
처변을 잘못하면 이름이 빼어나지 못하리라.
雲捲西山諸益會
善不處卞名不秀(『동경대전』「우음」)

"한울님 없는 듯이 살아라"*

올해(2015)는 대한민국이 일제로부터 해방되고 광복된 지 70주년 되는 해다. 또한 남북분단 70주년의 해다. 70년이 지나도록 남과 북은 서로 공통의 접점을 찾지 못하고 있고, 아니 우리에게는 북한은 '악마 같은 주적'이다. 막상 우리에게 고통을 안겨준 미 · 소 등 외세보다 같은 동족을 더 증오하는 현실은 비극이다. 분단은 외세에 의해 시작된 것이지만, 이제는 상대에 대한 증오와 저주가 자신의 지위와 이익을 보장하는 든든한 배경이 되어 주니, 국가의 녹을 먹는 정보기관마저도 툭 하면 '간첩 조작'에 부끄러운 줄도 모른다.**

남과 북의 분단이 우리의 의지와 무관하게 외세에 의한 것이었듯, 남과 북의 재결합, 즉 통일도 외세에 의해서만 혹은 의존해야만 가능

---

* 이 글을 쓴 지 2년이 채 되지 않는 2018년 들어 우리가 익히 아는 대로 남북관계는 '상전벽해'가 되었다. 여기서는 집필 당시의 상황과 정서를 기억하기 위하여 발표 당시의 내용을 그대로 소개한다.(필자 주)

** 탈북자인 동아일보 주성하 기자의 인터뷰(미디어오늘 2014.4.14) : "공안당국의 간첩조작, 국익이 아니라 승진 등 사리사욕 위해 탈북자 이용 … 물론 탈북자 중에 북한하고 접촉하는 사람 있겠죠. 그렇지만 유우성 사건에서도 보는 것처럼 조작으로 공안정국을 조성해서 이득을 얻겠다는 사람들이 있습니다. 국익이 아니고 자기승진이나 개인 이해관계 때문에 말입니다."

할까. 통일을 가져다 줄 외세가 있긴 있을까. 사실 한반도의 분단은 너무도 비정상적이고 무엇보다 억울한 일이었다. 한반도의 분단은 왜놈들이 받아야 할 전쟁의 죗값을 우리 민족이 뒤집어쓴 것이었다. 해방도 되기 전에 한반도는 38선으로 분단되었고, 분단된 지 5년 만에 동족상잔의 전쟁으로 수백만이 죽었다. 분단이 고착화되면서 서로간의 증오는 사그라들 줄을 모른다. 동족상잔의 전쟁을 부추겼던 중·러와도 우리는 벌써 국교정상화를 했지만, 유독 같은 민족인 북한과는 아직도 '철천지원수'를 면치 못하였다.

우연찮게 30여 년 전 천도교를 처음 알았을 때, 천도교중앙총부가 위치한 수운회관(종로구 경운동) 주변에서는 이북 사투리가 생생하였고, '민족통일·반공통일'이라는 정치적 표어가 벽면 곳곳에 붙어 있었다. 그 당시는 동학의 후신인 천도교를 구성하는 사람들의 절반 이상이 이북 출신이었을 것이다. 지금은 사정이 달라졌겠지만. 실향민인 이분들에게 '민족통일'은 고향 찾아 가는 것이기에 너무도 자연스런 구호였을 터이지만, 고향이 저 남쪽인 나 같은 사람에게는 생소하였다. '우리의 소원은 통일'이라는 것은 기껏 노랫말에 지나지 않았으니. 분단 70년을 지나면서 천도교도 많은 변화가 있었다. 교세의 급격한 감소와 구성원의 노령화, 이북에서 월남하신 연로한 천도교인들, 십대 소년·소녀이던 분들도 다 여든을 넘겼다. 가슴 아픈 사연이며, 억울하고 분통한 일이다.

광복 70주년을 기념하여 무엇을 쓸지 이런저런 궁리를 하였다. 천도교가 건재하다면 광복 70년을 맞이하는 '동학의 비결'은 천도교 안의 것으로 채우겠으나, 상황이 상황인지라 영 마땅치 않다. 올해 초다. 대통령이 신년 기자회견에서 "이제 분단 70년을 마감하고 우리의 소원인 통일을 이루기 위한 길에 나서야 한다고 생각한다."고 하였듯, 지난해 언급한 '통일 대박'이란 자신감은 잦아들고 통일은 그저 말이고 '생각'일 뿐이다.

세계 여성운동가들, 비무장지대(DMZ) 평화 걷기 나선다!
노벨평화상 수상 2명 등 30여 명 5월에 비무장지대 횡단 추진!

반가운 소식이었다. 남자들이 못했으니 이제 여성들이 나선다면 가능할 수도 있겠다! 반응이 신통찮을 것 같은 북한 측에서 먼저 DMZ 횡단 승인이 났다. 광복 70년을 기념할 뉴스거리가 생기겠다! 이들이 남한 정부에도 승인 요청을 한 게 3월 중순이었다. 물론 결정은 미국 몫이지만. 얼마 전(4월 13일) 미국은 "해외에 나가 있는 미국 시민들의 안전과 안녕이 가장 중요한 우선순위에 속한다."며 북한 여행을 자제할 것을 권고한다. 꽝이구나! 이 운동에 앞장선 여성운동가 글로리아 스타이넘의 말대로 '남자가 월경을 한다면* 가능할 수도 있

---

* 스타이넘(Gloria Steinem, 1934~) : 미국의 여성운동가. 스타이넘이 지은 『남자가 월경을 한다면』의 한 구절 "갑자기 남자가 월경을 하고 여자는 하지 않게 된다면 무슨 일이 벌어질까? 그

겠지만. 오바마가 미국과 쿠바의 수십 년 적대관계를 청산하였다고 하더니, 미국이 아시아로 다시 돌아온다더니, 이제는 북과 정면대결하고 남한에 사드를 배치하고 일본과 손잡고 중국과도 대결하려나? 광복 70년이든 무슨 70년이든 꽉 막힌 갑갑한 상황이다.

70년을 기념할 무엇이 있나 여전히 궁리하던 차다. 본회퍼, 사망 70주년! 이런 게 검색된다. 본회퍼(1906~1945)는 독일의 기독교 신학자다.

> 미친 사람이 운전하는 자동차 바퀴에 사람이 깔려 있다면, 그 바퀴 아래 깔려 있는 사람을 끄집어내야 할 뿐만 아니라, 더 많은 사람들이 더 이상 깔려 죽지 않도록 그 미친 운전사를 끌어내야 합니다.[*]

본회퍼의 말이다. 그가 말한 '미친 운전자'는 히틀러다. 히틀러가 벌여 놓은 전쟁터에서 독일 청년들이 죽어 가고 있었고, 무고한 유대인들은 학살당한다. 히틀러 암살만이 유일한 길이라 할지라도 '칼을 쓰는 자는 칼로 망한다'는 예수의 말이 본회퍼를 주저하게 한다.

렇게 되면 월경이 부러움의 대상이 되고 자랑거리가 될 것이다. 남자들은 자기가 얼마나 오래 월경을 하며 생리량이 얼마나 많은지 떠들어댈 것이다."

[*] https://blog.naver.com/jswoo001/120133778143

악한 행동보다 악한 상태에 머무는 것이 더 나쁘다. 우리는 하나님의 계명을 어기는 값을 치름으로써, 더 큰 사랑의 계명에 순종해야 한다. … 독재자의 만행을 제어하지 못한다면, 살인 현장에서 공범 죄를 짓는 것이 아니겠는가? 히틀러를 죽인 것으로 인한 죗값보다 오히려 방치하는 것이 더 큰 죄를 부르는 게 아닐까?*

오직 한 사람, 독재자 히틀러의 죽음만이 해결책이라 확신하고 암살조직에 가담한다. 그러나 수차례에 걸친 암살 시도는 실패하고, 본회퍼를 포함한 동지들은 게슈타포에게 체포된다. 1945년 4월 9일, 그들은 처형된다. 독일이 항복하기 한 달 전이었다. 4월 9일, 어딘가 눈에 익은 날! 40년 전 이수병을 비롯한 인혁당 관련자 여덟 명이 사형선고 받고 이튿날 새벽 형장의 이슬로 사라진 것도 4월 9일이다.**

어쨌거나 본회퍼에 대해 더 알아본다. 본회퍼가 옥중에서 남긴 편지글 가운데, "하나님 앞에서 하나님 없는 것처럼 살아라.", "성경은 사람으로 하여금 하나님의 무력(無力)하심과 고난을 향하게 눈을 돌

---

* https://blog.naver.com/jswoo001/120133778143
** 인혁당 재건위 사건 : 1975년 4월 8일, 학생운동조직 '민청학련'의 배후로 지목돼 구속된 이른바 '인혁당 재건위 사건'에 대한 대법원 전원합의체의 상고심 공판에서 8명 사형, 무기 9명 판결을 내렸다. 사형판결을 받은 8명은 이튿날 아침 4월 9일 전격 사형 당했다. 스위스 제네바에 본부를 둔 국제법학자협회는 이날을 '사법사상 암흑의 날'로 정했고, 1995년 4월 설문조사에서 현직 판사 315명이 인혁당 사건을 우리나라 사법사상 가장 수치스러운 재판으로 꼽기도 하였다. 지난 2007년 재심을 통해 법원은 인혁당 사건에 대해 무죄판결을 내렸다.

리게 한다."라는 구절이 인상적이었다. '하나님의 무력(無力)'이란 표현에서 '노이무공(勞而無功)', 즉 한울님이 '노력했지만 공이 없었다'고 수운 선생에게 고백한 것이 떠올랐다. 같은 의미로 해석해도 될 것이다. 어떤 분은 '하나님 없는 것처럼 살아라'라는 본회퍼의 말을 무신론적으로 해석하기도 한다. '하나님 없는 것처럼 살아라'라고 한 본회퍼의 이 말을 김경재 교수*는 의암 손병희의 아래 말씀과 연관시킨다.

> 우리 도의 과거는 의뢰시대라. 그래서 기적과 영적으로 사람을 인도하였으나 오교의 금일은 희화(熙和) 시대라. 비유하면 백일(白日)이 오천(午天)에 이르면 만상이 밝은 빛을 먹음과 같아서 비록 엷은 구름에 덮였다 할지라도 천하가 크게 밝아지는 것이다. 우리 신도들은 이제로부터 한울님과 스승님에게만 의뢰하던 마음을 버리고 내 한울을 스스로 믿으라. 스승님만 의뢰하면 자력을 얻지 못하며 매양 일을 당하면 진실한 행동을 하지 못할 것이다. 내 한울은 시천주의 본체니 그대들은 주체와 객체를 구별하여 수련하라.**

그는 의암성사의 이 말씀에서 "하나님 앞에서, 하나님 없이 책임적

---

* 이하 두세 단락은 김경재의 「종교적 입장에서 본 현도 100년의 천도교」라는 글을 집중으로 분석하였다.
** 조기주, 『동학의 원류』, 1979, 331쪽. '희화(熙和)'는 평화롭다, 온화하다 등의 뜻으로 쓰임.

으로 살아야 한다."라고 한 본회퍼의 말이 연상된다고 한다. 또 그는 본회퍼의 말이나 의암 선생의 말씀은 '인간의 주체적 책임성과 성인으로서 자기의식을 강조'하지만 중요한 것은 '하나님 앞에서'라는 전제조건이며, "천도교가 '오교의 금일은 희화시대'이므로 한울님이나 신사를 의뢰하지 말고, 자기 자신만을 의뢰하고 자신을 하늘로 알고 경모"하는, "'인내천' 교리 해석에서 인간주의 강조는 얻은 것 못지 않게 잃는 것이 더 많았다."고 주장한다.

본회퍼의 생각을 바탕으로 기독교 신학자들 또는 '인내천' 종지(宗旨)에 비판적인 견해에 대해 잠시 언급한다. 천도교의 '인내천'을 본회퍼와 연관하여 해석하는 것은 흥미로운 시도이지만, '하나님 앞에서'를 강조하지 않으면, 즉 '하나님을 전제'하지 않으면 더 이상 진도를 나가지 못하는 것은 기독교적 해석의 태생적 한계다. 본회퍼가 '하나님 없이' 살아갈 것을 강조한 것은 결코 일회적인 것이 아니라 종교를 뛰어넘고자 한 그의 신념으로, 시대를 앞서간 견해라 해야 할 것이다. 아래의 인용*은 전지전능하지 못한 하나님, 진화 발전하는 신, 굳이 종교가 필요 없는 시대를 예언한 '무신론자'로서의 본회퍼의 면모를 잘 보여준다고 나는 생각한다.

하나님의 뜻은 처음부터 확립된 규범들의 체계가 아니다. 그것은

---

*   http://www.oldfaith.net/03modern-data.htm#본훼퍼(Dietrich Bonhoeffer)

삶의 각기 다른 상황마다 새롭고 다른 어떤 것이며, 이 이유 때문에 사람은 하나님의 뜻이 무엇일지를 늘 새롭게 검토해야 한다.

하나님의 계명은 역사적이며 시간적인 것과 대조되는, 보편적으로 타당하며 영원한 것이 아니다.

우리는 전적으로 비종교적 시대를 향하여 가고 있다. 현대인들은 단순히 더 이상 종교적일 수 없다.

수운은 '천상의 옥경대에 상제님이 계시다고 보는 듯이' 말하는 것은 '허무지설'이라 하셨다. 인내천이나 대고천하 이후 야뢰(이돈화, 1884~1950)·소춘(김기전, 1895~1950) 등 천도교의 이론가들이 애써서 정립한 천도교의 교리나 '반종교운동'에 대한 대응은 기성종교와 신, 절대자를 부정한 수운의 이 말씀에 대한 부연 설명이라 보면 된다. 또한 야뢰·소춘 등의 노력은 수운이 강조한 '재사심정'의 합리적인 신앙, 즉 사람의 말 가운데서 '옳은 말은 취하고 그른 말은 버리어 거듭 생각'하여 '한번 작정한 뒤에는 다른 말을 믿지 않는' 합리적 신앙을 정립하기 위한 작업이었다.

이러한 작업의 한 축을 담당했던 소춘에 의하면 상제니 하나님이니 하는 절대자는 '고립된 사내(獨夫)'에 지나지 않는다. '영(靈)'과 육(肉), 신과 인간을 구별하여 '공자는 대성지성문선왕, 석가는 세존, 기독은 신의 아들·구세주라는 별명을 얻어 성전에 안치되어 있는, 독부'일 뿐이다. 이 독부는 '사람과 물(物)', '사람과 사람' 사이에서는 힘과

감정을 서로 통하지 못하게 한다. 또 '계급과 계급, 계급과 개인, 개인과 개인으로 구별되어 사회는 황량하고 인정은 각박하게 되는 비참'의 대부분이 이른바 '성자의 소위에서 배태된 것을 생각하면 더욱 기가 찬다'고 한탄하며, 소춘은 '독부의 본색을 쳐 없애고 환경을 개조하여, 우주 전체적 생명의 대조류가 단절 없이 흐르게' 하고자 했다.(김기전의 글: 이규성, 『한국현대철학사론』, 이화여자대학교출판문화원, 2012, 242~243쪽, 원 출전은 『개벽』(1921.11))

소춘의 이러한 의도에 딱 맞는 의암 손병희 선생의 시 하나이다.

날래게 한울이 준 칼을 빼어서 단번에 만마의 머리를 베니
마귀머리 가을잎 같고 가지 위에 달빛과 같은 정신이로다
勇拔天賜劍　一斬萬魔頭
魔頭如秋葉　枝上月精神(『의암성사법설』「시문」)

야뢰·소춘 등에 의한 인내천의 이론화 작업이 '근대서양철학'의 언어를 빌려 전개된 것은 시대적 요청에 따른 당연한 일이었다. 이러한 노력들을 '천박한 인간 중심' 내지 '인간주의'라거나, '근대서양철학'의 영향으로 '종교적 신비체험 요소를 미성숙한 유아기적 신앙단계의 종교 양태로 규정하고 지나치게 합리적 교리화를 시도'하여 '일상적 민중들은 종교적 생동력을 얻기 어려웠다'고 하는 것은 한낱 오해에 불과하다. 인내천 이론화 작업을 '엘리트 지식인들의 이론적 담론'으로 치

부하는 것은, 그 '이론적 담론'을 바탕으로 전개된 1920년대 신문화운동의 역동성이나 진보성을 제대로 인지하지 못한 데서 비롯된 것이다.

수운은 '먼 데서 구하지 말라' 하셨지만, 때로는 타산지석도 필요한 법. 해방 70년을 맞아 이 땅에서 배울 게 없으면 멀리서라도 배울 건 배워야 한다. 본회퍼는 기독교 경전의 창조 사건을 부정했고, 하나님의 전지전능을 믿지 않았고, 종교 개념 자체에 회의적이었고, 종교의 시대는 끝났다고 보았다.

이러한 본회퍼의 생각과 행동은 비록 기독교적 언어로 표현된 것이지만, 동학의 비결로서 손색이 없다. 더 깊은 헤아림이 필요하리라.

*   *   *

글을 마무리 할 즈음, 우리 정부에서 세계 여성운동가들의 비무장지대(DMZ) 횡단 계획(북경-북한-판문점-남한)을 승인하였다는 반가운 소식이 들려온다.(2015.5.16) 세월호 정국 등 요동치는 국내 정세로 궁지에 몰린 정부의 궁여지책의 하나이기도 하겠지만, 세계 여성들의 작은 움직임이 죽은 듯한 통일의 기운을 살리는 실마리가 되기를. 미꾸라지 한 마리가 뱀장어 무리를 살리듯 말이다.

도인이 어느 날 한가하게 시장을 걷고 있다가 우연히 어느 가게의 한 통 속에 들어있는 뱀장어를 보았다. 포개지고 뒤얽히고 짓눌려서 마치 숨이 끊어져 죽을 것 같았다. 이때 홀연히 그중에서 한 마리의 미꾸라지가 나타나서 상하 좌우 전후로 끊임없이 멈추지 않고 움직이니 마치 신룡과 같아 보였다. 뱀장어들은 미꾸라지에 의해서 몸을 움직이고 기가 통하게 되었으며 생명의 기운을 되찾을 수 있었다.*

---

* 왕양명의 수제자 심재 왕간의 추선부(미꾸라지에 대한 노래). 위 인용에서 이어지는 부분. 해설은 고미숙의 글에서 : "이제 뱀장어의 몸이 움직일 수 있게 하고 기를 통하게 하여 뱀장어의 목숨을 건진 것은 모두 미꾸라지의 공인 것이 틀림없으나 그 역시 미꾸라지의 즐거움이기도 했던 것이다. 결코 뱀장어들을 불쌍히 여겨서 그렇게 한 것이 아니고, 또 뱀장어의 보은을 바라고 그렇게 한 것도 아니다. 스스로 그 '본성에 따른' 것에 불과하다."

"일만 송이 꽃이 만발한 나라"

매화, 개나리, 벚꽃은 진작에 피었다 졌다. 철쭉이 산하를 붉게 물들이고 이팝나무 꽃은 오가는 길거리를 먹음직스럽게 채운다. 쑥이며 달래며 온갖 풀들, 찔레꽃, 아카시아꽃, 감자꽃, 때죽나무꽃 등등이 온갖 향기를 낸다. 연초록 숲이 짙어 가면서 이름 모를 풀들이며 꽃들도 많아진다. 산새들도 부지기수고 짐승들로 숲은 활기를 띤다.

진달래, 뚝새풀, 생강나무꽃, 도토리, 노루귀, 얼레지, 민눈양지꽃, 현호색, 왜현호색, 노루귀, 산개구리알, 직박구리, 쇠박새, 곤줄박이, 쇠딱따구리, 까마귀, 어치, 까치, 솔잣새, 참새, 붉은머리오목눈이, 버들강아지, 박새….

양산 천성산 내원사 계곡의 생태를 지키며 관찰한 분의 페이스북*의 글에서 가져온 꽃과 새들의 이름들이다. 형형색색조화천(形形色色造化天)이고 각유성형각유성(各有成形各有性)이다.(『천도교경전』「의암성사법설」〈시문〉, 761쪽, 763쪽) 세상은 제 잘난 맛에 살아가도록 만들어져 있으니, 세상 만물은 제 잘난 맛에 살지 않으면 안 된다. 연초록

---

* https://www.facebook.com/profile.php?id=100001219960772

빛 나뭇잎들 바람에 하늘거린다. 봄날이 가고 있다. 『몽실언니』의 작가 권정생의 말*이 새삼스럽다. "하느님 나라는 절대 하나 되는 나라가 아닙니다. 하느님 나라는 일만 송이의 꽃이 각각 그 빛깔과 모양이 다른 꽃들이 만발하여 조화를 이루는 나라입니다."

위에서 잠시 열거한 꽃, 풀, 새. 이것을 구별하고 이름까지 제대로 알려면 꾸준한 관심과 노력이 필요하다. 무심한 내게는 모두 이름 없는 꽃이고, 이름 모를 풀이며 새들이다. 애써 알려 하지 않으니 모르게 되고 이름 없는 그 무엇일 뿐이며, 불연(不然)이다. 알고 나면 그렇고 그런 기연(其然)이다. 불연과 기연을 가르는 경계는 사물에 대한 관심과 관찰이며 이치를 찾아 작용을 헤아리는 과학이다. 과학은 '그 끝을 헤아리고 그 근본을 캐는(揣其末究其本)' 것에서 시작된다. 자연현상이든 사회현상이든 원리와 이치를 제대로 알지 못하면 이렇다 저렇다 말하기 어렵다. '만물이 만물 되고 이치가 이치 되는(物爲物理爲理)' 것을 그냥 아는 법은 없다. 추측과 억측에 의존해서는 '이치를 바로 살필 수 없는(其中未必者)' 법이다. 수운은 이를 경계하여 말씀하셨다.

사시성쇠와 풍로상설이 그 때를 잃지 아니하고 그 차례를 바꾸지 아니하되 여로창생(如露蒼生)은 그 까닭을 알지 못하여 어떤 이는

---

* 〈이오덕과 권정생의 조용한 혁명〉, http://www.hani.co.kr/arti/culture/book/690293.html

한울님의 은혜라 이르고 어떤 이는 조화의 자취라 이르나, 그러나 은혜라고 말할지라도 오직 보지 못한 일이요 조화의 자취라 말할지라도 또한 형상하기 어려운 말이라. 어찌하여 그런가. 옛적부터 지금까지 그 이치를 바로 살피지 못한 것이니라.(『동경대전』「논학문」)

유체이탈과 임사체험

요즘 '유체이탈(遺體離脫)'이란 말이 회자되고 있다. 주로 박근혜 대통령의 언행 때문이다. "우리의 핵심 목표는 '올해 달성해야 될 것은 이것이다' 하는 것을 정신을 차리고 나가면 우리의 에너지를 분산시키는 걸 해낼 수 있다는 마음을 가지셔야 될 거라고 생각한다."(박근혜 대통령의 국무회의 발언(5.12))라는 투의 독해하기 힘든 대통령의 화법 때문에 유체이탈이란 말은 권력자를 조롱하는 의미로 사용*되지만, 사실 유체이탈이란 실재하는 과학적 · 의학적 현상이다.

---

* 정희진은 〈유체이탈 화법의 '공포정치'〉(《경향신문》, 2015.5.14)라는 글에서 대통령의 유체이탈 화법에 대해 이렇게 말한다: "박근혜 대통령의 이른바 '유체이탈 화법'은 자기 고통이 아니다. 대화 중 혼자 맘대로 자리를 떠나 돌아다니다 다른 사람이 되어 나타난다. 자기 책임을 남 일처럼 말하고 비판하고 문책한다. '나는 아니니까 당신들 잘못'이라는 논리다. 국민에게 자기 문제를 대리 체험케 하는 것이다. 차라리 멱살잡이가 낫다. 이런 대화법처럼 사람을 열받게 하는 일도 없다. … 특히 대통령의 '이탈'은 외교의 형식을 띤다. 나라에 심각한 문제가 생길 때마다 외국에 나간다, 몸살을 잃는다, 선거 전날 '연약한 여인'의 모습으로 나타난다, 뜬금없는 담화를 발표한다. 사람들은 어이없음, 정치 불신, 정신 붕괴에 빠진다. 국민들은 스트레스를 받고 정치를 포기하게 된다. … 인간관계에서 불성실과 딴청처럼 효과적인 억압은 없다. 상대가 스스로 미치기 때문이다. 유체이탈 화법은 소통 무능처럼 보이지만 실제 인식론적 기반은 사람이 보이지 않는, 안하무인이다. 유체이탈의 다음 단계는 유령. … 내가 유신 시절을 제대로 겪지 않아서일까. 나는 '아버지'의 정치보다 '딸'의 정치 이탈이 더 공포스럽다."

유체이탈은 영혼이 육체를 벗어난 상태를 말한다. 죽음 직전의 환자들이 보여주는 근사(近死) 체험 현상, 임종을 앞둔 이들의 임사(臨死) 체험에서 비롯된 것이 유체이탈이다. 최근에는 심폐소생술의 발달로 '사후세계'를 경험한 이들의 사례가 많아지고, 수술 중에 육체 이탈을 경험하며, 의식불명의 상태에서도 타인의 말을 알아듣기도 한다. 사후 세계에 대해서는 모두들 다 궁금해 했지만 그것은 어디까지나 불연(不然; 알 수 없음)의 영역이었다. 유체이탈·임사체험 등에 대한 과학적인 접근으로, 사후세계 등 불연의 영역으로 치부되던 것들도 점차 기연으로 우리에게 다가온다.

자신의 의식이 육체를 이탈하여 우주 공간을 날아다니다가 돌아왔다는 사람도 있고, 침대에 누워 있는 자신의 몸을 공중에서 내려다보았다고 주장하는 사람도 있다. 신경과학자들은 뇌의 특정 부위에 전기충격을 가하면, 유체이탈을 경험한다고 한다. 스위스의 한 신경과학자는 오른쪽 뇌에 문제가 생겨 수시로 발작을 일으키는 한 여성환자의 머리에 수백 개의 전극을 연결하고 뇌의 반응을 관측했는데, 그 환자가 유체이탈을 경험하며 이렇게 말했다고 한다; "나는 허공에 2미터쯤 떠서 내 몸이 침대 위에 누워 있는 모습을 분명히 보았다. 얼굴은 못 보고 다리만 보았는데, 분명히 내 옷을 입고 있었다." 그 환자의 유체이탈 체험은 전극의 전원을 끄는 즉시 종료되었다. 가전제품을 끄고 켜듯이, 스위치 하나로 유체이탈을 마음대로 조종할 수 있었다.

유명한 물리학자 파인만(1918~1988)은 사람의 오감을 차단하도록 특별히 제작된 장치에 들어가 의도적으로 유체이탈을 시도한 적이 있다. 이 장치는 밀폐된 욕조 안에 체온과 비슷한 소금물이 담겨 있어서 이 안에 몸을 담그고 뚜껑을 닫으면 외부세계와 차단되고 물에 떠 있으므로 중력도 느껴지지 않는다. 파인만은 '유체이탈은 감각이 차단되면서 나타난 일종의 환각'이라며 이렇게 적었다; "마음이 육체를 벗어나 공중에 떠다니는 느낌이었고, 뒤를 돌아보니 욕조에 내가 누워 있는 모습이 보였다."(미치오 카쿠, 『마음의 미래』, 김영사, 2015)

유체이탈은 뇌의 전기적 혼란을 통해서도 생기지만, 약물을 투여하여 경험하게 할 수도 있다. 케타민이라는 약물을 사용해서 거울신경계를 억제하는 신경회로를 마비시키면 신체적 고통을 느끼지 않고 몸을 떠나서 자신을 타인처럼 볼 수 있게 된다. 유체이탈은 환각으로 자신의 몸 위로 부상해서 떠다니는 것 같은 착각에서 생긴 것이다.

가장 극적인 체험은 임상적으로 죽었다가 깨어난 사람들이 겪는다는 임사체험이다. 의료 통계에 의하면 심장이 완전히 멈췄다가 살아난 사람의 6~12%가 임사체험을 겪는다고 한다. 이들의 인터뷰 자료를 보면 사람마다 표현은 다르고 느낌도 각양각색이지만 결국은 모두 같은 이야기를 한다. 육체를 떠나 허공을 떠다니다가 긴 터널을 지나고, 그 끝에서 밝은 빛을 보았다는 것이다. 이런 이야기는 책이나 다큐멘터리 등을 통해 잘 알려져 있다.

이들을 종합해 보면 임사체험은 뇌에 피 공급이 제대로 되지 않을 때 나타나는 현상이다. 건강한 사람을 의도적으로 기절을 하게 한 후

신체 변화를 관측해도 환상, 밝은 빛, 다른 세계로 들어가는 느낌, 초월적 존재와의 만남 등의 경험을 한 것처럼 느끼게 된다. 어느 신경과학자는 42명의 건강한 사람을 의도적으로 기절하게 한 후 신체 변화를 관측하는 실험을 하였다. 25명이 환상을 목격했다. 이 중 47%는 다른 세계로 들어가는 느낌이었고, 20%는 초월적인 존재를 만났으며, 17%는 밝은 빛을 보았고, 8%는 터널을 보았다고 한다. 기절한 사람도 임사체험과 비슷한 경험을 한다.

전투기 조종사를 대상으로 한 실험도 있다. 원심기에 앉혀 놓고 빠른 속도로 회전시키면 뇌에서 피가 빠져 나가면서 대부분 15초 내에 기절한다. 피험자의 눈에 핏기가 사라지고 시야가 흐려지고 순간적으로 시력을 상실했을 때 눈앞에 좁고 긴 터널이 나타나는 것은 일반적인 현상이다. 눈에 혈류 공급이 원활하지 않을 때 터널 환영이 보인다고 과학자들은 말한다. 과학자들은 간뇌에 있는 송과선에서 분비되어 환각작용을 일으키는 물질이나, 죽음을 맞이한 뇌의 전기 활동의 급상승 등이 임사체험을 일으키는 원인이라 보기도 한다.

과종교증

프랑스와 영국이 백년 동안 전쟁을 할 때 일이다. 그 백년전쟁 (1337~1453) 말기에 프랑스는 북부 지역 대부분을 영국에 빼앗겼고 나라 꼴이 말이 아니었다. 이때 오를레앙에서 16살 소녀가 신의 계시를 받았다면서 군대를 지휘하게 해달라고 요구한다. 왕세자는 반신반의

하지만 더 잃을 것이 없다는 생각에 자신의 군대를 빌려 준다. 놀랍게도 그 소녀는 전의를 상실한 군인들을 이끌고 전쟁터로 나가 대승을 거둔다. 프랑스는 위기에서 벗어난다. 그러나 역사상 가장 신비롭고 매혹적인 이 인물, 잔 다르크는 왕과 귀족들에게 배신당하고 영국군의 포로가 되어 몇 차례의 재판 끝에 종교적 이단으로 판결을 받고 19살의 나이로 화형에 처해졌다(1431).

잔 다르크가 신의 계시를 받았다는 주장을 의심하는 사람은 없지만, 현대 정신의학과 신경과학자들은 잔 다르크가 '측두엽 간질'을 앓았다고도 한다. 이 병을 앓는 환자들은 가끔 발작을 일으키지만, 개중에는 자신의 신념에 더욱 확신을 느끼면서 "모든 것의 배후에는 어떤 섭리나 영혼이 존재한다."고 주장하는 사람도 있다. 과학자들은 이 증세를 '과종교증'이라 부른다. 과종교증 증세를 보이는 사람들은 개인적인 종교체험을 할 때도 있지만, 때때로 스케일이 엄청나게 커져서 범우주적인 신의 존재를 느끼기도 한다. 예를 들자면 이런 식으로 고백한다고 한다; "저는 드디어 모든 것의 의미를 깨달았습니다. 신의 뜻도 이해가 갑니다. 이 우주에서 저의 위치가 어디인지, 이제는 분명히 말할 수 있습니다."(미치오 카쿠, 『마음의 미래』, 김영사, 2015)

고대 사람들은 간질(뇌전증)을 신성하다고 여겼고, 몸이 떨리고 말을 잘 못하고 숨쉬기 어렵고 머리가 죄고 혈액순환이 멎고 땀을 흘리는 뇌전증을 신성한 영적 증상이라고 생각했다. 그러나 기원전 5세기경에 히포크라테스는 벌써 '간질은 신의 작용으로 발생하는 것이 아니라 뇌의 이상으로 발생하며 의학적으로 고칠 수 있는 질병'이라고 했고, 요즘 과학자들은 고대의 유명인들, 즉 바울(Saul, Paul 기독교 창시자), 예수, 무하마드, 모세, 붓다, 성 세실리아, 성 미카엘, 성 캐서린, 아빌라의 테레사 등과 근대의 인물로는 화가 반 고흐, 소설가 도스토예프스키 등이 간질 발작이나 측두엽 발작에 의한 과종교증 증세를 보였다고 본다. 오늘날은 소위 '신성한 병'인 뇌 발작으로 인해서 위인으로 추대되는 인물은 아무도 없으며, 뇌전증이나 측두엽 발작은 만성질환으로 신의 목격, 종교적 확신, 환청, 환각(특히 밝은 빛을 보는 것) 등의 증세를 보인다고 단정한다.

사회적 밈(Meme)

유체이탈, 임사체험, 과종교증 등은 뇌의 이상기능이거나 증세이다. 요즘 문제가 되는 것은 인간의 뇌가 주로 언어와 문화를 통해 사회적 밈(Meme)에 의해 감염되고 조작된다는 것이다. 사람과 사람 사이의 모방에 의해 계승되고 진화하는 문화유전자 혹은 모방인자를 '밈'이라고 부른다. 발달된 뇌를 가진 사회문화적 동물인 인간은 사회 밈에 취약하다. 이러한 밈은 사회 속에서 진화해서 인간의 가장 취약한 감정과 본능을 사로잡아 뇌를 조정한다. 어떤 밈들은 강력한 전염성을 지니고 많은 인구 중에 침투하기도 하며 상당히 오랫동안 뇌(기억)에 기생하면서 영향력을 행사하기도 한다. 인간의 행동을 조종하는 종교, 포르노그라피, 도박, 쾌락적 문화 등의 밈이 여기에 포함된다.

특히 문제가 되는 종교근본주의라는 사회적 밈은 뇌의 이상구조나 기능을 유발하기도 하며, 해마 조직의 위축을 유발한다. 이와 같은 부정적인 밈들이 계승되고 진화하여 유지되는 이유는 중독성 때문이다. 마약에 찌들어 몸이 상해도 마약을 끊지 못하는 경우를 떠올려 보면 쉽게 납득할 수 있다.

이탈리아의 작가 움베르토 에코(Umberto Eco, 1932~2016)는 역사적으로 대륙을 넘나들며 벌어진 큰 전쟁은 늘 유일신 종교에서 시작되었고, 특히 자신이 믿는 신을 내세워 전쟁에 나선 종교는 기독교와 이슬람뿐이었다고 지적한다. 에코는 서구 제국주의가 기독교의 이름 아래 벌인 아프리카와 아시아, 남아메리카에서의 정복전쟁, 그리고 최근의 수니파 무장단체 이슬람국가(IS)의 테러행위를 종교근본주의의 전형적인 예로 든다. 에코는 "세속 이데올로기 가운데 유일신 종교에 비견할 만한 것은 아마 나치즘이나 마르크스주의일 것이다. 그러나 나치와 소련 공산주의 정권조차 초자연적 존재나 신으로 추종자들을 미혹시키진 않았다."*며 같은 유일신을 신봉하는 기독교와 이슬람의 종교근본주의의 위험성을 경고하기도 하였다. 과학문명이 발달했다고 하지만 오늘날도 여전히 미신적으로 종교적 현상을 이해하는 경우를 접하다 보면 2500여 년 전의 고대인인 히포크라테스가 오히려 더 현대적이라 여겨진다. 히포크라테스는 이렇게 말했다. 마치 수

---

*   https://blog.naver.com/lcskmh/220355125164

운 선생이 말씀하신 '불연기연'에 대한 친절한 해설처럼 들린다.

사람들은 간질병이 신성하다고 생각하는 것은 간질병을 이해하지 못하기 때문이다. 언젠가 우리는 무엇이 간질병을 유발하는지 그 원인을 알게 될 것이며 그것을 신성하다고 주장하는 것을 멈출 것이다. 우주의 다른 모든 것에 대해서도 마찬가지일 것이다.

"개탄지심 두지 말고 차차차차 지내셔라"

메르스를 두고 언론도 정치판도 책임공방으로 시끄럽다. 고속도로에는 차도 적게 다니고 인파로 북적이던 거리도 비교적 한산하다.(2015년 여름-가을) 또 외국인들의 한국 방문이 줄면서 관광업계는 경기가 얼어붙었고 그 여파는 다른 부문으로 확산되고 있다. 지난해 세월호 참사 때보다 더 장사가 안 되고 먹고 살기 힘들다는 분들도 많다.

전염병의 경우 제대로 된 정보와 초기 대응으로 환자를 격리하고 차단하는 것이 중요하다. 메르스는 독감 같은 것으로 치명적인 질병이 아니라 하지만, 치료법이 딱히 알려져 있지 않고 정부에서 메르스가 발병한 초기단계에 이에 대한 정보를 통제하다 보니 국민들이 불안해하는 것은 당연했다. 그러면서 환자들을 제대로 격리 차단하지 못하여 감염자가 늘어나자 혼란이 가중되었다.

메르스로 시끄럽기 얼마 전의 일이다. 조니 뎁이라는 미국배우가 애완견을 데리고 호주를 방문한 뉴스가 화젯거리가 되었다. 조니 뎁의 애완견이 전염병 검사 절차를 거치지 않았다고 호주 검역 당국에서는 난리를 친다. 개를 추방하거나 안락사시키든지, 아니면 조니 뎁이 법정에 서야 하는데, "법정에 간다면 조니 뎁은 34만 달러 혹은 10년 이상의 징역형을 받을 수 있다."고 엄포를 놓는다. 개 한 마리 때문에 3억, 4억의 벌금! 징역 10년! 겁주는 소리고 그냥 해 보는 소리일 수 있다. 개 한 마리 때문에 호들갑을 떠는 호주라는 나라가 심했다고 할 수도 있겠으나, 나는 호주라는 나라를 다시 보게 되었다. 조니 뎁의 애완견이 이후 어찌 되었는지 나는 전혀 관심도 없지만, 호주 장관의 줏대 있는 말씀이 인상적이었다.

탁월한 영화배우이고, 세계에서 가장 섹시한 남자에 두 번이나 뽑힌 스타라 해도 호주에 왔으면 호주 법을 따라야죠.*

축구화에 묻은 흙만큼도 관심을 받지 못하는 탄저균

메르스도 메르스지만 우리가 눈여겨 봐야 할 게 있다. 탄저균! 치명적인 대량살상 무기인 탄저균이 주한미군에 불법 반입돼 논란이 되고 있지만**, 묘하게도 메르스 확산과 겹치며 탄저균에 대한 뉴스는 찾아보기 어렵다. 그나마 국회가 열리면서 논란이 되긴 했다. 100킬로그램이면 수백만 명을 살상할 수 있다는 미군의 탄저균을 두고 총리

---

* https://cafe.naver.com/bebettergirls/523154
** 주한미군은 2015년 5월 27일 "미국 국방부는 탄저균 샘플 100킬로그램 안팎을 대한민국 경기도 오산에 있는 미군 공군기지 내 한 연구소에 '활성화된 상태'로 배달하는 '실수'를 저질렀다"고 발표했다.

라는 분이 하는 말씀이 참 가관이었다. 탄저균 소동을 일으킨 미군을 고소하라는 여론에 대해 "동맹관계라서 제약이 있다."고 차마 못할 소리를 한다. 소파(SOFA, 한미행정협정)를 개정해서 우리나라가 사전에 허락해야 미군이 뭘 들여올 수 있게 하자는 제안에 대해서도 진상규명이 먼저라며 엉뚱한 소리다. 진상규명이라도 제대로 하면 다행이겠지만 그냥 입에 발린 소리로밖에 들리지 않는다. 메르스와는 비교도 안 되게 위험천만인 탄저균으로 국민들이 죽어나면 그때나마 쉬쉬하면서 여론에 밀려 움직이는 척은 할 것인지도 의심스러웠다.

또 호주에서의 이야기다. 십여 년 전 한국의 올림픽 축구국가대표팀은 호주에 도착하자마자 곤욕을 치렀다. 엄격하기로 소문난 호주의 검역 당국이 선수들의 축구화에 흙이 묻었다며 이를 검사하겠다고 가방을 열 것을 명령한다. 세균 감염 위험이 있는 동식물을 몰래 반입한 것도 아닌데 선수단 전원의 운동화에 묻은 흙까지 모두 검사를 받았고, 한 달 동안 입을 팬티까지 속속들이 들춰내야 했다. 대표팀 선수들은 2시간여를 시드니국제공항에서 피곤한 몸을 이끌고 기다려야 했다. 축구화에 묻은 흙만큼도 쟁점이 되지 못하는 탄저균 사건을 보면 대한민국은 정상이 아니다. 비정상도 한참 비정상이다. 하긴 명색이 주권국가인데도 군작전권도 미군이 쥐고 있으니 미군이 무엇을 반입하든 말든 찍소리하지 못할 상황이라고 자위하면 그만이지만.

전염병 유포로 원주민 대량학살

호주의 검역 당국이 엄격하게 세균 감염의 위험이 있는 동식물을 조사하는 데에는 나름대로의 역사적인 근거가 있다. 호주는 유럽인의 눈으로 보면 신대륙이었다. 18세기 후반 쿡선장이 호주를 탐험한 이후 호주는 동부의 시드니를 중심으로 영국의 식민지가 된다.

그런데 이주민들과 같이 신대륙에 들어온 매독, 천연두, 인플루엔자, 홍역과 같은 전염병 때문에 호주의 원주민들은 많은 피해를 입는다. 영국인들에 묻어 들어온 질병에 대한 저항력이 없던 원주민은 전염병으로 인구의 90%가 감소하였다고 역사 기록은 증언한다. 물론 영국인 이주정책으로 호주의 원주민들을 대량 학살한 것도 원주민 인구 감소의 주요한 원인이었다. 남북 아메리카에서의 사정도 비슷했다. 1492년 콜럼버스가 아메리카에 도착한 이후의 상황을 『총균쇠』라는 책에서는 이렇게 정리한다.

무기류, 기술, 정치 조직 등의 우월성만으로 유럽인들이 비유럽인들을 정복할 수 있었던 것은 아니다. 천연두, 홍역, 인플루엔자, 발진티푸스, 선페스트(흑사병)를 비롯한 유럽 고유의 전염병들은 다른 대륙의 많은 민족들을 몰살시킴으로써 유럽인들의 정복에 결정적인 역할을 담당한다. 1520년 잉카족에 대한 스페인인들의 첫 번째 공격이 실패로 끝난 후 천연두가 유행하는 바람에 아스텍의 황제가 죽고 유럽인들이 옮긴 각종 질병은 남북 아메리카 전역에서 유럽인들보다 훨씬 더 빠르게 각 부족으로 퍼져 나갔다. 그렇게 죽어 간 아메리카 원주민의 수는 콜럼버스 도래 이전 인구의 95% 수준으로 추정된다. 북아메리카에서도 인구도 많고 고도로 조직화되어 있던 원주민 사회는 미시시피강의 추장 사회들이었다. 그들은 유럽인들이 아직 미시시피강 유역에서 첫 번째 정착촌을 세우지도 못했을 1492~1600년대 말에 그런 식으로 사라져 갔다.(재레드 다이아몬드 지음, 김진준 옮김, 『총균쇠』, 문학과지성사, 2005. 이 글에서는 제3장, 제11장을 주로 참고함)

"유럽의 잔혹한 정복자들에게 희생된 아메리카 원주민들보다 유럽인들이 옮긴 세균에 희생된 원주민들이 훨씬 더 많았다."고 하는 이러한 주장은 반은 맞고 반은 틀린 것이다. 전염병에 대한 면역성이 없었던 아메리카 원주민들이 무수히 죽어난 것은 사실이지만, 또한 아메리카 원주민들에게 대한 유럽인들의 대대적인 학살 역시 엄연한 역사적 사실이다.

그러면 유럽의 백인들이 남북 아메리카에 옮긴 전염병은 '우연'이었고 원주민에게는 '비극', 백인들에게는 '축복'이었을까? 원주민 학살을 위해 고의적으로 전염병을 확산시켰다는 증거들*을 살펴본다. 한

---

* 워드 처칠 지음, 황건 옮김, 『그들이 온 이후』(당대, 2010)를 주로 참고함. 이 책은 미국 원주민 출신의 학자가 지은 책으로 '토착민이 쓴 인디언 절멸사'라는 부제가 붙어 있다.

마디로 유럽 백인 침략자들이 남북 아메리카와 그 중간 카리브해의 원주민들을 잔인하게 집단학살하였으며, 특히 이름도 가지가지의 전염병 병원에서 나온 이불과 목도리까지 선물하여 거의 멸종 수준에 이를 정도로 학살을 자행했다.

1520년부터 1890년까지 북아메리카 원주민들 사이에 무려 41차례나 천연두 전염병 및 풍토병이 유행하였다. 이에 더해 홍역, 백일해, 결핵, 선(腺)페스트, 발진티푸스, 장티푸스, 콜레라, 디프테리아, 성홍열, 늑막염, 유행성 이하선염, 성병 그리고 일반 감기 등 수십 가지 치명적인 질병이 퍼졌다. 이런 질병에 의한 토착민 감소는 흔히 비극으로, 전적으로 유럽인과 토착민의 접촉에 따른 우연하고도 고의가 아닌 부산물 정도로 여겨진다. 그러나 사실은 이와 전혀 다르다. 원주민 부족들이 영국인들과 벌인 최대의 전투라고 하는 1675~1676년의 소위 '킹필립전쟁'은, 천연두를 유럽인들이 고의적으로 퍼뜨렸다는 것에서 촉발되었고, 이후 유럽인들은 실제로 전염병을 일부러 퍼뜨리는 세균전을 감행하기도 하였다.

암허스트는 1763년에 휘하의 부케트 대령에게 내린 명령서에서 '천연두 병균에 오염된 담요 등 이들 형편없는 종족을 절멸시킬 온갖 수단을 동원하여' 폰티액의 원주민 연합군 대원들을 감염시키라고 지시했다. 며칠 후 암허스트는 "천연두 병원에서 나온 담요 두 장과 목도리 한 장을 그들에게 주었다. 바람직한 성과가 나올 것으로 기대한다."는 보고를 받는다. 성과는 있었다. 암허스트의 생물학전에 의한 전염병으로 최소한 10만 명의 인디언이 죽었다. 1836년에도 비슷한 사례가 있었다. 미군은 미주리강 만단족에게 고의로 천연두 병균으로 오염된 담요를 배급했으며, 그 결과 전염병이 퍼져 토착민 25만 명이 목숨을 잃었다.

아투에이(Hatuey)-타이노족의 추장*

1492년 콜롬버스가 신대륙이라고 도착한 곳은 쿠바 옆에 있는 지금의 아이티 섬이다. 콜럼버스 일행은 원주민인 타이노족의 환영을 받는다. 콜럼버스 일행은 어쩌면 에덴동산으로 돌아온 게 아닌가 하는 인상을 받았다고 한다.

숲은 우거졌고 자연은 아름답고 또 거기 살고 있는 사람들은 마치 낙원 에덴에 묘사되어 있는 것과 같은 생활을 하고 있었다. 더위 때문에 옷도 별로 입고 있지 않았다. 그들은 뛰어난 농경법으로 농사를 지었다. 여러 가지 종류의 작물을 동시에 함께 심었다. 그렇게 하면 관리를 하거나 손댈 필요가 거의 없다. 밭에서는 일주일 중 몇

---

* 다다 마헤슈와란다 지음, 다다 첫따란잔아난다 옮김, 『자본주의를 넘어』, 한살림, 2014, 더글러스 러미스 지음, 최성현 · 김종철 옮김, 『경제성장이 안되면 우리는 풍요롭지 못할 것인가』, 녹색평론사, 2011 등을 참고함.

시간밖에 일하지 않고, 물고기가 먹고 싶으면 바다로 들어가면 곧 장 얻을 수 있고, 그것도 별로 시간이 걸리지 않았다. 그들에게는 무엇보다 음악이 중요하였다. 노래를 하거나 춤을 추는 시간, 악기를 가지고 음악을 연주하는 시간이 많다.*

유럽인들은 노예제를 만들고, 플랜테이션(단작) 농업을 한다. 울창했던 숲이 베어지고 지금은 1%도 남아 있지 않다. 타이노족을 섹스 노예로 삼았고 유럽인들에게 비싼 값에 팔았다. 콜럼버스가 남긴 편지에 따르면 당시 중개상들은 어린 소녀, 특히 9살에서 10살 정도의 소녀들을 선호했다. 콜럼버스는 타이노족을 총으로 죽이는 것은 물론, 사냥개들을 풀어 물어뜯게 하고, 항문에서 입까지 쇠꼬챙이를 찔러 넣기도 했다. 타이노족은 고통을 이기지 못하고 100명이 집단으로 자살하기도 했고, 여자들은 자기가 낳은 아이의 목을 졸라 죽였다고 한다. 콜럼버스 일행은 타이노족을 섬에서 몽땅 쓸어 버린다. 1492년 콜럼버스 일행이 도착하기 전 아이티 섬의 인구는 800만이었는데, 1496년 110만이 되었고, 1516년에는 12,000명에 불과했다. 1555년에는 타이노족은 지구상에서 완전히 멸절한다.

여기서 타이노족 추장 아투에이를 기억할 필요가 있겠다. 타이노족은 유럽인들에게 결코 순종적이지 않았다. 그들은 땅과 숲과 아이

---

* 앞의 『자본주의를 넘어』, 앞의 『경제성장이 안되면 우리는 풍요롭지 못할 것인가』 등을 참고함.

들을 빼앗긴 데 항의하며 침략자들에 맞서 싸우지만 부족은 전멸하게 되고 아투에이는 수백 명의 남은 타이노족 사람들과 함께 쿠바로 피신한다. 그러나 거기에서도 스페인 정복자들과 전쟁을 벌이게 되고 1512년 2월 결국 그는 사로잡혀 화형을 당한다. 사형이 집행되기 직전 그는 스페인 가톨릭 신부로부터 '예수를 영접하고 세례를 받고 천국으로 갈 것'을 제의 받는다.

잠시 생각한 후에 아투에이는 되묻는다. "여기에 나를 둘러싸고 있는 이 사람들, 아무런 잘못한 것이 없는 나의 가족을 겁탈하고 그리고 나의 온 재산을 빼앗고 가축들을 탈취해 간 이 사람들도 천국을 가는가?" 신부는 그렇다고 대답한다. 아투에이는 이런 말을 남기고 산 채로 화형을 당한다.

나는 스페인 사람이 있는 천당에는 절대 가지 않겠다. 나는 그런 천국에는 가지 않겠다. 그것은 천국이 아니다. 이들이 없는 지옥이 바로 천국이다.

쿠바에서 스페인의 지배에 대항한 최초의 인물로 기억되는 이가 아투에이다. 아투에이는 헤밍웨이의 『노인과 바다』에도 등장한다. 소설 속의 소년이 노인에게 건네는 맥주가 아투에이 맥주(Cerveza Hatuey) 였다.

맥주도 두 병 주셨어요. 난 캔 맥주가 제일 좋던데.

알아요. 하지만 이건 병에 든 아투에이 맥주예요.

병은 제가 다시 가져다줄 거예요. 참 고맙구나.

남미에서 해방신학이 탄생하는 계기가 된 인물이 '아투에이'였다고 하니 참 난감했다. 즉 아투에이의 '천국과 구원에 대한 이해를 라틴아메리카 민중들의 첫 번째 신학적 해석 행위'로 간주한다는 글*을 보고는 헛웃음이 나왔다. 한때 해방신학의 논리가 대단하다고 여겼던 적도 있었다. 해방신학? 한마디로 참 별꼴이고 같잖았다. 해방신학의 뿌리 얕음을 한눈에 알아차렸다. 유럽인들이 학살한 수많은 사람들 – 근거 자료에 따른 것만 하면 카리브해에서 1500여만 명, 북아메리카에서 1500여만 명 등 3000여만 명, 실제로는 1억 명 이상의 아메리카 원주민을 유럽인들이 학살하여 거의 절멸시켰다는 주장은 무엇이란 말인가. 저들이 가는 천국을 한사코 거부한 아투에이를 해방신학의 근거로 이용하는 것은 아투에이를 비롯한 학살당한 영혼을 조롱하고 두 번 죽이는 행위일 게다.

어쨌거나 참 별꼴이고 같잖은 게 또 있다. 총리라는 분이 미국과 우리나라는 '동맹관계'라서 미군의 탄저균 불법 반입을 고소하는 것에는 제약이 있다고 한 것이다. 차마 입에 담기 힘든 말이지만 이렇게

---

* http://m.catholicnews.co.kr/news/articleView.html?idxno=13426

쏘아 붙이고 싶었다; "동맹관계? '미국은 대한민국의 상전이며 솔직히
「괴뢰」에 불과한 우리는 미국을 기소할 수 없다'고 하라."

　수운께서 노래하셨다.

　십이제국 괴질운수 다시개벽 아닐런가 태평성세 다시 정해 국태민

　안 할 것이니 개탄지심 두지 말고 차차차차 지내셔라.(「안심가」)

　동산이 밝고 밝아 오르고자 함이여, 서봉은 무슨 일로 길을 막고 막

　는고.(東山欲登明明兮 西峯何事遮遮路)(『동경대전』「화결시」)

"아동방 구미산은 소중화 생겼구나"

이 글은 독후감 같고, 딴지걸기다. 『동학학보』35호(동학학회)에 실린 글 가운데 박홍규의 '동학과 자유-자연-자치'(이하 〈동학자치〉)란 글에 대한 나름의 생각을 정리한 것이다.

우선 동학에 대한 객관적 평가가 눈에 들었다. 수운은

> 우리 도는 지금도 듣지 못하고 옛적에도 듣지 못하던 일이요, 지금도 비교하지 못하고 옛적에도 비교하지 못하는 법이라.(吾道今不聞
> 古不聞之事 今不比古不比之法也)(『동경대전』「논학문」)

고 하여 동학에 대한 강한 자부심을 나타낸다.

수운의 강한 자부심에는 이유가 있다. 그 이유를 수운께서 남긴 『동경대전』과 『용담유사』에서 찾으라면 천사문답(天師問答)일 것이다. 한울님(天)과 스승님(師)과의 대화, 즉 상제와 수운과의 대화(天師問答)다. 〈동학자치〉에서는 이 부분에 대해 이렇게 말한다.

> 한국을 비롯한 동아시아 전통에 하늘(天)이나 신선에 대한 관념이

있었지만, 신이 종교의 절대적 유일자로 직접 등장한 것은 동학이 최초였다.(『동학학보』35호, 동학학회, 156쪽)

'최초'라는 표현은 아마 제대로 된 평가일 것이다. 수운의 득도는 강렬한 계시이자 극적인 체험이다. 수운 선생은 득도 후 한울님과 1년 가까이 부대끼며 묻고 답하고 어떤 때는 갈등한다. 이런 강렬한 종교적 체험은 『동경대전』과 『용담유사』에 상세히 기록되어 있다. 이런 천사문답은 남들이 보기에는 수운 혼자만의 독백이고 몸부림이었다. 수운의 득도 과정을 지켜본 주위 사람, 즉 수운의 부인과 자식들은 수운이 실성한 것으로 여겼고, 고생 끝에 낙이라기보다는 고생 끝에 절망스러운 일이 벌어졌다며 낙심천만이었다. 아버지 수운이 미쳤다고 생각한 그 자식(세정)이 신세타령 하는 구절은 참으로 눈물겹다.

아버님 이웬일고 정신 수습하옵소서. 백지 펴고 붓을 드니 물형부 있단 말씀 그도 또한 혼미로다. 애고애고 어머님아 우리 신명 이웬일고 아버님 거동 보소 저런 말씀 어디 있노.(『용담유사』「안심가」)

천사문답이라는 수운의 강렬한 체험으로 동학이라는 새로운 흐름이 형성되었고 그리고 여전히 동학은 현재진행형이다. 천사문답이 없었다면 동학은 이름조차 남기지 못하고 벌써 사라져 버렸을 것이다. 수운의 말들은 한낱 용한 무당이나 점쟁이의 자기 위안에 지나지 않았을 것이고, 짐짓 사교나 사이비로 전락했을 수도 있다.

〈동학자치〉에서는 동학을 '조선사회의 유교적 이념에 기초한 것'이라고 평가하지만, '동학하는 사람'들은 이러한 평가에 개의치 않는다. 또 〈동학자치〉에서 언급하였지만, 기독교를 믿었다는 함석헌은 동학을 '우리에게서 나온 것'이라고 보기는커녕 도리어 '밖에서 들어온 남의 사상을 이리 따고 저리 따서 섞어 놓은 비빔밥이지 정말 우리의 고유한 것이 아니'라고 하고, 따라서 동학의 사상이나 교리에는 '새롭고 독특하다 할 만한 것'이 없고 '그 안에 많은 미신적인 요소를 가지고 있던 것으로 인하여 진보적이라 할 수 없다'고 비판하지만, 이런 비판은 사실 덜떨어지긴 해도 개의할 필요는 없다.

'동학하는 사람'이 부끄럽게 생각하는 것은 한울님 체험을 하지 못하는 것, 천사문답을 경험하지 못하는 것이다. 주문 수련을 열심히 함에도 제대로 강령이 되지 않거나 영부 체험을 못하는 것을 수련하는 사람의 노력 부족, 정성 부족 탓이라 생각한다. 함석헌이나 유교적 관념에서 미신적이라고 하는 강령 체험이나 영부, 즉 부적 체험을 못해 보는 것을 오히려 안타깝게 생각하고 부끄럽게 생각한다. 영부 즉 부적은 동학의 주문을 열심히 외면 나타나는 자연스러운 현상이다. 정녕 미신적인 것이 있다면 마리아가 동정녀로 예수를 낳았다고 하는 것이나 예수가 부활했다고 믿는 것일 게다.

〈동학자치〉에서 동학을 좋게 평가하는 구절을 살펴본다.

동학이 추구한 평등의 주장 속에는 자유에 대한 열망이 숨어 있었고, 학정으로부터 자치에 대한 열망도 있었으며, 이는 한국의 코뮌이라고 할 수 있는 동학농민전쟁의 집강소나 도소 등을 통하여 훌륭하게 실천되었다. 프랑스의 코뮌이 1871년이었다. 동학은 1861년에 시작되어 1894년에 혁명전쟁으로 불타올랐다.(『동학학보』 35호, 동학학회, 167쪽)

동학혁명을 좋게 평가하기보다는 기껏해야 대원군과 손잡고 국왕의 권위를 온존하려 했다는 것에 불과했다며 깎아내리는 뉴라이트 계열의 학자도 있지만, 〈동학자치〉에서는 동학이 평등을 통한 자유에의 열망을 간직한 것이라고 긍정적으로 보고 있다. 이런 평가가 큰 흐름이고 대세이다. 또한 〈동학자치〉에서는 아래와 같은 충고를 아끼지 않았다. 참으로 소중한 지적이라 아니할 수 없다.

(동학은) 양반으로의 신분 상승 환상 등의 유교적인 잔재를 가진 것이었지만 당시로서는 가장 진보적이고 민중적인 것이었다. 그러나 그런 환상이 있는 한 그 자체가 지금 우리의 자유-자치-자연일 수는 없다. 따라서 그 유교적 유토피아의 환상은 극복되어야 한다. 즉 동학에 대한 무조건적인 찬양보다는 그 한계의 인식과 비판이 필요하고 특히 자국 폐쇄적인 관점보다는 세계적인 관점이 필요하다.

〈동학자치〉를 읽으며 이해할 수 없고 한마디 지적하고 싶은 구절도 있다.

척왜나 척양은 외쳤지만 척화(斥華)는 외치지 않았으며 중국에 대한 사대는 지배계급과 마찬가지로 그대로 유지한 동학을 과연 민주주의나 민족주의라고 할 수 있는가? … 남접은 평균주의와 평등주의에 충실했고 마찬가지로 왕조의 보존에도 충실했다. 외세 배격에서도 척왜나 척양에 그쳤고 유교적 전통이었던 중국 배척에는 전혀 움직이지 못한 소중화주의의 한계를 드러냈다.

〈동학자치〉에서 따온 이 부분에는 동학이 중국에 대한 반대, 즉 척화(斥華)를 외치지 않았고 '소중화주의'의 한계를 드러냈다고 하는데, 이건 동학을 제대로 공부하지 않았거나 아니면 우리 역사의 흐름을 제대로 읽지 못한 때문일 것이다.

물론 동학이 당시 조선의 종주국이라 할 중국에 대해 제대로 비판하지 못하면서 스스로 작은 중국 즉 '소중화'라는 허위의식에 젖어 있었다고 비판할 근거는 많다. 수운 선생이 남긴 글 등에서다. 수운이 득도의 기쁨을 노래한 「용담가」에서 자신의 고향 경주, 자신이 태어나고 자라나 도를 얻은 구미산을 찬양하는 구절의 일부이다.

곤륜산(崑崙山) 일지맥(一支脈)은 중화(中華)로 버려 있고 아동방(我東方) 구미산(龜尾山)은 소중화(小中華) 생겼구나.(『용담유사』「용담가」)

    곤륜산은 중국 서부의 곤륜산맥이나 파미르 고원 등에 자리한 실제의 산을 뜻할 수도 있겠지만, 여기서는 주로 전설적인 신성한 산을 뜻한다. 이런 곤륜산은 중화(중국)에 있으며 조선에 있는 구미산은 소중화다! 중화(中華)란 중국 사람들이 자기 나라를 세계의 중앙에 위치한 가장 문명한 나라라는 뜻으로 이르는 말이다. 중화를 추종하고 숭상하여 수운이 자신이 태어나고 자라난 고향 경주의 구미산을 소중화로 낮춘 것은 아니겠지만, 소중화라는 표현은 문제가 될 수 있다. 소중화라는 표현은 상투적인 관용어인가? 조선인들에게 거의 보편적이고 체질화되었던 '소중화' 의식을 어떻게 보아야하는가? 소중화를 어떻게 볼 것인가에 대한 어느 역사학자의 생각(김기협, 당대비평, 1997 가을호)을 참조하여 사대(事大)의 개념 등을 정리하여 보았다.
    『맹자』「양혜왕편」에는 '대(大)가 소(小)를 섬기는 것은 어짊(仁)이요, 소(小)가 대(大)를 섬기는 것은 지혜(智)'라 하여 '사대(事大)'와 '사소(事小)'의 두 덕목을 나란히 놓았다. 이어 '소를 섬김은 하늘을 기쁘게 함이니 천하를 지킬 것이요, 대를 섬김은 하늘을 두려워함이니 나라를 지킬 것'이라고 하여 그 공용(功用)까지 설명했다. 이상과 현실을 조화시키려는 맹자의 자세가 두드러지는 대목의 하나다.
    사소(事小)는 천자가 제후를 대하는 태도를, 사대(事大)는 제후가 천자를 대하는 자세를 각각 상징한 개념으로, 함께 짝을 지어 천하질서의 기본이념을 이룬다. 조선이 스스로를 제후의 하나로서 '소중화'로 자임한 것은 이 천하질서를 대외관계의 기본 틀로 받아들인 것이다.

조선 시대에는 사대(事大)를 죄악으로 보기는커녕 하나의 중요한 도덕적 규범으로 생각했다. 이것을 죄악시하게 된 것은 대한제국 시기 전후로 일본이 조청(朝淸) 관계를 약화시키기 위해, 그리고 중국과의 관계가 우리보다 소원했다는 사실을 자기네의 우월성으로 주장하기 위해 '주의'라는 말을 붙여 퍼뜨린 때문이다.

사대주의가 정녕 큰 것 섬기는 데만 매달려 저 자신을 돌아보지 못하는 것이라면 그야말로 문제가 아닐 수 없다. 그러나 조선의 사대부들 사이에 그런 주체성 없는 사대주의가 만연했다 하더라도 그것은 말류(末流)의 폐단으로 보아야 할 것이며, 조선 사대정책의 기본은 맹자가 말한 것과 같은 입체적 세계질서의 일부로 이해해야 할 것이다.

사대주의를 매도하는 이들은 "닭대가리는 될지언정 왜 소꼬리가 되느냐?"고 탓할지 모르지만, 개항기 전에 닭대가리 일본의 백성들이 소꼬리 조선의 백성들보다 더 좋은 세상을 살았는지 한번 더 생각해 보기를 권하고 싶다.

동학에서 또는 동학혁명에서 "중국에 대한 반대, 즉 척화(斥華)를 외치지 않았고, '소중화주의'의 한계를 드러냈다."라고 한 〈동학자치〉의 이 견해는 잘못이다. 이는 동학을 제대로 공부하지 않았거나 아니면 우리 역사의 흐름을 제대로 읽지 못한 때문이라고 앞에서 지적하였다. 아래는 이에 대한 부연설명이다. 소중화사상과 북벌론 그리고 동학과의 관계를 조금 자세히 살펴본다.

소중화(小中華)와 북벌론

소중화사상은 맹자의 사소(事小, 작은 것을 섬기는 것)와 사대(事大, 큰 것을 섬기는 것)의 개념을 기본으로 한다. 중국이 중화사상으로 자신을 문명의 중심으로 놓고 주변 국가들을 오랑캐로 본 것처럼, 조선 역시 자신들은 수준 높은 문명국이며 주변의 '오랑캐'에 비해 문명의 수준이 높다고 자부하였다. 그러다가 명나라가 '오랑캐'인 청나라에 의해서 멸망하자 조선은 동아시아의 패권국가인 청나라에 대한 사대에 어쩡쩡한 태도를 취하다가 청의 침략을 받고 전쟁에서 패한다. 이후 조선에서는 그때의 치욕을 씻고 원수를 갚겠다며 북벌론이 대두한다.

북벌론은 소중화사상에 입각하여 문화 수준이 낮은 청나라의 오랑캐에게 당한 병자호란, 삼전도의 굴욕 등의 수치를 씻고, 임진왜란 당시 조선을 도와준 명나라에 대한 의리를 지켜 명을 대신하여 복수하자는 주장이었다. 고구려가 다스리던 광활한 만주 벌판을 회복하자는 명분과 취지도 있었으니 거창하고 그럴듯했지만, 사실 북벌론은 조선 왕조와 그 지배계층이 자신들의 권력을 유지하기 위한 이데올로기로 개발한 것이나 다름없었다.

임진왜란 때 조선에 파병했던 명나라는 그 여파로 멸망하지만 조선 왕조는 오히려 멀쩡했다. 일본 역시 임진왜란으로 새로운 정권이 들어섰지만, 조선은 청나라와의 병자호란에서 또 패하여 권위와 체면이 손상되긴 했지만 망하지는 않는다. 그러나 아래로부터의 저항이 거세게 일어나는 것은 막을 수 없었다. 이러한 저항을 모면할 목적으로 개발된 논리가 북벌론이다. 그러나 말뿐이었다. 북벌을 위해 증강한 2만1천 명의 군사는 청나라를 공격하기에는 턱없이 모자라는 병력이었다. 이런 규모의 병력으로 할 수 있는 것은 중국과 일전을 벌이기보다는 수도권과 궁궐 수비를 강화하는 정도였다. 소중화주의에서 비롯된 북벌론은 임진왜란과 병자호란으로 비롯된 정치·사회적 위기를 모면하려는 속임수였고 조선사회를 통제하는 수단이었다. 북벌론이 허위의식에 불과하다는 것을 연암 박지원은 『허생전』에서 허생의 입을 빌려 적나라하게 까발린다.

대체로 대의를 온 천하에 외치고자 한다면, 첫째 천하의 호걸을 먼저 사귀어 맺어야 할 것이요, 남의 나라를 치고자 한다면 먼저 간첩을 쓰지 않고서는 이룩하지 못하는 법이야. 이제 만주(청나라)가 갑자기 천하를 맡아서 제 아직 중국 사람과는 친하지 못했다고 생각하는 판 아닌가. 그럴 즈음 조선이 다른 나라보다 솔선하여 항복하였은즉 저편에서는 가장 우리를 믿어 줄 만한 사정이 아닌가. 이제 곧 그들에게 청하기를, '우리 자제들을 귀국에 보내어 학문도 배우려니와 벼슬도 하여 옛날 당·원의 옛 사례를 본받고, 나아가 장사치들의 출입까지도 금하지 말아 달라.' 하면 그들은 반드시 우리의 친절을 달콤하게 여겨서 환영할 테니, 그제야 국내의 자제를 가려 뽑아서 머리를 깎고 되놈의 옷을 입혀서 지식층은 가서 과거에 응시하고, 세민(細民)들은 멀리 강남에 장사로 스며들어 그들의 모든 허실을 엿보며, 그들의 호걸을 체결하고선 그제야 천하의 일을 꾀함직하고 국치를 씻을 수 있지 않겠나.(『허생전』)

허생의 이러한 제안에 북벌의 책임자라 할 어영대장 이완 장군의 답변은 가관이었다. "요즘 사대부들은 모두들 삼가 예법을 지키는 판이어서 누가 과감하게 머리를 깎고 되놈의 옷을 입겠습니까." 말로야 북벌을 외치지만 체면이 먼저였고 왕실은 왕권을 수호하고 지배층은 자신들의 권리와 이익을 보존만 하면 그만이었다.

북벌 정국의 영웅 최진립

청나라에 패배하고 겪은 치욕을 갚겠다며 북벌론이 조선사회에 대두되자 영웅으로 떠오른 인물이 수운 선생의 7대조 최진립이다. 최진립은 임진왜란 때 의병을 일으켜 경주 일대에서 공을 세운 후, 병자호란 때는 칠십이 다된 나이로 출전하여 싸우다가 용인 험천 땅에서 장렬히 전사한다. 수운 선생은 7대조 최진립을 추모하여 "선조의 충의는 용산에 남아 있다."(「수덕문」)고 하였다. 또 "우리 선조 험천 땅에 공덕비를 높이 세워 만고유전 하여 보세."(「안심가」)라고 하였다.

북벌론이 대두되지 않더라도 최진립의 비장한 최후는 충분히 영웅적이지만, 북벌론이 대두되자 최진립은 조선 최고의 영웅으로 떠오른다. 무신으로는 이순신과 김시민 장군 정도가 향사되었지만, 최진립 장군에게도 숙종 임금은 사액 현판을 내린다. 거국적으로 최진립에 대한 추모사업이 진행된다. 경주시 내조면에 있는 최진립의 신도비가 그 증거다. 비를 떠받치고 있는 거북의 크기는 어마어마하다. 이 거북은 신라시대 왕릉에 있던 것을 옮겨 왔다는 최근의 연구도 있다.

직업혁명가(?) 이필제의 중원북벌(中原北伐)

동학 최초의 대규모 봉기는 영해에서 이필제 등이 주도한 봉기였다. 이필제(1825~1871)는 영해교조신원운동(1871)만 주도한 것이 아니었다. 그가 처음으로 변란을 도모한 것은 1869년 충청도 진천에서였다. 진천에서 실패하자 이필제는 거창, 합천 등지에서 사람들을 모아 1869년 12월, 경상도 남해에서 변란을 준비하지만 자금 부족과 주변 사람들의 비협조로 중도 포기한다. 1870년 2월 말 다시 경상도 진주 덕산(지금의 산청)에서 나무꾼들을 모아 진주성을 공격하려 하였으나 사전에 계획이 누설되어 실패한다.

진주에서 실패하자 이필제는 영해로 가서 진천에서 공모했던 사람들과 해월신사 최시형 등과 함께 1871년 3월 10일 거사하였다. 영해에서의 거사가 이필제에게는 유일하게 제대로 성공한 변란이었다. 그러나 이필제는 다시 쫓기는 몸이 되어 해월 선생, 강수와 함께 단양에 있는 정기현에게 피신한다. 단양에서 해월 선생 일행과 헤어진 후 이필제는 정기현 등과 공모하여 1871년 8월 2일 조령관(鳥嶺關) 초곡에서 다시 난을 일으키려다 실패하고 체포되어 서울로 압송, 1871년 12월 군기시 앞길(현 광화문 네거리 근처)에서 능지처사됨으로써 파란만장한 최후를 마쳤다.

거듭되는 실패에도 불구하고 이필제는 왜 변란을 일으키려 했을까? 이필제의 일관된 주장은 중원북벌이었다. 중원을 정벌하기 위해서는 군사가 필요하며 군사를 얻기 위해서 조선의 정권을 장악해야 한다는 것이 이필제의 주장이었다. 북벌론과 관련하여 이필제의 인생에 중요한 영향을 준 인물은 그의 나이 36세 때인 1850년(철종1)에 만난 경상도 풍기의 명의 허선이었다. 이필제의 회고는 이렇다.

"내가 적거(謫居)할 때 허야옹(許野翁, 허선)이란 사람이 있어 수년 전에 죽으면서 그 처자에게 글을 남겨 말하길, 이후에 이필제라는 사람이 오면 이 글을 전하라고 했다고 한다. 그 글에 이르길, 풍기는 승지(勝地)인데 제1지, 제2지, 제3지가 있다. 하도성수(河圖成數)로 집을 지으면 삼재가 침입하지 못하여 영원히 편안할 것이라고 하였다. 필제의 필(弼) 자는 궁궁(弓弓)이다. 필제는 을유(乙酉)생이므로 을을(乙乙)이 되어 임진년의 송송지설(松松之說)을 방불케 한다."

승지, 궁궁, 을을, 송송 등의 말에서 이필제가 정감록에 심취하여 있었다는 것을 알 수 있다. 정감록에 북벌론이 결합되면서 이필제는 불타는 사명감으로 끊임없이 전국 각지를 돌아다니며 변란을 모의할

수 있었다. 피난처를 찾아 헤매는 세상사람들에게 이필제는 진인(眞
人)으로 비치었고, 실제로 이필제는 무성한 털이 있는 특이한 용모였
고 풍채도 그럴듯하였다고 한다. 진인 이필제가 깃발을 드니 대중들
은 기꺼이 병란에 참여하였다. 진인의 북벌이 성공하면 벼슬까지 보
상받을지 모른다는 기대감도 있었을 것이다. 다소 허황하긴 해도 이
필제의 작당에 대중들은 호응하기도 했다.

여운형의 조부 여규신

해월신사는 1880년 6월, 한문 경전인 『동경대전』을 강원도 인제 갑
둔리 김현수의 집에서 간행하고, 이듬해 6월에는 한글 경전인 『용담
유사』를 충청도 단양 샘골 여규덕(呂圭德)의 집에서 출간했다. 『천도
교서』의 기록은 이렇다.

신사년(辛巳, 1881) 6월, 해월신사는 대신사(수운 최제우)께서 지으신
가사를 발간하사 도인에게 보급하시니 이때의 개간소(開刊所)는 단
양군 남면 천동 여규덕(呂圭德)의 집이었다.

여규덕은 여운형(몽양, 1886~1947)의 종조부였다. 여운형의 조부 여
규신은 해월과 교류하면서 동학에 참여한다. 몽양의 작은 아버지 여
승현은 일찍이 동학에 입도해 충청도와 강원도 등지에서 관군과 전
투를 벌일 정도로 동학에 깊숙이 관여했다. 여운형의 아버지와 조부

의 형제들도 모두 동학에 입도하여 활동했다.

몽양은 어릴 적에 할아버지 여규신의 영향을 많이 받았다. 할아버지 여규신은 동학에 관계했던 만큼 깨어 있는 지식인이었다. 틈틈이 어린 손자를 무릎에 앉히고 역사와 지리를 가르쳤다. 특히 중국의 중원(中原)에 대해 많은 이야기를 해 주었다. 몽양의 할아버지는 전통적인 조선 후기의 유학자들처럼 청나라를 멸시하고 중원 회복을 추구했다. 여규신은 산속에 들어가 '북벌모의'를 작당하다 변을 당한다. 역적모의 혐의로 체포되어 참형을 당할 뻔했으나, 친척 고관의 도움으로 변방으로 정배당하는 것으로 마무리됐다. 이러한 조부를 몽양은 이렇게 회고했다.

일이 열매를 맺기 전에 그 비밀이 탄로되어 평안도 영원(寧遠)이란 산고곡심 무인지처로 정배 갔던 터이다. 그래서 울며 자손들과 갈라져서 멀리 떠나신 조부는 행여 생명만은 완전히 가지시고 몇 해 만에 돌아오셨다. 돌아오신 날 우리들이 동구 밖에 나가 보니, 그리 좋던 풍채는 간 곳이 없고 이마에는 헤아릴 수 없는 주름살이 여러 가닥이 흘렀으며 기력도 몹시 쇠하셨다. 그렇지만 조부께서 오직 한 가지 변하지 않으신 것은 흰 눈 속에서도 오히려 푸른 장송녹죽(長松綠竹)과 같은 그 기개였다. 그 사상이었다. 그 지조였다. 돌아오셔서도 중국을 어서 응징하여야 하시겠다는 계략과 생각을 조금도 버리시지 않았다.(《삼천리》 1933. 9, 〈여운형의 자서전〉)

동학혁명 후 양반 가문인 여씨 집안의 9대 장손 여운형은 몇 해 사이에 할아버지, 어머니, 아버지를 잃고 형제들만 남는다. 1908년 아버지의 상을 치른 여운형은 가산을 정리하며 집안의 신주를 모두 땅에 묻어 버리고, 10여 명의 노복들을 한자리에 모아 놓고 종문서를 불태운 다음 "그대들은 모두 해방이다. 지금부터 저마다 자유롭게 행동하라. 이제부터는 상전도 없고 종도 없다. 사람은 날 때부터 평등하다. 주종지의(主從之義)는 어제까지의 풍습이고 오늘부터는 그런 구각을 벗어 버리고 제각기 알맞은 직업을 찾아가라."고 당부했다. 여운형의 '노비해방선언'이었다. 그의 나이 22세 때의 일이다.

여운형의 가노(家奴) 해방은 가히 혁명적인 결단이었다. 양평 지역의 양반 지주들이 벌떼같이 일어난다. 여운형을 성토하고 문중에서는 그를 파출하겠다고 아우성이었지만 여운형은 신념을 굽히지 않는다. 여운형이 비록 어릴 적이지만 할아버지를 통해 배운 동학의 '인내천(人乃天)' 사상과 중원 정벌에 대한 염원어린 이야기들이 뒷날 민족운동의 동력으로 작동하였을 것이다. 할아버지 여규신의 북벌론은 사실 시대착오적인 것일 수도 있지만, 몽양에게는 긍정적으로 작용했다. 세상을 보는 눈을 넓히고 국제적인 감각을 기르는 계기가 된 것이다. 몽양의 회고는 이렇다.

나는 조부의 감화로 이 산골 구석에 묻혀 있을 때가 아니란 자각을 얻고 고향 양평을 떠난 것이 열아홉 살 때였다. 청춘시대에 조부의 감화를 크게 받았던 까닭에 1912년 아우 운홍이 미국으로 갔지만, 나는 오직 곧장 중국 상해로 향하였던 것이다.(《삼천리》 1933. 9.)

중원포덕은 북벌론의 변형?

여운형의 할아버지 여규신은 북벌을 평생의 과업으로 생각했고 이러한 할아버지에서 감화를 받은 여운형은 폭넓은 시야와 국제적 감각을 어려서부터 가질 수 있었으니 소중화와 북벌론을 단순히 허황되고 시대착오로 돌리기는 어려운 면도 있다. 이런 사정은 이필제의 경우도 마찬가지다. 이필제가 혁명(?)에의 의지를 버리지 않고 평생을 분투하도록 한 원동력이 북벌의 꿈이었고, 해월 선생은 한때나마 이러한 이필제에게 솔깃하기도 하였을 것이다. 이필제와 해월의 만남은 무력 항쟁을 용인한 '잘못된 만남'이라고 보기도 하지만, 이런 평가보다는 어느 연구자의 아래와 같은 지적이 더 합리적인 듯하다.

1871년 영해란에 이필제의 제안에 따라 동학교단이 참여하게 된 것은 당시 동학교단에는 아직도 정감록적인 진인에 대한 기대감이 남아 있었음을 보여주는 것이다. 즉 이필제를 진인으로서 기대하였던 것으로 보인다. 그러나 영해란의 실패를 통하여 동학교단은 정감록적인 사유 방식을 극복하고 기도를 통한 수양을 강조하는 방향으로 발전하게 되었다. 이를 통하여 동학은 정감록이나 미륵신앙 등과 같은 이전 단계의 민중들의 종교와는 질적으로 다른 발전 방향을

잡을 수 있었다.(연갑수,「이필제 연구」,『동학학보』6호, 동학학회)

해월 선생은 이렇게 말했다.

우리 도는 중국에 가서 포덕할 때가 되어야 포덕천하를 달성하리
라.(『해월신사법설』「개벽운수」)

한글로는 '중국포덕'이지만 한문으로는 '중원포덕(中原布德)이다. 중
원포덕이란 해월 선생의 구상은 북벌론의 변형으로 볼 수도 있지 않
을까?

마음이 붉은 것을 구하고자 하면
붉은 것으로 보인다

이 장에서는 앞의 글에 이어 『동학학보』 35호(동학학회)에 실린 박홍규의 '동학과 자유-자연-자치'(이하 〈동학자치〉라 함)의 내용을 비판적으로 읽어 가며 이야기하고자 한다.

함석헌은 '(동학은) 남의 사상을 섞어서 만든 비빔밥이지 우리의 고유한 것이 아니고' 새롭고 독특하다 할 만한 것도 없으며, 미신적이고 진보적이지도 않았다고 비판하면서 한마디로 동학을 무시했다. 그러면서도 함석헌은 그가 평생 믿은 기독교는 어떤 종교보다도 진보적이었다고 생각했고, 힌두교나 도교, 유교 등의 다른 종교에 대해서는 많은 관심을 가지면서 진리는 서로 통한다고 여겼다 한다. 이런 경향이야 웃어넘기면 그만이지만 〈동학자치〉에 나오는 동학에 대한 아래와 같은 비판은 동학에 대한 왜곡이자 모독으로 읽혔다.

남접에 이르기까지의 동학은 민중을 정치적 주체로 자각하지 못하고, 소농사회로 회귀하는 반근대화 세력으로 후퇴했다. 이는 평균주의와 평등주의가 이루어질 수 있는 곳이 소농공동체였기 때문이

었다. (〈동학자치〉, 163쪽)

동학은 반근대화 세력?

이 대목을 읽으면서 얼핏 '식민지근대화론'이 떠올랐다. 〈동학자치〉
를 쓴 분이 '식민지근대화론'에 동의하는지 아닌지 알 수 없지만, 식민
지근대화론자들이 '동학'을 봉건적이며 근왕주의적이라 보는 시각과
〈동학자치〉의 논조가 닮아 있기에 한마디 할 뿐이다. 따라서 아래는
'식민지근대화론'으로 동학을 바라보는 것에 대한 딴지다.

'식민지근대화론'은 우리나라가 왜놈들의 식민 통치를 받았기에 근
대화될 수 있었다고 보는 역사관이다. 상식적으로 우리가 왜놈들의
지배를 받지 않았다면 우리나라는 지금보다 더 근대화되고 더 살기
좋은 나라가 되었을 것이라고 생각할 수 있다. 실제로 그랬을 것이다.
그러나 식민지근대화론은 이런 상식을 부정한다. 조선이라는 나라는
스스로 근대화할 수 있는 싹수, 조금 전문적인 용어로 말하면 '자본주
의의 맹아'가 없었기 때문에, 왜놈들의 식민지 지배를 받지 않았다면
지금처럼 잘사는 나라가 될 수 없었을 것이라고 주장한다. 드러내놓
고 말하지는 않지만 이들은 왜놈들의 지배가 더 길었으면 한국은 지
금보다 더 번영되고 반듯한 나라가 되었을 것이라고 생각한다는 것
을 그들의 글을 보면 알 수 있다.

이들은 사실 어느 누구보다 열심히 열정적으로 공부한 학구파들이
다. 먼지 폴폴 날리는 면사무소의 옛문서나 일제시대 지주들 집안의

문서를 하나하나 뒤져 가며 자료를 모으고 통계를 내어 반박하기 힘든 방대한 실증적 근거(?)를 가지고 주장하니 웬만한 사람들은 이들의 주장에 깜빡 넘어가지 않을 수 없다.

요즈음 중고생들도 나서서 역사교과서 국정화를 반대한다. 역사교과서가 국정화되면 식민지근대화론에 근거한 역사적 해석이 실릴 것으로 예상된다. 왜놈들이 한국을 지배한 36년 동안 '한국의 쌀을 일본에 수출했다'는 식으로 역사를 왜곡하려 할 것이다. 왜놈들이 지배했던 36년간 무역수지나 자본수지가 일본에 대해 흑자였으니 수탈이 아니라 한국이 덕을 보았다고 주장할 것이다. 왜놈들에게 쌀을 수출하고 그 대신 한국민의 대다수는 중국 동북지방에서 수입한 잡곡 그리고 심지어 콩기름을 짜고 남은 찌꺼기를 수입하여 허기를 모면해야 했는데도 말이다. 이런 건 정상적인 무역에 의한 수출이 아니라 '수탈'이라고 분명히 말해야 하는데도 그렇게 말하지 않는다.

한국은 스스로 근대화할 수 없었다?

〈동학자치〉의 "남접에 이르기까지의 동학은 민중을 정치적 주체로 자각하지 못하고, 소농사회로 회귀하는 반근대화 세력으로 후퇴했다."라고 하는 구절은 식민지근대화론에 근거한 듯하다. 식민지근대화론에서는 19세기 말, 즉 동학혁명 전후의 한국 사회는 자주적으로 근대화하고 자본주의가 싹틀 여건이 마련되어 있지 않았다고 주장한다. 즉 조선조 말에 '소농'이 지배적이었기 때문에 한국은 스스로 근대화할 수 없었다는 것이다. 이들은 근대화의 기초는 왜놈들이 '토지조사사업'을 하면서 마련되었다고 본다. 논란거리는 소농이다.

소농은 영농 규모가 작다는 의미에서의 소농으로, 자급자족적이고 소규모 가족단위의 영농체, 자작농, 소작농, 영세농 등 다양한 형태의 소농이 있었고, 소농은 독립적으로 농사를 짓기 어려웠으므로 친족 또는 촌락의 집단을 이루고 있었다. 소농의 역할에는 논란이 많지만 식민지근대화론에서는 1950년대까지의 한국사회를 소농사회로 규정한 뒤에, 소농은 이윤 추구 동기가 희박하기 때문에 소농사회가 스스로의 힘으로 근대적 사회, 즉 자본주의 사회로 이행하기는 힘들었다고 주장한다. 이들의 주장에 의하면 조선조 말에 자본주의 맹아(싹)는 존재하지 않았으며, 근대화는 왜놈들에 의해 타율적으로 도입되었고, 근대화는 오로지 일본 제국주의 통치의 시혜물이다.

왜놈들이 두려워한 동학의 조직

왜놈들의 식민지 지배를 받지 않았다면 우리나라는 자체적으로 자본주의화하거나 근대화하기 어려웠는가? 조선조 말에 근대화의 싹은 정말 없었는가? 토지 소유를 위한 소작 농민들의 투쟁에서 근대화의 싹을 발견할 수 있다는 주장에 나는 전적으로 찬동한다. 조선이 스스로 자본주의의 길을 걸을 수 있었다는 유력한 증거는 바로 동학혁명이었다.

동학혁명은 토지에 대한 경작권만 가지고 있던 농민들이 소유권을 확득하기 위한 운동이었다. 동학혁명은 왜놈들의 간섭으로 무참히 짓밟혔지만, 그때 왜놈들의 간섭이 없었다면 한국의 근대화를 결정적으로 견인했을 것이라고 보는 견해에 나는 전적으로 찬성한다. 이러한 측면을 보지 않고 '소농이니까 근대화할 힘을 갖지 못했다.'고 하는데, 이는 역사에서 소농의 창조적 역할을 제대로 인식하지 못한 것이다. 영국 등에서 근대화, 즉 자본주의화하는 과정에서 소농이 결정한 역할을 했다는 근거는 많다.

사실 왜놈들이 가장 두려워했던 것은 동학의 조직이었다. 그래서 왜놈들은 동학혁명을 빌미로 한반도에 진출하게 되자 동학농민군의 북행, 즉 평안도나 함경도 쪽으로의 진출을 차단하고 한반도 남서부로 동학군을 몰아붙이며, 우세한 무기로 지나는 마을을 초토화시키며 제압했다. 거의 인종 학살 수준이었다. 당시 농촌 인구의 대다수를 차지하던 소농들은 자신들의 이익을 관철할 수 있는 다양한 조직을 만들었고 독자적인 조직체를 구성해 세금·부역·군역 등의 문제를 직접 관리하고 있었고, 마을의 노동력을 집중시키거나 분배하는 문제까지도 스스로 결정하고 있었다. 농촌의 이러한 마을 조직은 동학의 육임, 접주제, 포접제의 기반이 되었다. 왜놈들은 동학의 이러한 조직적 기반을 무너트리는 데 주력하였다.

갑오년 당시 경남 서부지역인 진주지역의 동학군 조직에서도 그 사례를 찾아볼 수 있다. 당시 부산 쪽에서 몰려오는 왜군들에 대항하여 진주지역 동학군은 각지의 이임(里任)에게 항일전을 위한 동원령을 내린다. 9월 2일(음)에 73개의 이임에게 통문을 보낸다. 마치 관에서 동원령을 내리듯 진주 너우니(광탄진, 지금의 남강댐 일대)에 모이라는 통문(방)을 내건다. 그 내용은 대략 이렇다.

국가의 안위는 백성의 생사를 좌우하며 백성의 생사는 국가의 안위에 달렸으니 어찌 보국안민할 방도가 없어서야 되겠는가. … 이 달 초팔일 오전에 각 리에서는 13명씩 모두들 평거 광탄 진두로 와서 회합을 갖고 의논 처결토록 하면 천만 다행이겠다.
1. 이장은 이별로 사리에 밝은 사람 2명과 과유군(果遊軍) 10명씩을 대동하고 죽립을 쓰고 와 대기할 것.
1. 만일 불참한 면이 있으면 마땅히 조치한다.
1. 각 리는 아래에 게재한 바와 같이 3일분의 식량은 제각기 갖고 와서 기다릴 것.
1. 시각을 어기지 말고 와서 대기할 것.(표영삼, 「경상 남서부 동학혁명」, 천도교홈페이지)

당시 진주 동학군들은 '충경대도소'의 명의로 통문을 내었다. 충경대도소의 '충경'은 '충청도와 경상도'를 뜻하는 것으로 공식적으로 충청도의 '임규호 포'에 속하였다. 호남지역과는 달리 동학의 세력이 상대적으로 약했음에도 진주지역의 동학군이 충경대도소 명의로 73개의 이임에 일사불란하게 통문을 낼 수 있었던 것은 당시 농촌의 농민

조직이 활발하게 움직이고 있었음을 보여주는 단적인 사례이다. 이리하여 진주지역의 동학 조직과 농민 조직은 단시일에 결합하여 단일 대오를 이루고 갑오년 9월 18일, 영호대접주 김인배 장군과 함께 진주성을 무혈 입성할 수 있었다.

식민사관, 색안경을 쓰고 사물을 보다

왜놈들과 결탁한 봉건 지배 세력에 의해 조선민중의 자생적 근대화 흐름은 좌절되었다. 구체적으로는 동학의 조직과 마을 조직이 붕괴되면서 결국 조선은 왜놈들의 식민지로 전락하고 말았음을 동학하는 사람들은 잘 알고 있다. 한국사회가 소농이 지배하는 사회였으니 자체의 힘으로 근대화할 가능성이 없었다는 것은 왜놈 학자들의 주장이다. 왜놈들의 이런 견해를 극복해야 함에도 눈에 보이는 실증적 자료에 근거했다면서 조선의 후진성, 정체성만을 주장하는 것은 식민사관의 영향 때문이다. 조선조 말에 소농이 지배했으니까 한국이 내부의 힘으로 근대화할 가능성이 없었다는 것은 형태를 달리한 식민사관이다.

조선 후기는 소농이 90% 이상으로 구성된 사회였는데 소농 자체가 자본주의의 씨앗이었다. 왜놈들이 가르쳐 주지 않았더라도 조선은 스스로 자본주의 사회가 될 수 있었다. 우리 민족의 역사를 왜곡하여 미화하고 찬양하려는 것이 아니다. 동학의 역사가 없었다면 식민지근대화론의 주장이 일면 타당할 수 있다. 동학의 조직과 농촌의 마을 조직이 와해되며 근대화의 싹이 잘렸다. 그러니 먼지 폴폴 날리는 시골 면

지역의 옛문서를 뒤져서 찾아낸, '자본주의 맹아가 없다'는 실증적 근거들은 왜놈들이 이 땅에서 저지른 패악질과 분탕질의 결과로 해석을 해야지, 그것이 우리 민족의 정체성과 후진성을 증거하는 것이 될 수는 없다. 식민지근대화론에 근거하면 동학혁명 폐정개혁12조는 그야말로 '소설'로 지어낸 이야기에 불과하다. 동학혁명 폐정개혁12개조는 1940년에 펴낸 오지영의 소설 『동학사』에나 나오는 것으로, 사회주의 사상에 물들어 있던 오지영이라는 사람이 독일농민전쟁의 12개 강령을 모방하여 폐정개혁 12개조를 허구로 지어낸 것이라고 말한다. 12개 조항 끝에 나오는 '토지의 평균 분작'이 그 결정적인 증거로 이러한 요구는 1894년 동학혁명 당시 어디에서도 볼 수 없고, 오지영의 '소설 동학사'에만 나오는 것으로, 말 그대로 '소설'이라고 주장한다.

식민지근대화론에서는 동학혁명은 전봉준이 대원군의 집권을 위해 봉기했던, 유교적 이념에 기초한 보수적이며 근왕주의적 개혁운동임을 강조하면서, 천우협과 같은 왜놈들 낭인집단과 전봉준과의 관계를 유난히 강조하여 동학혁명을 의도적으로 깎아내린다.

요사이 동학의 정통을 계승했다는 천도교가 '쇠잔'하니 별의 별 헛소리가 난무한다. 동학혁명의 전란을 피해 경상도 땅 상주 깊은 산속에 숨어 들어 '선천회복'을 내세우며 은둔하였던 상주동학교가, '후천개벽'을 내세우며 갑진개혁이나 3.1운동으로 분주했던 천도교보다 더 진보적이었다고 당당하게 주장한다. 상주동학교가 세계적 사상인 만큼 이들의 '서적과 유물'을 유네스코 유물로 등록하고 상주에 '국립동학박물관'을 세우겠다는 거창한 계획도 세운 모양이다. 정부 예산 빼먹겠다며 부나방처럼 달려드는 사람들의 꼬임에 춤추는 공무원들의 헛발질은 한심하지만 웃고만 있을 수는 없는 노릇이다.

역사왜곡의 실상은 다양한 형태로 나타난다. 기초자치단체에서 광역단체, 중앙정부까지! 한라에서 백두까지라 해도 될 듯하다. 많이 배우고 공부한 이는 올바르지 못한 역사관으로 사실을 파악하니 모든 것이 붉게 보인다. 잘못된 이론의 안경을 쓰고 보면 같은 것도 다르게 보이는 법이다. 『의암성사법설』에 나오는 말씀 한마디!

> 마음이 흰 것을 구하고자 하면 흰 것으로 보이고, 붉은 것을 구하면 붉은 것으로 보이고, 푸른 것을 구하면 푸른 것으로 보이고, 노란 것을 구하면 노란 것으로 보이고, 검은 것을 구하면 검은 것으로 보이느니라.(「무체법경」〈신통고〉)

"모든 것이 무한대로 나와지는
한울님 자리를 체득하라"

'무항산(無恒産)이면 무항심(無恒心)'이다. 맹자의 말이다. 의암 선생은 이 말을 이렇게 이해하신다.

> 맹자 말씀하시기를 「일정한 생업이 없는 사람은 일정한 생각이 없다」 하였으니, 이러므로 백성이 떳떳함을 잡는 마음이 없으면 재앙이 반드시 이르고, 백성이 일정한 생업이 없으면 배고픈 것이 겹치게 된다.(『의암성사법설』「명리전」)

이러한 말씀에 대한 현대적 표현은 아마 이런 것일 게다. 촘스키의 말이다; "거액의 학자금 빚을 지게 된 학생은 사회를 바꾸는 일에 대해 생각을 하기 힘들다. 빚의 굴레에 빠지게 하면 그들은 생각할 시간적 여유를 가질 수 없게 된다."*

우리 말 속담으로 말하면, '쌀 독에서 인심 난다'는 말도 같은 뜻으

---

* http://www.mediatoday.co.kr/?mod=news&act=articleView&idxno=127790

로 새길 수 있다. 포털사이트 '다음'의 창업자 이재웅 사장은 최근 자동화에 따른 일자리 감소에 대응하기 위한 유일한 대안이 '기본소득'이라며 이런 말을 했다.

미국 초기 벤처 인큐베이터인 Y 컴비네이터(Y combinator)가 자동화에 따라 줄어드는 일자리를 비롯한 미래 경제 체제에 대비하기 위한 기본소득 연구를 지원하기로 했다. 저도 기본소득이 유일한 대안이라고 생각한다. 한국에서는 녹색당이, 미국에서 벤처캐피탈이 기본소득제를 지지하고 지원하는 것이 좀 이상해보일지 모르지만, 일자리가 줄어들고 소득격차가 커질 수밖에 없는 미래 사회를 예측해 보면 당연하게 느껴질 수도 있다. 세상은 생각보다 빨리 변해 가고 있다. 단기적으로 가능한 정책은 아니다. 하지만 자본주의 붕괴를 막기 위해서라도 도입해야 할 정책이다.*

기본소득

기본소득은 재산의 많고 적음이나 취업 여부에 관계없이 모든 사회 구성원에게 일정 수준의 생활을 보장하는 소득을 무조건적으로 지급하는 개념이다. 스위스는 성인 1인당 매달 약 3백만원을 기본소득으로 지급하는 방안을 놓고 올 여름(2016) 국민투표를 실시한다는 소식

---

* http://blog.daum.net/skh661/2594

도 있다. 핀란드, 네덜란드 등에서도 기본소득 도입을 검토하고 있다.
대한민국에서 묻지도 따지지도 않고 모든 국민에게 매달 몇백 만원
씩 지급하자고 하면 '빨갱이' 소리 듣기 십상이다. 이런 '흉측한' 말을
잘나가는 IT 전문가 이재웅 사장이 했다는 것은 그만큼 그가 세상의
흐름을 빠르게 간파한 것이라 해야 할 것이다.

기본소득이란 개념이 생소하긴 해도 이미 우리나라에서 시행하고
있는 노령연금, 65세 이상 노년층 지하철 무임승차, 논란 많던 성남시
의 청년배당, 무상산후조리원, 무상교복 등도 기본소득의 하나로 간
주된다. 당장 지하철 무임승차를 폐지한다거나 노령연금을 폐지한다
면 민심이 흉측해질 것을 생각하면, 기본소득을 도입하자는 주장을
포퓰리즘이라거나 좌파 정책으로 매도하는 것은 신중해야 한다. 단
지 익숙하지 않은 개념일 뿐이다. 미국에서는 이미 18세기에 토마스
페인 등 자유주의 사상가들이 먼저 주장한 것이라 하니, 이재웅 사장
의 말대로 단기적으로 가능하지는 않아도 긴 안목에서 '자본주의 붕
괴를 막기 위해 도입'을 진지하게 고려할 필요가 있다.

이념적인 비난을 떠나서라도 기본소득에 대한 비판은 당연히 제기
된다. 사람들이 일하는 의미를 잃는다거나 일하는 사람이 줄어 국가
경제가 타격을 받는다는 비판도 따른다. 한편, 무의미한 노동이 줄고
사람들이 생산적인 행동을 할 수 있도록 한다는 가정 하에 대규모 실
험이 이뤄지기도 했다.

예를 들어 지난 1974~1979년 캐나다에선 1,000가구를 대상으로 기

본소득을 지불하는 프로젝트 실험을 실시했다. 이 실험에서는 근무 시간 감소는 남성 1%, 기혼 여성 3%, 미혼 여성 5%에 그쳤고 반면 노동자가 가정에서 보내는 시간은 늘어나고 가정 내 자녀의 학력이 향상됐다고 한다. 또 사람들이 병원이 가는 빈도가 줄어들고 보건의료 시설에서 정신건강 관련 불만 건수도 줄어든 것으로 밝혀졌다. 정권이 교체되면서 이 프로젝트는 도중에 중단된 탓에 실험의 최종 결론은 나와 있지 않다.

이러한 실험에 대해 추가적인 결과를 얻기 위해 네덜란드에선 올해 1월 생활 보호를 받는 사람을 대상으로 금전을 무상 지급하는 대규모 실험에 착수했다고 한다. 그리고 앞서 이재웅 사장이 언급한 와이콤비네이터는 앞으로 5년 동안 미국 국민 일부를 대상으로 기본소득을 적용하는 프로젝트를 진행할 계획을 가지고 프로젝트에 참여하는 상근 연구원을 모집하였다고 한다.

거인의 어깨 위에서 바라보는 신세계

한국의 녹색당에서 몇 해 전부터 기본임금을 도입할 것을 주장하고 있다. 녹색당에서는 이런 주장을 한다; "기업이나 개인이 버는 소득에도 사회공동체의 몫이 있다. 노벨경제학상을 받은 허버트 사이먼은 개인이 버는 소득의 90%는 그 사회공동체가 가진 공통의 자산 덕분이라고 말했다. 따라서 법인이나 개인의 소득도 세금의 형태로 일정 몫을 거둬들여 사회공동체 구성원 모두에게 배분하는 일은 당연하다." 이 주장에서 주목할 부분은 개인이 버는 소득의 90%는 그 사회 공동체가 가진 공통의 자산 덕분이라는 것이다. 사실 천재와 바보는 종이 한 장 차이라는 말 그대로, 뛰어난 천재나 일반인의 차이는 그렇게 크지 않다. 만유인력을 발견했고 미적분학을 개척한 뉴턴은 자신의 업적이 가능했던 이유를 이렇게 설명한다; "내가 좀 더 멀리 볼 수 있었던 것은 거인의 어깨에 올라탔기 때문이다." 겸손한 표현이긴 하지만 진실을 제대로 말하였다. 학문이든 부를 축적하는 것이든 그 사회의 공통의 자산, 즉 앞선 사람의 업적을 바탕으로 하기 마련이다.

기본소득과 관련하여 주목할 것은 잘나가는 IT기업에서 문제를 제기하고 진지하게 사회적 실험에도 착수했다는 것이다. 그것은 가까운 미래 또는 먼 미래의 세상에 대한 통찰력에서 비롯한 것이다. 자동화, 인공지능(로봇), 사물인터넷, 무인자동차 등 끊임없는 기술의 발달은 무한한 생산력의 원천이다.

동전 만한 유리에 CD 50만 장의 정보를 저장할 수 있고, 그 내구성은 100억 년이 지나도 멀쩡하며, 섭씨 1,000도가 넘는 열기에도 견디는 나노 구조의 유리디스크를 개발했다는 뉴스도 있다.

다음 달이면 바둑기사 이세돌과 인공지능 알파고의 세기의 대결이 열린다. 상금 100만 달러가 걸린 5판의 승부다. 인공지능과 세계 체스 챔피언과의 대결에서 인공지능이 완승을 거둔 것은 오래전이다. 경우의 수가 거의 무한대인 바둑에서는 아직 인간의 두뇌가 앞서고 있지만, 인공지능 알파고는 유럽의 바둑 챔피언을 완패시킨 바 있다. 인공지능 알파고는 기껏 아마추어 고수의 바둑 기보 16만 판을 입력한 것임에도 프로 고수를 꺾었다. 프로 기사들의 바둑 기보를 계속 입력해 가면서 알파고의 성능이 지속해서 향상되고 있다고 하니 다음 달 세계 최강의 바둑기사로 평가되는 이세돌과 알파고의 대결은 벌써 세간의 관심사다. 인공지능은 이제 단순히 인간의 수고를 덜어주는 심부름꾼이나 일꾼에서 벗어나 스스로 생각하고 판단하는 인간을 닮아 가도록 설계되고 있다. 인간과 로봇과의 대결의 이면에 자리한 중요한 문제는 사람들이 일자리를 인공지능으로 무장한 로봇에게 점점 빼앗긴다는 점이다.

"이 내가 보배 덩어리라"

과학 기술의 발달은 무한한 생산력의 원천이다. '무궁한 이 울 속'에 무진장의 자원을 무한히 공유해야 하며, 거인의 어깨 위에서 바라보는 신세계는 어느 천재의 독점적 세상이 될 수 없고 만유의 소유가 되어야 한다는 것이 나의 생각이다. 무한한 생산력은 한울님의 능력이다. 일찍이 김승복 선생은 이와 관련하여 아래와 같은 언급을 하였다. 『천재하방: 한울은 어디에 있는가』(도서출판 모시는사람들, 2009)에서 가려 뽑은 것들이다.

인용한 아래 말씀들은 수련을 통한 마음공부의 차원에서 이해해야 할 부분도 있고, 다가오는 미래에 전개될 세상에 대한 암시라고 할 수 있는 것도 있다. 과학 기술의 발달에 따른 무한한 생산력을 어떻게 배분하고 그 결실의 분배를 어떻게 할 것인가를 염두에 두고 읽었으면 한다. 위에서 언급한 기본소득도 결국은 기술 발전에 따른 줄어드는 일자리의 분배와 소득의 배분의 문제이다. 다만 이러한 문제를 좌니 우니 하는 저차원의 분별심으로 헤아리는 것은 경계해야 할 바다.

- 본래 마음인 제1 천심이 있는데 육신에 의존하는 보고, 듣고, 맛을 알고, 촉감이 있고, 배우고, 경험한 유한한 것이 습관 된 마음이요, 현재의식입니다. 본래 마음은 무한지혜와 무한능력이 있고 무진장에서 무한공급을 하는 것이 본래의 마음이요, 우주의식입니다.

- 한울님은 무시무종, 무상하, 무의무립, 무루무증, 무선무악, 불생불멸, 청정무구, 무궁무한하며 무사불섭, 무사불명하는 절대자요 유일무이한 존재입니다. 일원의 무형한 성령으로 완전원만하며 무진장인 보물창고와 같아서 무엇이든지 무한공급을 하시며 자유자재하며 만물의 부모요 스승입니다.

- 한울님께서는 인간에게 영생의 무한 생명을 주셨고, 무한지혜, 무한능력, 무한공급, 무한자유를 주셨지만 우리가 그것을 모르고 사용하지 않고 있는 것뿐입니다. 그것은 마치 발전소에서 집집마다 전기를 공급해 주지만 전등을 켜야 불이 들어오는 것과 같은 이치인 것입니다. 사람들이 각자 한울님을 모시고는 있지만, 믿는 생각이 없고 공경하는 생각이 없기 때문에 한울님의 감응을

받지 못하고 무진장의 보고에서 무한공급을 받지 못하는 것입니다.

· 아주 작은 반도체의 칩이 무진장의 편리한 생활의 현상화를 이루어 내는 것처럼, 무한능력·무한지혜·무한공급·무진장의 한울님 성품이 내게 있고, 그것을 운용하는 한울님 마음이 내게 있으므로, 실상 멀리서 나오는 게 아니라 내게서 나오는 것입니다.

· 이 내가 보배 덩어리라. 모든 것이 무한대로 나와지는 한울님 자리를 체득하라.(김승복, 『천재하방: 한울은 어디에 있는가』, 모시는사람들, 2009)

사회개벽, 소유투쟁에서 창조투쟁으로

'인내천', 즉 사람이 한울이라는 말은 사람이 곧 전지전능한 신이다, 사람이 곧 한울님·하나님·하느님·알라·천주·상제와 같은 무한 능력을 지닌 존재라는 뜻으로도 이해할 수 있다. 동학에서 말하는 인내천, 즉 사람이 한울이라는 명제가 조만간 실현될지 모르겠다. 알파고 때문이다.

알파고와 이세돌의 바둑 대결을 본 하라리(Harari)라는 역사학자는 '기술이 너무 빨리 진보하고 있다. 30년 안에 지금 존재하는 직업의 50%가 사라질 것'이라고 예단한다. 21세기 전반에 무인자동차가 상용화돼 택시·버스 운전사들이 필요없게 되고, 의학·나노 기술의 발전으로 질병이 완전히 정복돼 의사란 직업도 사라지며, 2050년엔 70억 명이 '밥만 축내는 존재'로 전락할 가능성이 높다고 본다.

그러면서 하라리는 '단도직입적으로 말하자면 2100년 이전에 현생 인류(호모사피엔스)는 사라질 것이다. 인공지능에 밀려 무용지물로 전락한 인간들이 약점을 보완하기 위해 기계와 결합을 선택할 것이다. '새 인류'는 더 이상 호모 사피엔스가 아니며 생물학적 한계를 뛰어넘은 신(神)적 존재(호모데우스)'가 될 것이라고 한다. 또 하라리는 사람이 기계와 결합하여 '육백만불의 사나이'와 같은 초능력을 가진다고 해도 인간이 인간성을 잃지 않으려면 "지금부터 '마음'에 대한 연구를 강화해야 한다. 초(超)인간이 되더라도 '마음'을 유지한다면 기계와는 확연히 다른, 지금처럼 따뜻한 감성을 가진 존재가 될 것이다. 우리 몸과 뇌 연구에 천문학적 비용을 투자하는 것처럼 마음의 연구에도 공을 들여야 한다."고 주장한다.

재화를 적절하게 분배하지 못하는 자본주의 시스템

알파고와 이세돌의 세기의 대결을 두고 많은 말들이 쏟아지지만, 위의 하라리의 주장보다는 스티븐 호킹의 아래의 말이 상황을 더 정확하게 설명하고 있는 듯하다.

인류에게 위협이 되는 건 로봇이 아니라 그 로봇이 생산해 낸 재화를 적절하게 분배하지 못하는 자본주의 시스템이다.[*]

스티븐 호킹의 이 말은 마르크스가 200여 년 전 영국의 러다이트운동을 두고 했던 말과 비슷하다. 마르크스는 『자본론』에서 러다이트운동의 실상을 증언하고, 자본주의 초기 노동자들의 어려움이 기계 때문이 아니라 '사회 형태' 즉 기계 뒤에 감추어진 자본주의적 관계 때문

---

[*] http://news.mk.co.kr/column/view.php?year=2016&no=188093

이라고 지적하였다.

1630년대에 어느 네덜란드인이 런던 부근에 설치한 풍력 목재공장
은 폭도들에 의해 쓰러졌다. … 1785년에 에버레트가 수력으로 양
털을 깎는 기계를 발명하자, 10만 명의 실업자들이 그 기계를 불태
워 버렸다.

1838년에 일단락된 영국 수공업 방직공들의 점진적 몰락보다 더 처
참한 광경은 세계 역사에서 일찍이 없었다. 그들 중 많은 사람들이
굶어 죽었으며, 또 많은 사람들이 오랫동안 가족과 함께 1일 2.5펜
스로 연명했다. 한편, 영국의 면방직 기계는 인도에도 심각한 영향
을 미쳤다. … 수공업 면방직공들의 해골이 인도의 벌판을 하얗게
물들였다.

19세기의 첫 15년간에 영국의 공장지구들에서 대규모 기계 파괴는
주로 증기 직기의 사용 때문에 일어났으며 러다이트 운동이란 이름
으로 알려지고 있는데, 이는 시드머스, 케슬레이 등등의 반자코뱅
정부에서 매우 반동적인 강압 수단을 취할 구실을 주었다. 노동자
가 기계와 자본에 의한 기계의 사용을 구별하고, 따라서 물질적 생
산수단 그 자체를 공격하는 것으로부터 그것을 이용하는 사회 형태
를 공격하는 것으로 옮길 줄 알게 되기까지는 시간과 경험이 필
요했다. (『자본론1』)

산업혁명으로 기계가 대거 보급되자 일자리를 잃은 노동자들의 대응은 엉뚱하게도 '기계를 파괴하자'는 러다이트 운동이었다. 자본주의 초기에 기계가 노동자들의 일자리를 뺏자 노동자들은 기계를 그 원흉으로 여겨 파괴한다. 러다이트 운동은 산업혁명 이후 노동자들이 일으킨 최초의 집단적인 저항이었지만, 다수 노동자 대중의 지지를 받지 못하고 실패했다. 러다이트 운동을 주도한 계층은 비교적 기득권층에 속했던 숙련공들이었고, 다수의 비숙련공들은 이들의 저항에 동참하고 협력하기보다는 오히려 숙련공들의 몰락을 반기기도 하였다고 한다. 자신의 일자리를 지키기 위한 러다이트 운동의 기계 파괴자들의 행동은 비록 시대착오적인 것이었지만, 인간의 수고를 덜어줄 기술 발전으로 되레 인간의 생존이 위협받는 상황에 대한 나름대로의 대응이었다. 알파고 등 인공지능을 장착한 각종 기계(로봇)에 밀려 없어질 직업으로 전문가집단(경제, 법률, 회계, 의료관련 등)이 많이 거론되는데, 200여 년 전처럼 이들 전문가집단이 21세기의 러다이트 운동의 주역이 될지는 두고 볼 일이다.

사회개벽

야뢰 이돈화는 『신인철학』에서 '사회개벽*의 의미를 밝히고 빠르게

---

* 이돈화는 『신인철학』에서 "후천은 신사회를 의미하는 말이요 개벽은 문화의 개조를 의미한 것이니 '후천개벽'은 신사회 건설을 의미한다."고 하였다. 동학에서 말하는 '보국안민', '포덕천

변하는 세상과 변화의 흐름을 전망하였다. 야뢰의 사회개벽은 창생의 사회적 권리를 회복하고, 의식주와 같은 경제문제를 해결하며, 나아가 사람들의 인격을 완성하고, 이상사회를 세운다는 것이다. 다시말해 사회생활의 모든 분야에서 사람들 사이의 불평등, 대립, 차이를 낳고 비호 조장하는 낡은 사회제도를 자유·평등의 새로운 사회제도로 바꾸는 것이 그 주요한 내용이다. 야뢰는 사회개벽설에서 사회개벽의 구체적 표상은 밝히지 않았지만 천도교가 이상하는 변화된 사회상을 단편적으로 그리고 있다. 야뢰의 표현은 이렇다.

경제문제는 인간격 생활에 대한 일반적 문제요 일 국부적 문제이다. 인간격 중심주의의 문제는 인간 이상의 최고 우주생활의 표현이라고 수운주의는 보는 것이다. 그러므로 수운주의의 이상으로 말하면 인간이 아직도 먹을 것, 입을 것에 대하여 상호 소유 투쟁을 계속하는 것은 인간격으로서 수치라고 본다. 인간이 아직도 식의주의 생활로서 최고의 투쟁을 삼는 것은 인간의 체면상 유치한 일이며, 아직도 비열한 동기로부터 완전히 해탈되지 못한 정도에 있다.(『신인철학』, 158쪽)

하', '광제창생'에 대하여, '보국'은 민족개벽이며, '안민'은 사회개벽 그리고 '포덕천하', '광제창생'은 지상천국을 의미한다고 였다.

물론 금일의 경우로 본다면 식의주(食衣住)에 얽매인 민중이 여기에서 해방을 얻고자 하는 운동은 당연 이상으로 당연한 일이다. 왜 그러냐 하면 인간으로서 그 문제를 해결하기 이전에는 기타 최고의 인간격을 발휘할 여유가 없기 때문이다. 그러나 이것이 인간의 진화 과정상 어떤 계단에 있을 문제요 인간격의 영원한 이상으로 본다면 의식주의 투쟁이 인간의 최종 목적이 아니요 최후 이상은 창조 투쟁, 즉 최고 인간격으로부터 우주생활을 실현하는 데 있다는 것이 수운주의의 이상이다.(『신인철학』, 158-159쪽)

인공지능 등 기술 발달로 생산성이 높아지더라도 야뢰가 말하는 소유투쟁, 즉 '먹을 것, 입을 것에 대한 상호 소유 투쟁'은 계속될 것이다. 야뢰가 말하는 소유투쟁이 앞으로 기본소득이나 기초소득 등의 형태로 해결될지는 알 수 없지만, 분명한 것은 설사 마음 없는 기계가 인간의 일 대부분을 대신하는 세상이 오더라도 그리 걱정할 필요는 없을 듯하다. 인류가 여러 차례 겪었듯이, 끔찍한 재앙을 부르는 악마는 마음 없는 기계가 아니라 탐욕으로 얼룩진 더러운 마음을 가진 인간들이었다.*

야뢰는 일제의 사상적 탄압과 검열이라는 제약으로 소유투쟁에 대해 자유롭게 논의하지는 못하고 다만 소유투쟁은 수운주의의 이상보

---

* @historian

다는 저급한 것이라고 보았고, 인간격*에 걸맞는 창조투쟁으로 나아갈 것을 강조한다. 저급하다는 것은 소유투쟁이 나쁘다든지 저질의 것이라기보다는 역사 진행 과정에서, 소유투쟁이 인간격을 살리고 발휘하는 창조투쟁에 비해 앞서는 것이며 필수적인 것이라는 뜻으로 이해할 수 있다.

소유투쟁과 창조투쟁

야뢰가 말하는 창조투쟁 혹은 '진리투쟁'은 세상사에서 먹고사는 문제나 경제문제가 해결된 이후의 세계에서 인간의 삶의 방식을 의미하는 것으로, 물질적인 것보다는 정신적인 것 또는 철학, 예술, 종교 등의 영역에서의 인간성을 발휘하는 것을 의미한다.

유물사관은 과거 역사를 순전히 경제투쟁의 역사로 변증하는 점에서, 더욱이 인류의 영원한 투쟁성을 부인하기 불능한즉 그 영원의 투쟁성은 유물적 계급투쟁이 끝나는 날 다시 어떠한 출구를 찾아 나아갈까 하는 것이 문제이다. 우리가 만약 강력히 그 해답을 요구한다면 두 가지의 방면이 있으리라 상상이 된다. 하나는 기술적 투쟁, 하나는 진리의 투쟁일 것이라고 상상할 수 있다. 즉 소유투쟁에

---

* 『신인철학』에서 '격'이란 환경이나 주어진 조건으로 보아 그에 알맞는 분수나 품위를 가리키는 말. 인간격은 우주 진화의 단계를 나타내는 인간의 품위, 형질을 말한다.

서 창조투쟁으로 옮겨지리라 본다. 그리하여 이 창조투쟁은 과학에만 관계되는 것이 아니요 과학으로부터 다시 순류하여 진실한 의미의 철학 종교 예술 도덕, 다시 말하면 최고 인간격 발휘에 노력하는 투쟁이 되지 아니치 못하리라 상상할 수 있으며, 그리하여 그때야말로 인간이 참된 인간다운 투쟁의 영역에 들어섰다 볼 수 있을 것이다. 즉 동물적 투쟁에서 인간격의 투쟁으로 나아간 인간적 행위인 것이라 한다.(『신인철학』, 160쪽)

그러나 야뢰가 언급한 창조투쟁 역시 21세기인 지금도 여전히 요원한 일인 듯하다. 인간(이세돌)의 전승을 기대하다 전패를 모면하고 한 번이라도 알파고에 이기는 이세돌에 사람들이 감격하는 것은 당연하긴 해도, 소유투쟁-창조투쟁으로 이어지는 역사과정에서 본질적인 문제는 아니다. 알파고가 이길 것인가 이세돌이 이길 것인가 하는 문제는 사태의 본질일 수 없다. 수십 조를 투자할 수 있는 구글이라는 집단은 천문학적인 자본으로 정치·경제·사회 제도를 자신들에게 유리하게 바꾸고 역사상 그 어떤 지배계급보다도 훨씬 큰 부를 축적하면서 교묘하게 세상을 지배하려 들 것이다. 야뢰가 말하는 창조투쟁은 여전히 먼 미래의 일이며 지금의 역사단계는 여전히 소유투쟁의 단계일 수밖에 없다. 야뢰는 소유투쟁을 기술적 투쟁, 동물적 투쟁이라고 했지만, 이러한 동물적 투쟁이야말로 진정한 인간적인 투쟁이고 '인간격'의 투쟁일 것이다.

"마음이 항상 두려워 어찌할 바를 알지 못했다"

　2016년 4월 13일, 제20대 국회의원 선거가 끝났다. 모두 300명의 국회의원을 뽑았다. 어느 언론에서는 300명에 들지 않았지만 주목해야할 '사람과 정당'을 열거했다. 보수의 심장부라 일컫는 대구, 야권 불모지에서 당선되지 못했지만 30% 이상의 득표를 한 녹색당의 후보도 주목할 사람의 하나였다. 지역의 대다수 후보가 지역 개발 공약을 들고 표를 구할 때, 그 후보는 녹색의 가치를 말하고, 청년의 아픔과 40만 원 기본소득에 대해 말하고, 불안정한 비정규직 노동 문제와 일자리, 4대강 재자연화, 탈핵 등 환경공약으로 유권자에게 다가갔다.

　그리고 이 언론은 주목할 정당으로 기독자유당을 꼽았다. 이번 총선에서 기독자유당은 정당기호 5번*을 배정받았고 득표율은 2.63%로 62만6853표를 얻었다. 기독민주당이라는 또 다른 기독교 정당은 0.54% 득표에 12만9978표를 얻었다. 이 두 당이 하나의 당이었다면 3%를 넘겨 자력으로 국회 의석(비례대표)을 얻을 수도 있었다. 기독자

---

* 　2선의 이윤석 의원(지역구 전남 영암 · 무안 · 신안)이 탈당과 함께 기독자유당으로 입당. 이윤석 의원의 영입으로 기독자유당은 20대 총선에서 기호 '5번'을 배정받았다.

유당의 후원회장이며 '빤스 목사'로 널리 알려진 한 대형교회의 목사는 총선 후 설교에서 "기호5번 기독자유당이 아닌 '기독민주당(13번) 찍은 사람들이 13만명이에요. 우리를 헛갈리게 한 그 기독당만 없었다면 원내 진출' 했을 것"이라고 안타까워했다. 이들이 얻은 표는 역대 기독교 정당이 얻은 표 가운데서도 가장 많았다. 1997년 이후 지속적으로 정치세력화를 도모해 온 기독교 정당은 이제 원내 진입을 넘보는 지경에 이른 것이다. 기독자유당이 얻은 표는 8명의 당선자를 내며 제4당이 된 정의당을 제외한 원외 진보정당들의 표를 다 합한 것(녹색당 0.76%+민중연합당 0.61%+노동당 0.38%=1.75%)보다 훨씬 많았다.

기독교의 정치화에 비판적인 어느 학자는 "기독 정당 자체는 실패한 프로젝트일지 몰라도 그 안에서 극우적 풀뿌리 조직들을 만들어 냈다는 게 문제입니다. 그들은 성공했다고 얘기하고 있어요. 조금만 더 하면 정치권에 진입할 수 있다고. 앞으로 자기들의 행동 반경을 넓힐 수 있다고 보는 겁니다."라며 우려를 나타냈다.

"개신교 역사상 가장 타락한 교회"

이번 총선에서 기독자유당은 '동성애 차별 금지법 반대, 간통죄 부활, 이슬람 특혜 철회'를 공약으로 내걸었다. 종교적 신념을 표현하는 것은 자유이지만, 이 자유를 핑계로 자신의 생각과 다르다고 특정한 개인, 집단을 차별하고 소외시켜야 한다고 주장하는 것은 자유의 한계를 뛰어넘는 일이다. 이 지점에서 우리 사회에서 종교와 정치의 관계, 특히 개신교 일부 세력의 정치세력화를 성찰할 필요가 있다. 두 가지 점에서 살펴본다. 기독교의 정치화에 앞장서고 있는 지도자들의 윤리와 도덕성, 그리고 이념적 편향성이다.

몇 해 전 손봉호 교수는 요즘의 한국 기독교에 대해 "개신교 역사상 지금의 한국 교회만큼 타락한 교회는 없었다."는 쓴소리와 함께 개신교의 물신주의를 신랄하게 비판한 적이 있다.

돈과 하느님은 함께 섬길 수 없다. 그런데 한국 교회는 돈을 우상으로 섬기고 있다. 돈 잘 버는 사람이 복 받은 사람이 되어 버렸다. 부정한 방법을 통해서라도 돈을 버는 것을 전혀 부끄러워하지 않는다. 성경의 가르침과 너무 어긋난다. 예수님은 철저히 가난했고, 사도들도 다 가난했다. 돈을 많이 헌금하는 사람이 훌륭한 교인이고, 장로가 되려면 헌금을 얼마 이상을 해야 한다는 생각은 철저히 비개신교적이다. 그렇게 해서 장로가 된다면 교인들의 대표성을 지닐 수 있겠나. 또 장로로서 존경받고 권위가 서겠나. 교인들은 장로를 뽑아 놓고 존경하지도 않고, 장로는 온갖 말도 안 되는 장난을 쳐서 교회에 분란을 일으키는 악순환이 되풀이될 뿐이다. 한국 개신교는 내가 아는 한 가장 타락한 교회이다. 개신교 역사상 지금의 한국 교회만큼 타락한 교회는 없었다.*

---

*   http://www.epdaily.co.kr/news/articleView.html?idxno=6037

그러면서 손 교수는 "많은 교회에서 은혜받고 구원받는 것만 강조하지 도덕적으로 살아야 한다는 것은 강조하지 않고 있다. 윤리적인 사람이 반드시 개신교인은 아니다. 하지만 개신교인은 반드시 윤리적이어야 한다."(앞의 글)고 강조한다. 이러한 손 교수의 언급을 통해 보면 기독교자유당을 이끄는 지도자들은 정치 활동 이전에 우선 윤리와 도덕성에서부터 문제가 많다. 앞서 '빤스 목사'라고 했듯 기독교인들은 물론 많은 국민들의 공분을 사고 있는 사람들이 기독교 정당의 세력화에 앞장서고 있는 점은 개탄스러운 일이다.

차별방지법

기독교의 정치화가 극단적 보수주의에 치우쳐 있다는 지적을 접하면 기독교의 정치적 진출은 앞으로 우리 사회의 커다란 우환거리로 등장할 듯하다. 기독교 정당을 추진하는 이들은 동성애를 향한 혐오를 부추기고, 이슬람에 대한 위험을 과장하면서 차별과 배제를 정치적 자산으로 삼고 있다. 특히 '이슬람의 공포'를 극대화하는 이들의 전략은 박근혜 정권의 '테러방지법' 추진의 한 축이 되었다는 평가도 있다.

이들이 내세우는 동성애 반대의 직접적 계기는 2007년부터 시작된 차별금지법 제정 움직임이다. 차별금지법은 사회 모든 영역에서 합리적 이유가 없는 차별을 금지하는 법률로, 2000년대 들어 전 세계적으로 제정이 본격화됐다. 뉴질랜드(1997년 인권법), 유럽연합(2000년 기본권리헌장), 독일(2006년 일반균등대우법), 영국(2006년 평등법) 등이었다. 노무현 정부 말기에 대두한 '차별금지법' 제정 논란 이후 개신교계의 반동성애 운동이 본격화되었다는 점에서, 기독교 정치세력화는 반노무현 정서와도 맞닿아 있다.

어떤 사람들은 개신교의 정치적 보수화라는 흐름의 문제를 '혐오정치'로 규정하고, 차별 금지법 반대 운동은 개신교의 사학 재단과 종교적 이익을 지키기 위한 것으로 이해하며, 어떤 이는 "사립학교법과 차별금지법, 교과서 수정 요구, 동성애·동성혼 반대의 배경엔 개신교 사학 재단의 운영권과 교권, 채플, 교회 운영, 선교 활동, 목회 활동, 교회 건물 및 재정 운영 등 보수 개신교계의 직접적 이해관계가 연동돼 있다."고 주장한다.

보수적 개신교계의 행동은 직접적이고 위협적이다. "차별금지법 법안 발의에 참여한 정치인들에게 전화와 문자, 팩스가 쏟아졌다. 의원실을 거의 마비시키다시피 했다. 정치인들이 한 발 물러나니까 이 방법이 먹힌다고 보고 비슷한 방식의 '괴롭힘'을 계속했다. 낙선 협박도 하고 지역 교회에 영향력을 행사하기도 했다. 서울시교육청의 학생인권조례 제정 땐 같은 방법으로 교육위원들을 괴롭혔다."고 어느 목사는 증언한다.

17대 국회에서부터 시도된 국회의 차별금지법 제정 시도는 번번이 좌절되었고, 19대 국회에서도 추진됐지만, 제대로 된 차별금지법은 난망하기만 하다. 유엔 아동권리위원회 등이 지속적으로 한국에 차별금지법 제정을 권고하고 있고, 2012년 10월 유엔 인권이사회도 한국 정부에 차별금지법 제정을 권고하였지만 정부는 묵묵부답이다. 그만큼 개신교의 정치적 영향력은 세다.

반이슬람, 민주주의에 대한 도전

기독자유당이 이번 총선에서 이슬람 반대의 목소리를 높인 것을 두고 많은 이들은 우려한다. 무슬림들이 한국에 들어오는 것을 막아야 한다며 익산 할랄 식품단지에 대한 유언비어를 퍼뜨리기도 했다. 심지어 과자에 있는 할랄 표시, 비행기 기내식으로 할랄 음식을 제공하는 것에 대해서도 이슬람 포교에 도움을 준다며 우리나라에서 있어서는 안 되는 일이라는 식으로 문제를 제기한 기독교인들도 있었다. 자신들은 제한 없는 종교의 자유를 누리고 성탄절이 공휴일로 지정된 나라에 살면서, 자신이 반감을 가지고 있는 종교의 신앙의 자유는 제한하고 그들을 사회적으로 소외시켜야 한다고 우긴다. 이것을 종교적 자유로 착각한다. 우려할 만한 태도이고 움직임이다. 이슬람 인구는 16억 정도, 57개국, 지구촌 4분지 1에 해당하는 세계 최대 단일 문화권이다. 종교적 신념을 이유로 자신들은 선이고 이슬람은 때려부숴야 할 악이라고 여긴다면 출발부터가 민주주의와는 거리가 멀 뿐 아니라 민주주의에 대한 현존하는 위협이다.

혹자는 한국의 개신교가 다른 종교와 달리, 권력 지향적이고 배타적인 특징을 띠고 있다고 말하며 유일신을 믿는 기독교의 근본적 한계를 지적한다.

한국 기독교는 과거 주류 세력, 즉 친일파가 받아들이면서 확산됐다. 이유는 단순하다. 그 종교를 믿는 것이 유리하니까. 또 힘 있는 미국의 종교니까. 보다 근본적으로는, 일신교 자체의 배타성을 꼽을 수 있다. 심리적으로 건강한 사람이 일신교를 믿으면 조절할 수 있지만, 심리적으로 건강하지 않은 사람이 일신교를 믿으면 배타성이 생긴다. 역사에서 분란을 일으킨 종교는 대체적으로 일신교다. 다신교인 불교는 한국에 들어오면서 산신령 등을 불교의 신 중 하나로 받아들였다. 종교 자체가 포용력을 가지고 있다는 뜻이다. 하지만 기독교 입장에서는 산신령은 이교도이자 이단이기 때문에 부정해야 한다. 세계관의 측면에서 기독교는 다양성을 저해하는 배타적인 종교다.*

유일신을 믿는 기독교의 정치화에 대한 근본적인 문제제기는 움베르토 에코의 글에도 잘 나타나 있다. 올해(2016) 2월 작고한 이탈리아의 작가 움베르토 에코(Umberto Eco)는 지난해 파리의 '샤를리 엡도' 테러 사건 당시 이렇게 말했다.

---

* http://www.pressian.com/news/article.html?no=126419&ref=nav_search#09T0

샤를리 엡도 테러로 유럽이 이슬람 극단주의에 품게 된 공포는 제2차 세계대전 때 나치에 대한 두려움과 비슷하다. 당시 언제 떨어질지 모르는 폭탄이 무서워 잠을 이루지 못했던 나는 30년 전 기고한 글에서 이렇게 경고했다. "앞으로 유럽의 나라들은 단순한 이민자들이 아니라 국경을 이리저리 넘나들며 전방위로 확대된 '글로벌 유목민'의 파도에 직면하게 될 것이다." 이민자와 본토인 간에 새로운 균형이 이뤄질 때까지 수많은 사람들이 피 흘리게 될 것이라 예견했다. 사람들이 책을 내려놓고 무기를 드는 건 인류사에서 새로운 현상은 아니다. 지금 지구촌은 성서와 쿠란을 놓고 서로 학살극을 벌이고 있다. 현대사회는 유일신 종교들이 벌이는 거대한 전쟁에 휘말려 있다. 총을 쏘는 전쟁이 아니다. 자신의 경전을 상대방에게 강요하기 위해 어떤 위협도 서슴지 않는 새로운 세계대전이다. 역사적으로 대륙을 넘나들며 벌어진 큰 전쟁은 늘 유일신 종교에서 시작됐다. 자신이 믿는 신을 내세워 전쟁에 나선 종교는 기독교와 이슬람교뿐이다. … 유럽을 침략한 북방 야만족과 이슬람을 공격한 몽골족은 피정복자들에게 자신들의 신을 강요하지 않았고 오히려 피정복자의 종교로 개종했다.* 반면 원래는 기독교인이 아니

---

* 에코는 같은 글에서 이렇게 말했다.: "엄청난 영토를 차지했던 중화제국 역시 유일신이 세상을 창조했다는 믿음을 갖지 않았다. 그래서 그들은 유럽이나 미국을 자국 신앙으로 개종시키려 한 적이 없다. 지금의 중국도 서구의 주식을 인수하며 경제 영토를 점령해가고 있지만 자신들의 종교를 강요하진 않는다. 그래서 서구인이 예수를 믿든, 알라나 야훼를

었다가 기독교로 개종한 유럽의 야만족이 결국은 같은 신을 모시는 이슬람교도를 기독교로 개종시키려고 십자군 전쟁을 일으켰다. 신기한 일이다. 내 눈에는 아프리카와 아시아, 남아메리카를 식민지로 만든 서구 제국주의 역시 기독교의 이름 아래 벌인 또 다른 정복 전쟁이다. 유럽 국가들은 아스텍과 잉카는 물론 원래 기독교도였던 에티오피아까지 기독교로 개종시킨다는 명분 아래 식민지로 삼고 수탈과 착취를 일삼았다. … 세속 이데올로기 가운데 유일신 종교에 비견할 만한 건 아마 나치즘이나 마르크스주의일 것이다. 그러나 나치와 소련 공산주의 정권조차 초자연적 존재나 신으로 추종자들을 미혹시키진 않았다. 게다가 이들의 정복 전쟁은 어쨌든 짧게 끝을 맺지 않았나.

"마음이 항상 두려워 어찌 할 바를 알지 못했다"

기독교라는 종교를 앞세워 혐오를 조장하고 차별을 정당화하고 배제를 당연시하는 것은 죄악이다. 민주사회의 기본에 도전하는 개신교 일부의 정치세력화는 우려할 만하다. 그만큼 우리 사회의 갈등의 뿌리가 심각하다는 반증이다. 지금 우리 눈앞에서 이들의 표를 얻기 위해 동조하고 영합하는 얼빠진 정치인들을 흔하게 목격할 수 있다. 동학은 기본적으로 정치와 종교를 분리하지 않는다. 상황에 따라 종

믿든 중국의 경제 이익은 침해받지 않는다."

교적 수련이나 수행이 앞서기도 하고 때로는 정치적 활동을 상대적으로 더 중시하기도 했지만, 기본적으로는 교정일치, 교전쌍전을 실천하여 왔다. 동학의 정치적 관점과 태도는 일부 개신교 집단과는 정반대의 대척점에 서 있다.

수운 선생은 득도 전 세상 사람들이 각자위심하는 세태를 보며 "마음이 항상 두려워 어찌 할 바를 알지 못했다."고 하였다. 그 두려움의 원인으로 꼽은 것 중 하나가 한울님의 가르침을 제대로 받지 못하며, 한울님을 위하지 못하는 기독교(서학) 가르침의 허망함에도 불구하고 그 세력이 나날이 치성해 가는 현실이었다. 한울님은 '천지를 이루어 내고 만물을 생성'하고 '만물 자체에 살며' 자신을 드러내지 않는다. 진리의 빛이 모습을 드러내기 전에는 세상은 어둠 속에 활개치는 허깨비들의 것이다. 수운의 말씀이 여전히 새삼스럽다.

> 서양사람들은 천주의 뜻이라 하여 부귀는 취하지 않는다 하면서 천하를 쳐서 빼앗아 그 교당을 세우고 그 도를 행한다고 하므로, 내 또한 그것이 그럴까 어찌 그것이 그럴까 하는 의심이 있었다.(『동경대전』「포덕문」)

"사람만이 따스하게 입고 배부르게 먹으며 편안하게 도를 구하겠는가"

해월 선생은 순도하시기 한 해 전(1897) 가을, 경기도 여주 전거론에서 주목할 만한 말씀들을 남겼다. 그 가운데 하나가 '삼경(三敬)'에 대한 말씀이다. 해월 선생은 먼저 한울을 공경하고, 다음으로 사람을 공경하라고 한 후, 이어서 이렇게 말씀하셨다.

사람은 (한울과-인용자 주) 사람을 공경함으로써 도덕의 최고 경지가 되지 못하고, 나아가 물건을 공경함에까지 이르러야 천지기화의 덕에 합일될 수 있다.(『해월신사법설』 「삼경」)

물건을 공경하라는 해월의 말씀의 예로 즐겨 인용되는 것은 '저 새소리도 시천주의 소리'라고 한 것이다.

어찌 반드시 사람만이 홀로 한울님을 모셨다 이르리오. 천지만물이 다 한울님을 모시지 않은 것이 없느니라. 저 새소리도 또한 시천주의 소리니라. 우리 도의 뜻은 한울로써 한울을 먹고, 한울로써 한울을 화할 뿐이니라. 만물이 낳고 나는 것은 이 마음과 이 기운을 받은 뒤에라야 그 생성을 얻나니, 우주만물이 모두 한 기운과 한 마음으로 꿰뚫어졌느니라. (『해월신사법설』「영부주문」)

종일여우(終日如愚), 하루종일 어리석은 듯이

그리고 해월 선생은 이 무렵 '땅을 아끼라'는 말씀도 하셨다. 당시 상황은 이렇다. 때마침 해월은 깊은 수련의 경지에 들어 있었다. 즉 '집에 있으면 신(神)이 조용한 데 엉기고, 자리에 앉으면 숨결이 고르고 편안하며, 누우면 신이 그윽한 곳이 들어, 하루종일 어리석은 듯하며 기운이 평정하고 심신이 청명'(「독공」)한 상태로 마치 반쯤 조는 듯하여 '종일 어리석은 듯(終日如愚)'한 상태였다. 이러할 때 여덟 살이었던 큰아들 동희가 나막신을 끌며 요란하게 지나가는 소리에 놀라 깬다. 이어 말씀하신다.

우주에 가득 찬 것은 도시 혼원한 한 기운이니, 한 걸음이라도 감히 경솔하게 걷지 못할 것이니라. 내가 한가히 있을 때에 한 어린이가 나막신을 신고 빠르게 앞을 지나니, 그 소리 땅을 울리어 놀라서 일어나 가슴을 어루만지며, "그 어린이의 나막신 소리에 내 가슴이 아프더라."고 말했었노라. 땅을 소중히 여기기를 어머님의 살같이 하라. 어머님의 살이 중한가 버선이 중한가. 이 이치를 바로 알고 공경하고 두려워하는 마음으로 체행하라. (『해월신사법설』「성경신」)

이러한 말씀에서 우리는 해월의 놀랄 만한 감수성을 느낄 수 있다. 자연과 공감하고 호흡하며 사람과 짐승, 사람과 땅을 차별하지 않는 만물일체의 빼어난 감수성을 갖춘 해월 선생의 모습을 접할 수 있다. 해월은 이러한 감수성을 바탕으로 사람도 나의 동포, 물건도 다 나의 동포(人吾同胞 物吾同胞)라는 말씀도 하셨고, 물건마다 한울이고 일마다 한울(物物天 事事天)이라는 말씀도 남긴다. 우주 사이에 있는 어떤 미물, 미미한 물건이라도 다 영적이고 본질적인 요소를 포함하고 있다고 해월은 체득하고 있었던 것이다. 요컨대 아래의 말씀은 해월의 체험과 깨달은 경지를 그대로 표현한 것이라 해도 될 것이다.

> 쓰면 우주 사이에 차고 폐하면 한 쌀알 가운데도 감추어지느니라.(『해월신사법설』「수심정기」)
> 한울은 만물을 지으시고 만물 안에 계신다.(『해월신사법설』「기타」)

동물 학대 폐지

야뢰 이돈화는 해월의 경물사상을 세 가지 관점에서 해설한다.

첫째, 자연에까지 인간의 경애심이 미치게 되는 때에 인간격의 가치를 완전히 발휘할 수 있다. 둘째, 자연의 일부인 동물 학대를 없애야 한다. 셋째, 경제적 관점에서 자연과 만물을 잘 이용하고 더불어 살아가는 것이 '경물'의 본뜻이다.

사람의 도덕률은 경물에 이르러 극치에 달한다 할 수 있다. 인간의 경애심은 인간으로 자연에까지 미치게 되는 때에 인간격의 가치가 비교적 완전히 발휘되었다 볼 수 있다. 자연을 공경하란 말은 사람성의 본원을 공경하라는 말이 된다. 자연은 우리 생명의 원천이다. 동물도 자연 중의 일부이다. 그러므로 우리가 그를 이용하며 또는 식료로 삼는다. 이것은 이천식천의 원로(遠路)에 어쩔 수 없는 일이다. 일부의 진리이다. 그러나 우리가 동물을 잡아먹는다 하여 동물을 사용할 때 학대하며 참살하는 것과 같은 것은 도저히 용서할 수 없는 도덕률이다. 동물 학대 폐지는 다만 경물의 원리에만 적당한 것이 아니요, 인간성의 향상과 순화로 보아도 지극히 당연한 일이다. 우리는 일없이 일초일목을 상(傷)치 말 뿐 아니라 나아가 그를 잘 이용하고 이용하기 위하여 양성하여야 한다. 우리나라가 경제상으로 쇠퇴한 원인으로 말하면 불경물(不敬物)의 원인이 그 주요한 점이다. 경물을 단지 경제상으로 볼지라도 불경물의 폐해는 실로 망국인(亡國人)의 근본이라 아니할 수 없다.(『신인철학』)

야뢰의 주장에서 주목할 대목은 동물 학대를 폐지해야 한다는 주장이다. 지금으로부터 거의 백 년 전에 나온 주장이니 그만큼 선구적인 주장임에 분명하다. 동물 학대와 관련하여 최근 애완견 사육 '공장'의 열악한 상태를 고발한 프로그램이 많은 관심을 받았다. 종자견은 평생 철창에 갇혀 죽을 때까지 새끼만 낳아야 하고, 새끼를 낳자마자 인공수정으로 또 새끼를 밴다. 일 년에 네다섯 차례 새끼를 낳기도 한다. 오랜 세월 주인과 함께하다 병들거나 늙은 개는 버려진다. 애완용 개나 고양이가 돈벌이가 되니 동물 학대는 그만큼 극성이다. 우리 세상은 물건을 공경하는 데까지 이르기에는 너무도 멀어 보인다. 나아가 천지기화의 덕에 합하여 하나가 되게 하는 것은 더욱 어려워 보인다. 이윤에 눈이 멀어 동물 학대는 극에 달하고 있다. 나는 새, 기는 짐승도 다 편안치 못하다. 사람인들 편안할까. 이런 상황에서 유기견 안락사를 담당한 수의사가 스스로 목숨을 끊었다는 언론보도가 눈에 들었다. 생명을 다루는 수의사로서 양심의 가책을 이길 수 없었던 것이다.

이 세상의 운수는 개벽의 운수라. 천지도 편안치 못하고, 산천초목도 편안치 못하고, 강물의 고기도 편안치 못하고, 나는 새·기는 짐승도 다 편안치 못하리니, 유독 사람만이 따스하게 입고 배부르게 먹으며 편안하게 도를 구하겠는가.(『해월신사법설』「개벽운수」)

개벽운수, 현상유지는 답이 아니다

해월의 말씀 그대로 이 세상 운수는 '개벽운수'다. 이윤에 눈먼 경제체제를 위해 사람들도 편치 못하고 죽어 나가고 있다. 서울 지하철 2호선 구의역 승강장 안전문과 열차 사이에 끼여 19살 직원이 숨졌다.(2016.5.28) 이번 사고는 지난해 8월 강남역에서 일어난 사고(2015.8.29)와 판박이이며, 3년 전 성수역에서 발생한 사고(2013.1.19)와도 똑같았다. 사망자가 안전문을 점검하거나 수리하던 외주업체 직원이라는 점, 열차와 안전문 사이에 끼여 숨졌다는 점이 똑같았다. 서울시와 서울메트로는 이전 사고 때도 안전대책을 마련해 발표만 하고 실천은 없었다. 효율이란 이름으로 최저가 입찰 그리고 하청 또 재하청으로 현장 작업자에게 돌아오는 돈은 쥐꼬리 만하다. 또 비용을 절감하기 위해, 안전은 도외시된다. 사람 위에 사람은 없을지 모르지만, 사람 위에 돈이 먼저인 세상이다. 사고 이틀 뒤 19살 소년이 전동차에 끼여 숨진 서울 광진구 구의역 승강장에서 많은 시민들이 추모 집회를 열었고 '컵라면과 작업 공구'만 남기고 간 19살 노동자를 애도하는 물결이 넘쳤다. 이러한 사회는 지속가능한 사회가 아니다. 개벽의 시기가 성큼 다가온 듯하다. 올해 1월 세계경제포럼(WEF)을 앞두고 국제구호기구 옥스팜은 세계의 불평등 통계를 실증으로 보여주며 말한다.

1%를 위한 현재의 경제 시스템은 작동하지 않는다. 현재의 시스템은 다수의 이익 대신 상위 1%와 그들의 지지자들을 위한 정책 선택의 결과로 도래하였다. 이제는 이 붕괴된 시스템을 거부해야 할 때다. 현상유지는 답이 아니다.*

---

* https://openlectures.naver.com/contents?contentsId=108036&rid=253

망(忘)이면 퇴전(退轉)이요,
불망(不忘)이라야 영(永)이다

의암 손병희 성사(聖師)의 가르침 중「권도문」은 대고천하(大告天下, 1905년, 동학을 천도교로 개명한 것) 후 발표된 것이다. 일진회의 매국행위로 동학이 친일파로 욕을 먹게 되자 당시 일본에 망명 중이던 의암 선생은 궁여지책으로 동학을 천도교로 이름을 바꾸고 〈천도교대헌〉 초안과 '교빙(교인증명서)' 백만 장 그리고「권도문」을 인쇄하여 한국으로 보낸다.「권도문」은 수도연성과 체천행도(體天行道)의 지침서로 평가되는 것으로, 우리말로 된 것과 국한문혼용으로 된 것 두 종류가 있다. 우리말로 된 것은『천도교경전』에 실려 있고, 국한문으로 된「권도문」은 다음과 같다.

아(我)는 아경아(我敬我)니 경(敬)이라야 심(心)이 정(定)이니라. 심(心)은 이견(易牽)하여 위마이견(爲魔易奪)이라. 탈(奪)이면 미(迷)일세 연(煉)의 과(果)가 정(定)이니라. 정(定)이면 각(覺)이요, 각(覺)이면 지(知)나, 망(忘)이면 퇴전(退轉)이니 불망(不忘)이라야 영(永)이요 영이라야 통(通)이요, 통이라야 지(知)니라.(『의암성사법설』「권도문」)

망(忘)이면 퇴전(退轉), 즉 잊으면 뒷걸음질한다는 뜻이다. 잊으면 나락으로 굴러떨어진다는 말이다. 일보전진하려면 잊지 말라는 말이다. 일상에서는 퇴전이란 말보다 불퇴전(不退轉)이란 말에 우리는 익숙하다. 또 의암 선생은 같은 의미로 수도하는 사람들에게 "부지런하고 부지런하여 그치지 말고, 나아가고 나아가 물러서지 말라(勤勤不已 進進不退)."(『의암성사법설』「무체법경」〈신통고〉)고 가르쳤다. 잊지 말라는 가르침은 동학의 영원한 주제다. 「권도문」은 결국 한울님의 은덕을 잊지 말고 잊지 말라는 당부의 가르침으로, 수운 선생의 21자 주문에 대한 해설이기도 하다.

지기금지원위대강 시천주조화정 영세불망 만사지

이 주문 가운데 '영세(永世)'는 사람의 한평생을 뜻하며, '불망(不忘)'은 생각을 보존한다는 뜻이다. 해월 선생은 주문의 뜻을 풀이하며 '영세불망 만사지(永世不忘萬事知)'(한평생 생각을 보존하여 잊지 않으면 만사를 깨닫게 된다는 뜻)는 사람이 먹고 사는 녹(祿, 쌀과 곡식)의 원천이라 했다. 그리고 먹는 것이 천지의 녹인 줄 알면, 음식을 대하면 반드시 천지에 고하여 그 은덕을 잊지 않는 것이 근본이라며 식고(食告)를 가르쳤다.(『해월신사법설』「영부주문」)

"오직 생각을 잘 하여라"

오래전이다. 아마 초등학교 다닐 때 교과서에 나온 이야기일 게다. 누군가 물었다. "세상에서 가장 무서운 것은 무엇인가?" 호랑이가 무섭다. 귀신이다. 도깨비가 무섭다. 한마디씩 하지만 딱히 만족스런 답이 없었다. 지나가는 사람들에게 물어도 보지만 마땅한 답은 없었다. 어느 노인이 지나가다 말한다. "세상에서 가장 무서운 것은 망각이다." 오래전 기억이지만 아직도 뚜렷하다.

사람들은 두려운 망각의 두려움을 이기기 위해 기록한다. 그 기록은 이제 말 그대로 '빅데이터'가 되어 우리 곁에 쌓이고 쌓여 있다. 십수 년 전의 시시콜콜한 기록도 인터넷에서 뒤지면 찾을 수 있다. 한때 자신의 존재감을 드러내기 위해 긁적였던 치졸한 기록들도 불쑥 튀어나온다. 잊고 지내는 게 더 나았을 기억들이 생생하게 복원되는 것은 괴롭고 때로는 두려운 일이기도 하다. 망각은 이제 치매 환자에게서만 가능한 일인지 모르겠다. 그래서인지 약물과 전자기적 방법으로 과거의 기억을 지우는 의술이 곧 개발될 것이라는 전망도 있다. 또 이미 '디지털 장례(인터넷 상의 자기 개인 정보를 삭제해 버림)'가 사업 아이템으로 등장하여 점점 확산되어 가고 있다고 한다.

기억은 뇌 속에 저장된 신경세포의 연결구조에 지나지 않으며, 늘 새로운 보수작업, 즉 단백질 합성과 시냅스의 수리·보수 및 유지를 필요로 하며, 이 과정에서 변형된다. 사고, 범죄, 전투 등에서 겪은 괴롭거나 두려운 기억들은 외상후스트레스장애(PTSD)의 원인이 되므로, 치료를 통해서 제거해야 하는 기억들도 있다. 컴퓨터처럼 인간의 두뇌도 불필요하고 쓰레기 같은 기억의 삭제나 시스템의 리부팅이 가능하면 좋을 것이다.(Ungjin Kim, facebook)

내 마음속 은밀한 생각마저도 이제는 뇌파로 스캔하면 백일하에 드러날지 모르는 세상이다. 어쨌거나 생각도 조심할 일이다. 앞선 이들의 가르침에 새삼 놀란다.

· 오직 생각을 잘 하여라.(박인호, 『천도교회월보』 225호, 1929.9, 17쪽)
· 함부로 생각을 하지 마시오. 그 시간에 정심(正心) 공부를 하고 한 마디라도 바른 말씀으로 가르쳐야 합니다. 밤낮으로 남의 말을 하면 우선 내 마음 성(性)이 나빠지고 입버릇이 궂어집니다. 우리가 못된 놈 되기 위해서 천도교 합니까. 다른 사람의 나쁜 것을 내 마음에 두면, 내 마음이 나빠집니다. 가능하면 나쁜 것을 생각을 하지 마시오.(하준천, 『회암 하준천 천도강론』, 모시는사람들, 2011, 30쪽)
· 우주는 하나의 이기, 즉 하나의 성령으로 천지만물이 현묘한 하나의 영기 작용이므로, 한 사람이 생각을 하면 그 염파(念波)가 온 우주에 전해지는 것입니다. 근래 세상 사람들이 매연가스로 대기오염이 되는 것을 무서워하지만 그것보다 더 무서운 것은 사람

들의 바르지 못한 생각입니다. 한 사람의 바르지 못한 생각이 우주정신의 공해가 되므로 자신의 생각을 먼저 바르게 하여야 남의 정신을 바르게 할 수 있으며 천지의 정신을 바르게 할 수 있는 것입니다.(김승복, 『천재하방: 한울은 어디에 있는가』, 모시는사람들, 2009)

잊지 말아 달라!

지난(2015) 5월 초 정읍 황토현에서 동학농민혁명기념제와 함께 '신(新)만민공동회'가 열렸다. 1898년 독립협회가 대중 집회 형태로 시작한 '만민공동회'는 시민, 단체회원뿐만 아니라 정부 관료들까지 참여함으로써 직접민주주의적 의사 결정의 출발점이었다는 역사적 의미가 있다. 이러한 '만민공동회'를 계승한다는 취지로 '신만민공동회'라 명명한 것이었다. '세월호 참사 진실규명과 안전사회 실현'이란 주제도 논의되었고, 세월호 유족들도 신만민공동회에 참가하였다. 나는 '유민 아빠'로 알려진 김영오 씨와 같은 조에 편성되어 '동학 핵심 사상을 통일운동의 밑거름으로'란 주제로 이야기를 나누기도 했다.

행사 이튿날 때마침 어버이날을 맞아 동학농민혁명기념제에 참가한 학생들이 세월호 희생자 부모들을 찾아 어버이날 노래를 불러주었다. 이 자리에서 유민 아빠는 학생들에게 "노란 리본은 세월호뿐만 아니라 생명 존중의 의미이다. 노란 리본을 달아 달라. 잊지 말아 달라." 고 당부하며 노란 리본을 선물로 나누어 주었다. '유민 아빠'의 소망은 소박했지만 절실했다. 그는 진실이 묻히고 잊혀지는 것을 두려워했다.

세상은 '세월호'를 잊으라 하고, 기억하고 잊지 않으려는 노력을 불온시하기도 한다. '세월호'만 그런 게 아니다. 5.18 광주민주화운동을 기념하는 망월동에서 '임을 위한 행진곡'을 다함께 부르지(제창) 못하게 하고, 36년 전 '광주사태'의 책임자 전두환은 자신이 발포 명령을 내리지 않았다고 둘러댄다. '이제 그만 잊으라'는 것을 넘어 국민을 속이고 대중의 기억을 왜곡하고 조작하려 한다. 『채식주의자』로 맨부커 인터내셔널상을 탄 작가 한강의 또 다른 소설 『소년이 온다』의 구절들은 36년 전 봄, 광주에서 벌어진 잔혹한 학살의 장면을 생생히 되살려 준다. 『소년이 온다』는 소설이지만 사실에 근거한 '광주사태'에 대한 생생한 실록이다.

소년은 의심스러워 묻는다. 군인들이 죽인 사람들에게 왜 애국가를 불러주는 걸까. 소년의 조심스런 물음에 '은숙' 누나는 대답한다. 군인들이 반란을 일으킨 거잖아. 권력을 잡으려고. 너도 봤을 거 아냐. 한낮에 사람을 때리고 찌르고, 그래도 안 되니까 총을 쐈잖아. 그렇게 하라고 그들이 명령한 거야. 그 사람들을 어떻게 나라라고 부를 수 있어. 다섯 명의 어린 학생들이 이층에서 두 손을 들고 내려온 것은 그때였습니다. … 저 새끼들 봐라. 김진수의 등을 밟고 있던 장교가 여전히 흥분한 채 소리쳤습니다. 씨팔 빨갱이들. 항복이다 이거냐? 목숨은 아깝다 이거야. … 그는 M16을 들어 조준했습니다. 망설이지 않고 학생들에게 총을 갈겼습니다. 나도 모르게 그의 얼굴을 봤습니다. 씨팔 존나 영화 같지 않냐. 치열이 고른 이를 드러내며 그가 부하를 향해 말했습니다. 특별하게 잔인한 군인들이 있었다. … 광주에서 시위가 확대되었을 당시, 군은 거리에서 비무장 시민들을 향해 화염방사기를 발사했다. 인도적 이유로 국제법상 금지되어 있던 납탄을 병사들에게 지급했다. 박정희의 양아들이라고 불릴 만큼 각별한 신임을 받았던 전두환은, 만에 하나 도청이 함락되지 않을 경우 전투기를 보내 도시를 폭격할 수순을 검토하고 있었다. 집단 발포 직전인 5월 21일 오전, 군용 헬기를 타고 와 그 도시의 땅을 밟는 그의 영상을 보았다.(한강, 『소년이 온다』, 창비, 2014)

"평생 잊지 않아야 도를 통한다"

일본 정부는 지난날 일본군 위안부를 강제하지 않았다고 지치지도 않고 거짓말을 해댄다. 본래의 기억은 간 데 없고 왜곡된 역사로 채워지면 가해자와 피해자의 경계는 모호해지고, 불의가 정의로 둔갑하기도 한다. 어떤 국책 연구기관의 센터장이란 자는 공개석상에서 '천황폐하 만세'를 세 번씩이나 외치고, '일본은 어머니의 나라다' 등의 발언을 웃으면서 늘어놓는다. 이런 자들은 '대일본제국'에서 독립하자는 '코렉시트(Korexit)' 투표가 있으면 잔류하자는 데 표를 던질 것이고, 일본에서 한국을 분리 독립하면 한국이 망할 거라고 여길 게다.

세월호의 진실은 제대로 밝혀진 것이 없는데 정부는 특별조사위원회(특조위)의 법정 조사 활동은 6월 말로 종료되었다며 특조위에 파견되었던 공무원들을 복귀시키고 관련 예산도 동결했다. 정부의 특조위 활동 종료 후에도 특조위 조사관들은 특조위의 '강제종료'는 정부의 입장일 뿐이라며 '특조위'는 '정부가 원해서 만든 것이 아니라 국민의 염원과 유가족의 뜻으로 만든 것'이니 '국민과 유가족의 뜻에 따라 끝까지 진상규명하겠다'고 다짐하였다. 세월호 참사의 진실을 밝힐 의지는커녕 은폐 의혹까지 사고 있는 정부의 태도는 이제 그냥 '잊자'는 것에 불과하다. 뼈아픈 기억, 나쁜 추억을 들추어 반추하고 싶지 않은 것은 인지상정이다. 그러나 긍정적이고 훌륭한 업적에서만 교훈을 얻는 것은 아니다. 위기와 시련, 고난에 찬 역사에서 우리는 좀 더 많은 교훈을 얻는다. 부끄러운 역사, 기억하기도 싫은 사실이라도 빠짐없이 세세히 기록하고 기억하여 곱씹어야 한다. 있었던 사실을 없다고 해서도, 없었던 것을 있다고 해서도 안 된다. 있었던 것은 있었던 것이고 없었던 것은 없었던 것이다.

망이면 퇴전이다! 불망이라야 영이다! (『의암성사법설』「권도문」)

이어지는 의암 선생의 가르침은 이렇다.

평생 잊지 않아야 도를 통한다.
영(永)이라야 통(通)이다! (『의암성사법설』「권도문」)

"외부세력은 없다!"

스포츠 · 섹스 · 스크린, '3S'에 스마트 폰을 추가해 '4S'라고 하는 모양이다. 요즘에야 종이신문 들여다보는 경우가 드물다. 이제 컴퓨터 켜고 끄는 것도 번거롭다. 손쉽게 스마트폰을 통해 웬만한 소식을 접한다. 그러니 4S라 해도 될 듯하다. 3S도 여전히 유효하다. 정치적으로 민감한 이슈가 등장하면 희한하게 연예인들은 '열애중'이다. 이런 소식이 검색어 상위를 차지한다. 그럴 때마다 사회적 이슈는 흐지부지된다. 지난해(2015.11-2016.1) 인기를 모았던 드라마 '응팔(응답하라 1988)'의 한 장면이다. 주인공 덕선은 서울 올림픽에서 마다가스카르를 담당하는 피켓 걸로 뽑힌다. 연습에 열중하다가 피켓으로 보라를 치게 된다. 화난 보라가 덕선에게 쏘아 붙인다.

"죽으려고 환장했지. 정부의 3S정책에 놀아나고…. 올림픽 때문에 얼마나 많은 철거민이 생겨났는지 알아 몰라."

쿠데타를 통해 정권을 장악한 전두환은 광주시민을 학살하고 이듬해 국가 차원의 관제 행사를 벌인다. 이른바 '국풍81'이다. 여의도 광장에 천만 명 가까운 관객을 모았다 한다. 성동격서, 동쪽에서 냅다 소리 지르고, 쳐들어가는 곳은 서쪽이다. 군사작전 하듯 국민들의 시선을 딴 데로 돌린다. 광주의 학살, 잔혹함을 잊게 하려는 술수였다. 전두환 정권은 스크린, 스포츠, 섹스 산업을 집중 육성한다. 총천연색 컬러텔레비전도 이 무렵 등장했다. 두발자유화, 중고생 교복 폐지도 시행되었다. 프로축구, 프로야구 등 각종 프로 스포츠도 이때 생겼다. 야간 통행금지가 해제되니 각종 유흥업소는 폭발적으로 늘어났다. 성인용 애로 영화가 홍수를 이루었다. 1982년의 경우 극장 개봉작 56편 중 35편이 성인 애로물이었다. 전두환을 비롯한 정권 담당자는 '민중은 밥만 먹여 주면 되는 개·돼지'라고 생각했을 것이다. "국민을 다스리는 방법은 빵과 서커스만 있으면 된다."고 히틀러도 말했다. 그러나 이런 3S정책도 손바닥으로 하늘 가리는 짓이었다. 1987년 6월 민주항쟁으로 전두환은 물러나고 감옥살이도 한다.

손바닥으로 하늘 가려 본질을 덮을 수 없다

인터넷 방송국인 뉴스타파에서 방영한 삼성 이건희 회장 성매매 의혹 동영상이 화제다. 종편이나 지상파 방송에서는 조용하지만 유튜브에서는 수백만의 조회수를 기록했다. 이건희 회장 성매매 장면을 방영한 뉴스타파를 탓하는 분들도 있다. 지금은 혼수상태인 노인에 대한 동정심을 드러내는 분도 있다. 박근혜 정권 수뇌부의 치명적인 비리 문제와 사드 배치 문제에서 관심을 멀어지게 하려는 술수에 놀아났다고도 한다. 그랬을 수도 있다. '민중은 밥만 먹여 주면 되는 개·돼지'라고 여기는 공무원들이 공작 차원에서 미끼를 던진 것인지도 모른다. 4~5년 전에 찍은 이건희 성매매 동영상이 하필이면 지금 공론화되는 배경에 의심을 품는 것은 당연하다. 이건희 성매매를 바라보는 몇가지 시선을 살펴본다.

공과 사를 분별해야 된다며 어느 시민단체는 검찰수사를 촉구한다; "이건희 회장 자신의 성매매라는 범죄도 문제이지만, 그 성매매 범행에 비서실이나 계열회사의 임직원이나 자금이 동원되었는지 여부를 밝히는 것이 문제의 핵심이다." 여성적 시각에서 사건을 바라보는 것도 중요하다. 어느 여성분은 성매매 사건으로 무죄 판결 받은 여배우를 언급하며 뉴스타파가 공론화한 것을 지지한다며 말한다; "배우 성현아가 대한민국에서 성매매에 연루된 유일한 인간이라도 되는 것처럼, 검찰이 그녀를 기소하고, 재판이 열릴 때마다 언론들이 성실히 보도하고 자빠졌을 때 분노했던 것과 같이, 이 위선적 법치국가에서 이토록 거창하게 성매매를 해 온 돈 많은 남자에게 법이 똑같이 적용되길 바라기 때문이다."

어쨌든 종편에서는 물 만난 듯 이건희의 성매매 의혹을 주구장창 틀어대야 함에도 조용하다. 삼성이란 대자본에 대한 지극한 공경심, 아니 두려움 때문일 게다. 설사 종편에서 밤낮없이 이건희 사건을 틀어댄다 하더라도 여기에 홀려 본질을 망각할 정도로 우매한 시민들은 이제 그리 많지 않다. 요즘 세상 돌아가는 것의 주된 관심사는 사드 배치다.

"사실상 타자는 없다"

모신다는 것을 안, 내부, 내부세력의 문제로만 국한해서는 안 된다. 동학에서 가장 중요한 교리 중 하나가 인내천이다. 인내천은 천도교의 종지다. 종지라 함은 으뜸가는 가르침, 지침이다. 인내천 사상은 '사람이 한울님을 모신다'(侍天主)는 것에서 시작된다. 의암 손병희 선생은 「성령출세설」에서 수운 선생이 풀이한 '시'(侍)의 세 가지 뜻, 즉 첫째, 안에 신기로운 영이 있다(內有神靈), 둘째, 밖에 기운 화함이 있으며(外有氣化), 셋째 온 세상 사람이 각각 옮기지 못하는 것임을 깨닫는다(一世之人 各知不移者)는 뜻이야말로 인내천의 정의(定義)라고 했다. 인내천 사상의 심오한 뜻은 시(侍) 자 속에 전부 포함되어 있다고 해도 과언이 아니다.

내유신령(內有神靈)과 외유기화(外有氣化)는 여러 가지로 해석된다. 모심(侍)은 안과 밖을 구분하지 않는다. 정신적인 것, 물질적인 것을 분리하고 대립적으로 보지 않는다. 요즘 시사적 표현으로는 '내부세력'과 '외부세력'을 분리하지 않는다. 의암 선생은 '우주는 영의 표현(靈之表顯)이며, 우리 사람은 영성의 결정체(靈之結晶)'라 했다. 이규성은 이렇게 풀었다.

내부에 자유의 심령이 있고 밖으로는 생기로운 변화가 있다. 각 개개인의 자각(各知不移者)으로 본질이 내부에 있다는 것(내유신령)을 알게 되며, 본질은 스스로의 작용으로 외부의 남과 연대하고 교류하며 밖으로 작용하여 타인을 주체로서 공경하면서 변화시켜 나간다. 개체 속에 영적 본질인 성령(性靈)이 있다는 것은 개체의 절대성을 의미하며, 동시에 개체는 타자와의 우주적 소통 관계 속에 있다는 보편적 연대성을 의미한다. 사실상 타자는 없다. 내부에서의 자각과 외부와의 감응은 새로운 인간관계를 맺어가는 공적 원리이다.(이규성,『한국현대철학사론』, 이화여자대학교출판부, 2012)

해월 선생의 표현으로 하면 "모든 사람, 모든 물건이 다 동포이다(人吾同胞 物吾同胞)". 야뢰의 해설은 이렇다; "인류와 기타 천지 만유는 하나의 연쇄 위에 세워져 있는 신의 자기표현이다." 동학은 안과 밖을 구분하고, 나와 너를 분리하고, 개인과 사회를 단절하는 것을 거부하고 저항하였다. 구분하고 분리하고 단절하는 것은 생명의 본성에 어긋나며 자연한 이치가 아니기 때문이다.

수운은 해월에게 "등불이 물 위에 밝으니 의심할 틈(사이)이 없다(燈明水上無嫌隙)"라는 시를 주면서 해월에게 무한한 신뢰를 보내고 동학의 장래를 맡겼다. 감옥에 갇힌 당신과 감옥 밖의 제자 해월 사이에는 생각이 다를 여지가 없다고 하였다. 수운은 한울님과 소통하며 사람과 한울님이 분리되어 누구는 높고 다른 누구는 낮은 계급적 관계가 아님을 알았다. 한울님과 자신이 하나임을 확인했다. 그런 경지를 "내 마음이 네 마음이다(吾心卽汝心)."라고 표현했다. 저 높은 하늘에 상제가 있고 천주가 있고 한울님이 있다는 것은 허무맹랑한 소리라고 수운 선생은 말씀하셨다. 의암 선생은 수운의 뜻을 받들어 이렇게 말했다.

한번 천당에 뛰어 올라 상제의 대궐을 쳐부수어 버렸다.(一超天堂破帝闕)(『의암성사법설』「시문」)

초(超) 자의 뜻은 넘다, 뛰어 넘다, 밟고 넘다 등이다. 『의암성사법설』에서는 '초천당(超天堂)'을 '천당에 뛰어 올랐다'고 부드럽게 해석하지만, 실제로는 '천당을 밟고 넘었다', '천당을 밟아 버렸다'고 해석하는 것이 의암의 본 뜻에 가깝다.

적자, 서자 차별하는 집안 어른들이 조상들 묘사에 참여하지 못하게 하자, 어린 의암(손응구)은 분노하여 조상들 묘를 파내서 따로 제사 지내겠다며 난리 친 뒤에야 말석이나마 묘사에 참여했던 경험이 있기 때문이다. 한울님과 사람을 구분하지 않는데, 인위적인 양반 상놈, 적자와 서자 등 신분을 차별하는 당시의 적폐에 저항함으로써 동학은 힘을 모았다. 해월도 마찬가지였다. 수운이 참형 당하신 후 첫 번째 공식적인 대중 모임에서 해월이 제자들에게 한 설법은 평등한 세상의 강조였다.

인(人)이 내천(乃天)이라. 고로 인은 평등하여 차별이 없나니. 인이 인위로써 귀천을 분(分)함은 한울님 뜻에 어긋나는 것이니라. 우리

도인들은 일체 귀천의 차별을 철폐토록 하여 스승님의 본뜻에 따르도록 하자.(표영삼,『신인간』통권644호(2004. 4), 28쪽)

단순히 상민으로 겪었던 해월의 개인적 설움을 토로한 것이라고 치부할 수 없다. 수운의 부재로 이제 공식적으로 동학교단을 책임지고 처음 한 공식적인 발언이라는 점에서 그 의미는 중차대하다. 수운은 사람이 곧 한울님이라 했다. 혹자는 '인내천'이란 말을 의암 선생의 창언이라 하여 인내천을 얕잡아 보기도 하지만, 인내천은 엄연히 수운의 창언이다. 인내천이 수운의 말씀이란 것은 해월이 잘 확인하여 준다.

선생(수운-인용자 주)께서 인내천의 참뜻을 말씀하시되 사람을 한울 같이 섬기라 하셨느니라.(『해월신사법설』「기타」)

수운은 천사문답(天師問答), 즉 한울님 체험을 통해 인내천 진리를 확정했다. 수운은 자신이 특별히 잘나서 한울님이 자신에게 강림한 것이 아님을 알았다. 수운이 만약 강림한 한울님을 독점하여 자신의 전유물로 삼았다면 동학은 없었다. 이규성은 수운의 천사문답을 '근본경험'이라고 하면서, 내부와 외부를 구분하여 내면세계, 순수영혼, 신통력 등에 빠져드는 '과도한 주관주의'의 어리석음을 경계하여 이렇게 말한다.

근본경험을 역사적 사회로부터 분리시켜 개인적 내면세계에서의 체험으로만 다루는 주관주의적 태도 역시 동학의 저항적이고도 능동적인 사회적 실천을 간과할 수 있다. 심한 경우 그러한 태도는 근본경험을 허약한 개인의 삶을 위로하는 순수영혼이 가능하다는 안심입명의 수단이나 신통력을 부리는 것으로 격하시킨다. 영혼의 초월적 순결에 몰입하고 구체적 현실의 모순점들을 삶과 무관한 것으로 치부함으로써, 실제로는 현실에 기대어 살면서도 자신의 영혼은 순수하다는 자기기만에 빠지게 된다. 과도한 주관주의는 외부세계를 버리는 영혼의 빈곤을 면치 못한다. 외부 현실을 무시하고 내면을 찾고자 하지만, 외부를 상실한 대가로 내면을 상실하는 역설에 봉착한다. (이규성, 『한국현대철학사론』, 이화여자대학교출판부, 2012)

'대한민국 어디라도 사드는 안 돼'

에둘러 말했지만, 단도직입적으로 말하면 외부세력은 없다. 사드 반대 투쟁에 내부세력과 외부세력의 구분은 없다. 사람이 한울이고 한울이 사람이듯, 성주가 대한민국이고 대한민국이 성주이다. 김두현(사드반대 대구경북대책위집행위원장)은 '그러다 금세 사그라들 것 아니냐?', '어차피 선거 때면 새누리당에 몰표 줄 것 아니냐', '탈당해도 다시 입당할 것 아니냐', '땅값 떨어진다고 하니 저러는 것 아니냐', '지난 대선을 비롯해 지금까지 계속 새누리당과 현 정부(박근혜 정부-편집자 주)에 몰표를 던졌으니 선물로 알라' 등 성주 사람들의 투쟁을 냉소적·부정적으로 보는 것에 대해 이렇게 옹호한다; "원래 모든 투쟁은 생존권 투쟁, 밥그릇 지키기 싸움에서 시작하게 된다. 성주군민들이 '참외농사 앞으로 어떻게 하지?', '전자파로부터 우리 아이 건강은 어떻게 지키지?', '성주지역 발전은 앞으로 어떻게 하지?' 이런 문제인식으로부터 사드 배치 반대 투쟁이 출발하는 것은 매우 정상적이다. 성주군민들은 벌써 사드 배치가 성주만의 문제가 아니라, 한반도 평화의 문제임을 인식하고 있다. '성주 배치 반대' 구호를 위주로 걸려 있던 현수막도 '대한민국 어디라도 사드는 안 돼'라는 구호로 교체되고 있다. 성주군민들을 함부로 지역이기주의라 조롱하지 마시라. 어설프게 가르치려고 하지 마시라. 오히려 우리는 성주군민들의 자발적인 투쟁으로부터 배워야 한다. 각성한 민(民)이 얼마나 위대한지 깨달아야 한다."*

해월께서는 땅을 쿵쿵 울리는 어린 아아이의 나막신 소리에 깜짝 놀라 "그 어린이의 나막신 소리에 내 가슴이 아프더라."며 "땅을 소중히 하기를 어머니 살같이 하라."고 하셨다. 지도상에 편의상 그은 38선이 국경선이 되고 6.25전쟁으로 휴전선으로 바뀌면서 쓰레기보다 못한 무기들이 한반도에 산더미를 이루었다. 윤노빈은 말했다.

인류 역사의 모든 창과 방패 또는 거짓된 모순 쓰레기가 한곳에 몰

---

* https://blog.naver.com/chonboo/220788830791

려와 있으며 한곳에서 뒤얽혀 있는 곳, 한국이다.(윤노빈, 『신생철학』,
학민사, 2003, 147쪽)

그것도 모자라 사드라는 무기를 성주 땅에 배치하는 것에 성주 사
람들의 가슴이 먼저 찢어진다. 김두현의 말대로 '각성한' 성주군민들
은 이제 내부와 외부 세력을 구분하지 않는다. 대한민국 어디라도 사
드는 안 된다고 외친다. 내가 한울이면 너도 한울이다. 네가 한울이면
나도 한울이다. 여기가 아니라면 저기도 안 된다.

'내부세력'이 각성하면서 '외부세력'과도 이제는 감응하고 소통하고
연대한다. 외부세력이라 했다가 이제는 불순분자라며, 불순분자를
가려내야 한다고 대통령(박근혜)이 엄포를 놓는다. 분할하라, 그리고
지배하라! 구태의연한 통치의 원칙을 재현한다. 이제 성주 사람들은
편가르기에 흔들리지 않고 사드 반대를 외친다.

사드에 반대하는 대학생들이 서울 광화문 사거리 도로를 점거한 채
시위를 벌인다. 123년 전 동학도의 광화문 복합상소의 재현이다. 안
과 밖이 없다. 안이 밖이고 밖이 안이다. 학생들은 사드 배치가 성주
사람들의 문제만이 아님을 잘 알고 있다.

일세(一世), 서세동점의 한 시절은 저물고 있다

경상북도 성주 군민들이야 자기들 동네에 사드가 들어온다니 반대하다가 이제는 생각이 많이 깨어 우리나라에 어디에도 사드가 들어오면 안 된다고 목소리를 높인다. 자기 발등에 떨어져야 비로소 급한 것으로, 내 문제로 인식하는 것은 누구나 그러하다. 내가 사는 진주에 사드가 들어오는 것은 아니지만 혹시나 진주에 들어올지 몰라서 나는 미리 사드를 반대한다. 그리고 내가 사드를 반대하는 이유는 조금은 사소하고 자기만족적이다. 우선, 하나를 보면 열을 알기 때문이다. 그리고 동학하는 사람으로서 동학의 교훈을 맹종하다시피 하기 때문이다.

하나를 보면 열을 알수 있다는 것은, 대북 확성기도 불량이라는데 사드 역시 그러하다고 추정하기 때문이다. 그 성능을 믿을 수 없다는 것이다. 요란한 수레는 빈 수레다. 북에서 날아올 모든 미사일이며 포탄이며 공중을 나는 발사체를 사드가 다 막을 수 있나 하는 것이다. 만병통치약이라고 약장수가 떠벌려도 많은 관객들은 약장수 말을 사실 반의 반도 믿지 않는다. 사드가 길거리 약장수가 자랑하는 만병통치약보다 더 낫다는 보장은 어디에도 없다. 대북 확성기만 불량이었다면 혹 사드를 믿었을지 모른다. 그런데 수류탄도 엉터리고 구축함의 어뢰탐지기도 불량이었고…. 그러니 사드를 못 믿겠다는 것이다.

언제부터인지 우리 내부에서는 대한민국을 부정적으로 묘사하는 잘못된 풍조가 퍼져 가고 있다는 사실도 내가 사드를 믿지 못하는 이유의 하나다. '하면 된다'는 정신으로 일구어 놓은 경제성장을 비롯한 우리의 위대한 현대사를 부정하고, 세계가 부러워하는 우리나라인데, 북한에 비해서 30배, 40배나 더 많은 군사비를 지출한 지도 수십 년이 되었다는데, '북한보다 군사력이 약하다'고 설설 기면서 무기, 그것도 미국 무기 수입하는 데 몰두하는 것을 못마땅해하기 때문이다. 북한보다 우리가 정치체제적인 면에서 우월하고 경제적인 측면에서는 수십 배나 월등하다면서, 군사력 이야기만 나오면 북한이 당장 남한 전역을 집어삼키기라도 한다는 듯이 우리의 군사력이 형편없다고 비하하고 대한민국을 부정적으로 묘사하는 그런 잘못된 정신을 못 믿겠다는 것이다.

바다에도 사드를 배치한다?

1919년의 위대한 3.1혁명의 결과로 건국된 대한민국의 역사는 간데 없고, 1948년 정부 출범을 건국으로 포장하여 올해가 건국 68주년이라 하여 3.1혁명 이후의 우리의 위대한 현대사를 부정하고 세계가 부러워하는 우리나라를 살기 힘든 곳으로, 즉 남과 북에 핵미사일과 위성, 땅에도 사드 또 바다에도 사드 그리고 온통 사람 죽이는 살인기인 무기로 한반도를 무장하려는 세력을 믿을 수 없기 때문에 사드를 반대하는 것이다. 나는 우리나라 출산율이 세계 최하위인 것도 이와 밀접한 관련이 있다고 생각한다. 온 땅을 사람 죽이자는 무기로 칠갑을 해 놓고 애 놓으라고 장려하고 권장하고 지원해도 애 놓을 부모는 없다. '바다에도 사드'라는 말에 대해서는 잠시 설명이 필요하다.

언론 보도에 따르면 현재 한국군은 세종대왕함·율곡이이함·서애류성룡함 등 3척의 이지스함을 보유하고 있다. 이 배에는 미사일을 탐지하더라도 요격 기능이 없는 레이더가 부착되었다고 한다. 군 관계자는 "세종대왕함 등 이지스함은 레이더로 1000킬로미터 밖의 미사일을 탐지하고 추적할 수 있지만 이를 요격하는 시스템은 빠져 있다."고 했다. 앞으로 구입하는 '차기 구축함은 요격 능력도 보유'하게 되며, 그러면 '북한 미사일을 해상에서 요격'하게 되고, 성주에 배치할 사드로 육지에서 북한 미사일을 방어하고, 해상에서는 이지스함이 요격에 나서는 입체작전이 가능해진다는 것이다. 그리고 어떤 분은 친절하게 설명을 덧붙인다. "이지스함에는 사드 레이더보다 강력한 레이더가 장착돼 있어 요격 기능을 추가하면 곧바로 '바다의 사드'가 된다."며 "사드는 육지에 고정돼 있지만 이지스함은 동해와 서해를 옮겨 다니며 작전을 펼칠 수 있는 이점이 있다."고 말했다.

이런 언론 보도를 접하면 우선 의심부터 하게 된다. 미사일을 탐지는 할 수 있는데 요격하지 못하는 것은 본래부터 불량무기라는 말로 들리고, 나아가 요격 능력을 추가한다는 말은 이것이 우리의 자주적 국방의 결과가 아니라 미국의 무기를 또 도입하는 것이니 추가적으로 국민의 세금이 지출된다는 소리로밖에 들리지 않는다.

결론은 역시 돈이었다. 군 관계자는 "요격미사일로 SM-3를 도입하는 건 예산(한발 당 약 150억 원) 때문에 확정하지 않았지만 베이스라인 9을 장착하는 만큼 들여올 가능성이 크다."고 말했다. 이어지는 언론 보도가 가관이다. "SM-3 미사일은 곰으로 날아가는 미사일을 요격할 수도 있어 미국의 미사일방어(MD) 체계 편입 논란이 불거질 수도 있다."

헛소리도 이런 헛소리는 없다. 미국의 미사일방어 체계에 편입되는 논란이 불거질 것이라니! 벌써 편입되어 있는데 그것을 문제 삼지 않는 것은 헛소리일 뿐이다. 아예 언급이나 하지 말 것이지. 한 나라의 국무총리를 역임한 분이 "우리의 운명을 우리가 결정해야 한다."는 금과옥조와 같은 말씀을 하셨는데, 실제로는 이처럼 완전히 미국에 매이는 꼴이니 우리의 운명을 모두 미국에 맡기게 되는 짝이라 나는 사드를 반대하는 것이다.

"세금을 걷어서 미국의 군산복합체에 갖다 바치고 있다"

미국의 한 평화운동단체의 브루스 개그논 사무총장이 한국에 와서 언론과 했다는 인터뷰를 신뢰하기에 더욱 사드를 반대하게 되었다. '미국은 왜 한국에 MD를 들여오려고 하는가?'라고 기자가 묻자 브루스 개그논은 답했다.

미사일디펜스라고 하니까 사람들이 '방어'라고 생각하는데, 사실 MD는 상대가 미사일을 먼저 쏠 때 그것을 방어하는 게 아니라 미국의 선제공격 후 상대의 반격을 무력화시키는 데 쓰는 것이다. 이를 위해선 상대국, 예를 들어 러시아나 중국 등의 정보를 하나로 모아야 한다. 위성을 통해 정보를 전달하는데, 위성과 위성을 연결해주는 지구상의 거점이 필요하다. 미국은 영국, 일본, 오스트레일리아, 스웨덴 등의 거점에서 위성과 통신을 하도록 시스템을 만들고 있다. 이것 자체가 굉장히 큰 프로그램이다. 미국이 혼자서는 못하는 일이기도 하다. '동맹'이 중요해진다. 펜타곤이 동맹국들을 찾아다니며 설득하고 있다. 여기에 참여하라는 것이다.

사실 한 나라가 MD를 도입하면 그 나라가 MD를 가지는 게 아니다. 각국을 연결시켜 미국이 원하는 전쟁을 할 수 있도록 호환되는 프로그램을 만드는 것이다. MD를 도입할 때 미국은 미국의 장비와 호환이 되고 상호운용이 가능한 기술과 장비를 설치하도록 요구한다. 그것이 핵심이다. 전세계의 MD를 연결시켜 펜타곤이 원하는 전쟁을 할 수 있도록 호환되는 프로그램에 흡수되는 것이다. 미국이 결정권자가 되는 것, 즉 MD를 보유한 나라가 미국에 종속되는 것, 그것이 미국이 원하는 바다.

한국이 MD를 도입한다는 것은 한국에 대한 미사일방어가 중요한 게 아니라 세계방어 프로그램으로 흡수되는 결과를 낳게 될 것이다. 일본, 독일, 영국 등이 미국의 기술로 하나로 뭉쳐서 자신들도 큰 힘을 갖고 있다고 생각하게 된다. 하지만 사실은 미국의 기술에 중독되는 것이다.*

부르스 개그논은 이어서 "미국의 동맹국들이 자국의 복지나 사회 발전을 위한 비용을 줄이고 MD 같은 미국의 프로그램에 흡수되기 위해 군사비용을 늘린다. 궁극적으로 자국의 세금을 걷어서 미국의 군산복합체에 갖다 바치고 있다."고 하는바 이것이야말로 진실인지 모른다. 미국, 그중에서도 군산복산체, 즉 무기상인들 좋은 일 시키는 것이 사드의 진실인 듯해서 사드를 아니 반대할 수 없다.

"일편단심 죽음을 각오하고 사악한 마음을 품은 자들을 쓸어내자"

동학하는 사람으로서 수운 선생이 말씀하신 순망지탄(脣亡之歎)이 두렵기 때문에 사드를 반대한다. 순망지탄은 입술이 없어지면 이가 시리게 된다는 것이다. 입술과 이처럼 한국과 중국의 관계가 그만큼 밀접하다는 것이다. 서양이 중국을 침범하여 중국이 어려운 사정에 처한 상황을 보고 수운 선생이 염려하여 한 말씀이 순망지탄이며, 보국안민이다. 서양이 중국을 침범하니 우리나라 역시 서양 세력의 등살에 괴롭게 될 것이라 예상하고 '보국안민을 장차 어찌 할 것인가'라며 그 대책이 무엇인지 노심초사하였다.

---

* http://www.vop.co.kr/A00000922997.html

결국 서양 세력과 일본이 한통속이 될 것이라 보고 우리나라에 직접적인 위해를 가할 일본을 '개같은 왜적놈'이라고 힐난하였다. 이러한 상황은 수운 선생이 살아 계시던 150여 년 전이나 지금이나 똑같다. 이러한 국제적 관계는 120여 년 전 녹두장군이 동학혁명의 깃발을 높이 들 때와도 전혀 변한 것이 없다. 다만 동학하는 사람으로서 항상 꺼림칙하게 생각했던 것이 있다. 동학혁명이 중국(청나라)과 일본군을 불러들여 이 땅을 전쟁터로 만들지 않았나 하는 의구심이 있었다.

그러나 동학의 역사를 더 깊이, 더 많이 알고는 전혀 아니라는 결론에 도달했다. 고종과 민비를 비롯한 당시의 집권자들은 자신들의 권력 유지가 중요했지 백성들의 안위는 사실 눈꼽만큼도 관심이 없던 자들이었다. 장기판의 말을 옮기듯 그렇게 쉽게 청군을 불러들이고 뒤따라 왜놈들이 이 땅으로 진출하여 서로 격전을 벌이고 결국은 수십만 백성(동학군)을 학살하고 나라는 식민지로 전락해 갔다.

이러한 위험을 뻔히 예상했기에 전봉준은 충청감사 박제순에게 편지를 내어 항일전선에 나설 것을 촉구한다. 전봉준의 제안을 받아들이지 않았던 박제순은 나중에 을사5적의 하나로 추악한 이름을 올리고 만고의 역적이 되고 말았다. 그래도 박제순이 높은 벼슬 했다는 공적은 새겨져 당당히 충청도 어느 곳에 비석으로 남아 있다니 기가 찰 노릇이다. 박제순에게 보낸 전봉준의 편지는 이러하다.

하늘과 땅 사이에 기강이 있어 만물의 영장이라 일컫는데, 거짓말을 하고 마음을 속이는 자는 인간이라고 말할 수 없다. 하물며 이 나라에 지극한 근심이 있는데도 어찌 감히 겉으로 거짓을 꾸미고 속으로 유혹되어 하늘 아래 한순간이라도 숨을 쉬고 목숨을 까딱거리고 있겠는가. 개 같은 왜적 놈들이 이 땅을 침범하여 군대를 동원하여 우리 임금을 핍박하고 우리 백성을 걱정스럽게 하는데 어찌 참을 수 있겠는가.

옛날 임진왜란 때 나라를 침범하여 온 나라를 불태우고 임금과 신하를 욕보이고 백성을 학살하였으니 백성들이 분하게 여겨 천고에 잊을 수 없는 한을 품고 있다. 왜놈 원수들을 초야에 있는 필부와 몽매한 어린아이까지 그 울분을 참지 못하고 생생히 기억하고 있는데, 하물며 충청감사인 당신은 나라의 녹을 먹은 충신이니 우리 무지렁이보다 몇 배나 더 슬프지 않겠는가?

지금 조정 대신들은 자신의 생명과 안전만을 도모하여 위로는 임금을 협박하고 아래로는 인민을 속여 왜놈 군대와 손을 잡고 삼남의 인민들에게 원한을 불러오고 관군을 움직여 백성을 해치니 진실로 무슨 의도이며 무슨 짓을 하려는 것인가? 지금 내(전봉준)가 하고자 하는 일은 지극히 어렵다는 것을 모르지 않으나 일편단심 죽음을 각오하고 사악한 마음을 품은 자들을 쓸어내어 조선 500년의 은혜를 갚으려 한다. 충청감사인 당신은 크게 뉘우치고 대의를 위해 함께 죽는다면 얼마나 다행한 일이겠는가.

갑오 10월 16일 논산에서 전봉준*

중국에 대한 원한을 잊어 버리고, 왜 일본만 미워하냐고?

순망지탄을 말하며 중국과 한국이 밀접해야 한다고 하면 당장 한 편치 먹는다. 한국에서 둘째가라면 서러워할 언론에 실린 어느 분의 칼럼이다. 가소롭고 꼴불견이지만 요약해서 소개한다. '친중파, 친일 파보다 나은가?'라는 제목의 글이다.

우리에게 중국은 무엇인가? 여기서 중국이라 함은 한족(漢族)의 제국, 만주족의 제국, 거란의 제국을 말한다. 그 제국들은 번갈아가며 고조선, 고구려, 백제, 발해, 고려, 그리고 조선을 침략하고 괴롭혔다. 그런데도 한국 사람들은 '일제 36'년에는 이를 갈면서도 '중화 패권주의 수천 년'에는 별로 절치부심(切齒腐心) 하지 않는다. 왜일까? 해괴한 노릇이다. 무슨 진통제를 먹었기에 이럴까? 청(淸)은 정묘호란과 병자호란 때 우리 백성들을 잡아 묶어 '죽음의 행진'을 시키면서 때리고 굶기고 죽이고 부녀자들을 욕 뵈고 첩으로 삼았다. 조선조 말에 총독으로 한양에 주둔했던 원세개란 20대 청국x은 조선 왕궁에 감히 말을 타고 들어와 행패를 부렸다.

요즘도 공산당 중국의 어용 '말꾼'들과 '글쟁이'들은 사드를 배치하

---

* http://contents.history.go.kr/mfront/nh/view.do?levelId=nh_039_0080_0020_0040

기로 한 한국에 대해 무력 타격을 협박하는 등 원세개 쪽 빼닮은 깡패 짓들을 하고 있다. 왜 저희들과 김정은은 핵미사일을 우리에게 겨누고 있으면서 우리는 그에 대해 핵미사일은 고사하고 방어용 무기도 가지면 안 된다고 행패인가?

고구려가 망할 때는 연개소문의 장남 연남생이 두 동생들에게 쿠데타를 당한 데 앙심을 품고 적국인 당(唐)에 넘어가 부역을 하고, 평양성이 포위당했을 때는 성(城) 안의 반역자로 하여금 성문을 열게 해 제 나라를 망하게 했다. 고려 때는 홍대순, 홍복원, 홍다구 3대가 원(元)에 붙어먹어 원이 쳐들어 올 때마다 길 안내를 하고, 고려의 왕을 괴롭히는 등 몽골군보다 오히려 한 술 더 떴다.

친일파만 민족반역자이고 친중파는 민족반역자가 아닌가? 연남생, 홍대순, 홍복원, 홍다구가 이완용보다 난 게 뭔가? 한말 때의 친중파가 친일파 못지않게 얼마나 미웠으면 개화파이자 독립협회 회원이었던 서재필이 지금의 서대문 밖에 있던 모화관(중국 천자의 칙사를 영접하던 집)을 헐고 독립문을 세웠겠는가? 지금 중국 공산당 독재, 전체주의, 패권주의, 무력 알통 앞에서 굴종을 강요받고 있다. 이런 엄중한 사태 앞에서 우리 안에 다시 현대판 연남생과 홍대순-홍복원-홍다구가 나오지 않으란 보장이 과연 있을까? 없다.*

---

* http://www.newdaily.co.kr/site/data/html/2016/08/08/2016080800003.html에 실린 글을 요약

한마디로 같잖은 논리다. 다 때가 있는 법이다. 삼복더위에 에어컨이 없으면 부채라도 부쳐야 한다. 엄동설한 한겨울 나면서 벌벌 떨었다는 기억만 남아 있는 자는 이 삼복더위에도 여전히 온풍기 돌리는 것만 할 줄 안다. 청나라가 조선을 침략했을 때 수운 선생의 7대조 최진립 장군은 장렬히 맞서 싸우다 전사했고, 열렬한 동학도였던 여규신(여운형의 조부)은 북벌론자로 중원을 정벌하여 삼전도의 치욕을 벗어나려고 노력했다. 어찌 이들뿐이었을까. 인용한 글에서도 언급했듯이 서재필이 중국(청)이 미워 독립문 세우기도 했다. 이때 왜놈들이 조선을 먹기 전이었으니 당연했다. 왜놈들이 조선을 지배하는 중이었다면 저 부산에다 독립문을 세웠을 것이다.

청나라에 당한 굴욕을 모르고 중국에 대한 원한을 잊었다? 왜 일본만 미워하냐고? 그야 지금 여름이니까 부채질하고 에어컨 켜는 것이지. 겨울에는 온풍기 돌렸고. 실제로 이 칼럼에서 말하는 현대판 연남생, 홍대순, 홍복원, 홍다구는 이미 차고 넘치게 많다. 다만 이들은 친중파가 아니라 친미파일 뿐이다. 사드를 두고 벌어지는 엄중한 사태 앞에서 현대판 연남생과 홍대순-홍복원-홍다구가 있다면, 대한민국의 사정으로 보건대 친미파 중에서 찾을 수밖에 없다.

친미파가 나라를 팔았으면 팔았지 친중파가 나라를 팔 수 있는 상황은 전혀 아니다. 사대니 매국이니 하는 것은 권력자가 하는 것이지 인민이 매국한 적은 없다. 조금 야한 표현일지 모르지만 우리가 취할 노선은 간에 붙었다 쓸개에 붙었다 하는 것이다. 달면 삼키고 쓰면 뱉

는 것이다. 이것이 동학의 정신이다. 다른 말로는 오수부동(五獸不動)
이다. 의암 손병희 선생의 말씀이다.

> 세계 대세를 살펴보니 온 세상이 모두 강해져서 비록 싸운다 할지
> 라도, 같은 적수가 서로 대적하여 싸운 공이 없으리니, 이것을 '오수
> 부동'이라 말하느니라. 그러면 무기로만 싸운다는 것은 자연히 쓸
> 데없이 된다."(『의암성사법설』「삼전론」)

서세동점의 일세(一世)가 저물고 있다

세기적인 기록을 세웠던 기라성 같은 체육 영웅들이 리우 올림픽을
마지막으로 은퇴를 선언했다. 수영황제 펠프스도, '번개' 같은 사나이
우사인 볼트도 은퇴를 선언했다. 잘나갈 때, 최전성기에 아름다운 은
퇴를 선언한 것이다. 더 버티는 것은 추한 모습을 보이는 것임을 알기
때문이다. 수운 선생은 말씀하셨다.

> 온 세상 사람이 각자위심한다(一世之人 各自爲心). (『동경대전』「포덕
> 문」)

여기서 '온 세상'의 한자 표현은 일세(一世)이다. 일세는 '한 세대'
를 뜻하기도 하고, 일세를 풍미했다는 표현이라면 '한때'를 뜻하기도
한다. 수운 선생이 말씀하신 일세는 서세동점(西勢東漸)의 한때이다.

1860년, 영국과 프랑스 연합군이 중국을 침략하여 북경을 함락시켰던 바로 그해, 수운 선생은 동학을 창도했다. 당시 서양 세력은 인도를 거쳐 중국으로 세력을 맹렬히 확장하며 서세동점의 절정을 맞고 있었다. 덩치는 우람했으나 저질 체력이었던 중국을 독일도 러시아도 집적거리고 일본까지도 괴롭혔다.

150여 년이 지난 지금 중국은 굴욕의 세월을 뒤로 하고 다시 거인으로 돌아왔다. 재작년(2014) 실질 구매력에서 중국은 미국을 앞질렀다. 인도는 현재 중국보다 더 빠르게 성장하고 있다. 반세기 뒤면 중국과 인도가 G2가 되리라는 전망도 있다.

서양 세력이 동양에서 일세를 풍미했다 해서 천세만세를 누릴 수는 없는 법이다. 미국이 지는 해라면 한때 식민지로 만신창이가 되었던 인도와 중국이 이제 돋는 해다. 서세동점의 한 시대를 수운 선생은 일세라고 하신 것이다.

나는 수운의 이 말씀을 맹종하기에 사드를 반대한다. 다가오는 시대에도 여전히 미국이 패권을 쥐고 놓지 않으려 한다면 추한 모습만 보일 뿐이다. 올림픽의 영웅들에게서 미국이 배워야 할 것은 이것뿐이다. 절정의 순간에 은퇴하는 이의 모습은 아름답다. 버티다 추락하는 모습을 보이지 않는 길이기도 하다. 무왕불복(無往不復)의 원리이며 성쇠지리(盛衰之理)의 이치이다. 동학에서는 인간만사와 역사의 전개를 운수(運數)로 살핀다. 동학에서의 운은 보편적이며 일반적인 진리를 의미한다. 운수는 보편적이며 일반적인 진리를 헤아리는 것이다. 해월 선생은 이렇게 말했다.

선천과 후천의 운이 서로 엇갈리어 이치와 기운이 서로 싸우니 천하가 혼란하다.(『해월신사법설』「개벽운수」)

선천과 후천의 분기점은 동학 창도이다. 1860년 이전을 선천, 이후를 후천이라 한다. 수운 선생은 동학이 창도된 1860년을 '하원갑 경신년'이라 했고, '하원갑 지내거든 상원갑 호시절'이 올 것이라며 희망찬 예언을 하였다. 하원갑(下元甲)이라는 표현은 앞으로 오는 세월을 180년 주기로 예언한 것이라 본다. 하원갑 60년, 중원갑 60년, 상원갑 60년 순이다. 180년 주기의 마지막 상원갑의 절반인 30년은 이미 지났고, 남은 30년이 2010년부터 시작되었다고도 한다. 1860년 시작하여 180년 한 주기가 끝나는 2040년 무렵이면 동학하는 사람들도 제대로 기를 펴고 살 만해진다는 해석이다. 해월의 말씀도 눈여겨볼 만하다. 갑오년 동학혁명 나기 몇 해 전, 관의 지목을 피해 숨어 다니던 어느 날 한 제자가 푸념하듯 해월에게 묻는다.

"다리 펴고 동학할 세상이 오기는 합니까?"
잠시 생각하다 해월은 답한다.
"산이 모두 검게 변하고 길에 비단이 깔리고 만국과 통상할 때다."
제자가 그 때가 언제쯤이냐고 다그쳐 묻자 해월은 또 답한다.

"만국병마가 우리나라 땅에 왔다가 후퇴하는 때이니라."(『해월신사 법설』「개벽운수」)

해월께서 이러한 말씀을 하실 때, 만국병마는 아직 조선 땅에 들어오지도 않았을 때다.

입추는 이미 지났고 곧 추석이다. 한낮은 여전히 땡볕이다. 올해 더위는 유례가 없다지만 찌는 여름 날씨가 지속되리라 누구도 생각지 않는다. 곧 찬바람에 꺾인다. 절기는 어김없이 다가온다. 더위가 가고 서늘한 바람 불 듯 그렇게 서세동점의 일세(一世)도 저물고 있다.

서세동점의 끝자락에 미국은 일본과 손잡고 중국을 봉쇄하려 한다. 미국은 사드 배치로 한국을 자신들 편으로 붙잡아 두고자 한다. 한국은 지금 북한과 제대로 교역을 못하고 있고, 우리나라 땅에 온 만국병마 가운데 아직 후퇴하지 않은 것은 미군뿐이다. 계절의 전환기는 항상 어수선하다. 날씨는 절기를 앞서기도 뒤서기도 하니 혼란스럽다. 만국과 교역하게 되고 만국병마가 후퇴하는 그때는 언제인가?

대장부 지혜범절 염치 중에 있었으니

동학농민혁명 관련 특별법이 제정된 2004년 이후 10여 년이 넘도록 국가에서 공식적으로 동학혁명 기념일을 지정하지 못한 것은 지자체 간의 이해관계가 얽혀 있었기 때문이다. 그러다가 올해(2017) 6월, 정부에서는 정읍 고부봉기일(양력 2월 14일), 고창 무장기포일(양력 4월 25일), 전주화약일(양력 6월 11일), 우금치전투일(양력 12월 5일) 중에서 전주화약일인 6월 11일을 동학혁명기념일로 한다고 발표했다.

동학혁명기념일은 언제?

그러자 정읍, 고창 등의 지자체는 크게 반발하였다. 정읍시와 고창군이 전주화약일을 동학혁명기념일로 정하는 것을 반대하는 이유는 전주화약으로 동학농민군이 조선정부에 기만당했다고 보기 때문이다. 동학혁명과 관련이 깊은 정읍, 고창, 부안 등의 지자체는 지난 십여 년간 자기 지역의 동학혁명 기포일(전투일)을 동학농민혁명 국가기념일로 만들기 위해, 자신들의 주장을 뒷받침하는 데 주안점을 두고 숱한 학술대회를 개최하였고, 자신들의 주장에 유리한 근거를 발표한 학자들에게 포상도 하였다.

올해(2016) 4월 고창군은 녹두대상 수상자로 신용하 씨를 선정하였다. 서울대 명예교수인 신용하 씨는 31년 전에 펴낸 1985년『한국학보』여름호와『동학농민혁명운동의 사회사』등의 책에서 "제1차 동학농민혁명은 1894년 3월 20일 전라도 무장에서 봉기한 대규모 조직적인 농민혁명운동으로 주체 세력을 구축하고 '무장포고문'을 발표하는 등 혁명군으로서의 면모를 갖춘 혁명운동이었다."고 밝혔던 것이다. 무장은 손화중 대접주 세력의 주 근거지로 지금의 고창군 무장면이며 무장기포 기념비는 고창군 공음면에 세워져 있다. 31년 전의 연구로 후대에 이처럼 큰 성과(?)를 얻기란 흔한 경우는 아닐 것이다.

그리고 정부에서 전주화약일을 기념일로 제정하려 하자, 다른 지자체는 전주화약일은 기념일로 부당하다며 '전주화약일'의 문제점을 주제로 한 학술토론회를 개최하니, 논문 발표 하는 학자들 역시 예전의 자기 주장을 되풀이하는 손쉬운 자리에 얼굴을 내밀었다. 지자체들은 자기에게 유리한 주장의 근거를 확보한다는 구실이겠으나 결국은 시민들의 피땀인 세금만 줄줄이 새는 것이고 예산 낭비일 뿐이다.

한번 정하면 그대로 실행해야

한편, 천도교에서는 오랫동안 3월 21일을 동학혁명기념일로 하여 왔다. 이날은 전북 부안의 백산기포(제정 당시 알려진 날짜)를 기준으로 한 것으로, 음력 3월 21일을 양력 날짜로 계산하지 않고 그대로 3월 21일로 하는 천도교식 계산 방식에 따른 것이다. 천도교에서 동학혁명기념일을 제정할 당시(1961) 3월 21일로 제정한 것은 "1960년 국사편찬위원회에서 발간된 『동학란기록』과 동 위원회가 소장하고 있던 일본공사가 보고한 『본국보고기록』을 참고하여 3월 21일에 전국적인 성격을 가지고 대거 기포한 것이 확실시되므로 역사계의 권위자의 고증을 자문 하였던바 동 일자가 신뢰성이 있다는 것이 확증"(『신인간』 통권655호(2005.3), 52~53쪽)되었기 때문이다. 그러나 그 이후 실제 백산기포일은 3월 25일(양력 4월 30일)로 밝혀졌다.

전주의 동학혁명기념관 이윤영 관장은 최현식, 표영삼 두 분은 가장 오랫동안 동학과 동학혁명을 연구하신 분이며, 두 분이 "기념일을 하루 날로 제정 하려면 백산기포일로 해야 하고, 아니면 지역마다 각자 역사에 맞게 기념식을 거행하여 전국적인 동학혁명 기념행사가 되어야 한다."고 한 주장을 소개하기도 하였다.

백산기포든 무장기포든, 정읍이든 공주든 전주든 어디라도 모두 동학혁명 기념일이 되기에 부족함이 없다. 정하기 나름이다. 수운 선생의 말씀대로 정하기 전에 심사숙고하고 한번 정한 뒤에는 이말 저말 많아도 그대로 실행하면 그뿐이다(再思心定 定之後言 不信曰信).

'염치'를 모르는 자들이 날뛰는 나라는 망한다

동학혁명 기념일로 손색이 없는 날짜가 여러 군데이듯, 그때 상황에 걸맞게 혁명의 정당성을 주장한 동학혁명의 선언문도 많다. 그중에서 많은 사람들이 빼어난 명문이라 평가하는 무장창의문을 살펴본다. 무장창의문은 전봉준 장군의 비서 역할을 했던 정백현 등이 작성한 것으로 알려져 있다. 무장창의문은 예의염치를 강조한 것으로, 염치를 모르는 자들이 날뛰는 나라는 망한다고 하였다. 122년이 지난 요즘의 상황을 묘사한 듯 생생하다. 무장창의문을 요약했다.

지금의 신하 된 자들은 나라에 보답할 것은 생각지 않고 한갓 봉록과 지위만을 도둑질해 차지하고 갖은 아첨과 아양을 부려, 충성되게 간하는 선비를 가리켜 요망한 말이라 하고 정직한 사람을 비도(匪徒)라고 하여, 안으로는 나라를 돕는 인재가 없고 밖으로는 백성에게 사납게 구는 관리만이 많아서, 인민들의 마음이 날로 더욱 변해 가고 있다. 집에 들어가서는 삶을 즐길 만한 생업이 없고, 나가서는 몸뚱이를 보호할 방책이 없다. 사나운 정치가 날로 번져서 원망하는 소리가 서로 이어지고 있다.

관자(管子)가 말하기를 "사유(四維), 즉 예의염치(禮義廉恥)가 퍼지지 못하면 나라가 멸망하고 만다"고 했는데 지금의 형세는 옛날보다도 더 심한 바가 있다. 공경(公卿) 이하로 방백(方伯), 수령(守令)에 이르기까지 국가의 위태로운 것을 생각지 않고 한갓 제 몸을 살찌우고 제 집을 윤택하게 하는 데에만 급급하여, 나라에 쌓이고 쌓인 채무가 있는데도 이것을 갚을 생각은 하지 않고 교만하고 사치하고 음란하게 놀아 하나도 두려워하거나 꺼려하지 않는다.

온 나라가 어육(魚肉)이 되고 만민이 도탄에 빠졌으니, 수재(守宰)들이 재물을 탐하고 사납게 구는 것이 까닭이 있는 것이니, 어찌 백성이 궁하고 또 곤하지 않을 수 있겠는가. 백성은 나라의 근본인데 근본이 깎이면 나라가 쇠잔해지는 것이다. 나라를 보존하고 백성을 편안케 할 방책은 생각하지 않고 밖으로 시골집을 건축하여 오직 혼자만 온전하려고 방책에 힘쓰면서 한갓 녹봉과 지위만 도둑질하고 있으니 어찌 이것이 옳은 이치이겠는가.

염치, 잘못을 은폐하지 않고 그릇된 것을 따르지 않음

염치를 정치윤리로 중히 여겼던 이는 관자이다. 관자는 중국의 춘추전국시대 당시 제(齊) 나라의 환공(桓公)을 도와 패업을 이룬 관중(管仲)으로, 그가 지은 책이 『관자(管子)』이다. 관자는 사유(四維)로 예의염치(禮義廉恥)를 꼽았다. 유(維)는 밧줄, 매다, 받치다 등을 가리키는 글자인데, 강령(綱領) 등의 뜻으로 쓰인다. 관자는 이렇게 말했다.

나라에 네 가지 강령이 있는데, 이 가운데 하나가 끊어지면 나라가 기울고, 두 가지가 끊어지면 위태로우며, 세 가지가 끊어지면 뒤집어지고, 네 가지가 다 끊어지면 망하여 다시 일으킬 수 없다.(國有四維 一維絶則傾 二維絶則危 三維絶則覆 四維絶則滅)(『관자』)

그리고 예의염치에 대해서도 설명한다.

예란 절도를 넘지 않음이요, 의란 제멋대로 나아가지 않음이고, 염이란 잘못을 은폐하지 않음이요, 치란 그릇된 것을 따르지 않음이다.(禮不踰節 義不自進 廉不蔽惡 恥不從枉)(『관자』)

"치부에만 급급하고, 녹봉과 지위를 도둑질하다"

무장창의문에서는 "사유(四維), 즉 예의염치(禮義廉恥)가 퍼지지 못하면 나라가 망한다."고 하면서 "지금(1894)의 형세는 옛날보다도 더 심한 바가 있다."고 하였다. 덧붙이자면 동학혁명 이후 120여 년이 지난 지금의 형세도 나라꼴이 염치없기는 매한가지다.

여당(2016년, 새누리당-편집자 주)의 원내대표는 지난 8월 세 장관의 인사청문회를 앞두고 "인사청문회는 성직자를 뽑는 자리가 아니다."라고 하였다. 지당한 말이다. 청렴이란 기준으로 따져 보아 존경받고 모범적인 사람을 찾을 필요는 없다. 그렇다고 굳이 '나쁜 놈'이라 욕먹고 '파렴치'하고 '몰염치'한 자를 내세워야 하겠는가. 해임 건의를 받은 장관이 십여 년 전 '제 집을 윤택하게 하는 데에만 급급하고, 녹봉과 지위를 도둑질 한' 사례를 언론은 이렇게 보도한다.

1. 식품 분야 대기업인 A기업의 계열사가 분양한 88평의 아파트를 4억6000만 원에 매입한다(2001년 10월).
2. 일년 전 분양 당시보다 2억1천만 원이나 싸게 구입했다.
3. 4억6000만 원은 모두 농협에서 대출받았다.

4. 아파트 구입 후 1년 뒤, 주미대사관 참사관으로 발령이 났다.

5. 때마침 A기업은 자신들 명의로 3억 원의 전세 입주를 하게 된다.

6. 3억 원의 전세금으로 일부 대출금을 상환해 2400만 원 정도의 대출 이자를 절감한다.

7. 2006년 미국에서 돌아온 뒤 이 아파트를 8억700만 원에 팔게 됐다.

8. 투자금 없이 약 3억4700만 원의 시세차익을 거두게 됐다.

우리말에서 염치라는 말은 몰염치, 파렴치 등으로 많이 쓰인다. 파렴치란 말의 원래 뜻은 청렴하지 못한 것을 부끄러워하지 않는다는 말이다. 해임건의안이 통과된 장관의 경우 파렴치로 치면 지극히 작은 사례에 불과하다. 그래서인지 이 장관은 스스로를 '지방대 흙수저'라며 변명에 급급했다. 어느 보수 논객의 지적이 통렬하다.

임자 없는 조선소는 사장부터 도둑놈이니 곳간이 텅 비었다. 그 조선소에 국민 세금을 대주고 비리를 눈감아 준 한통속이 산은(産銀) 회장이다. 이 난장판에 숟가락을 얹었던 도둑놈들은 당최 부끄러운 줄 모른다. 온통 도둑놈 천지다 보니 그런 것이다. 들통나면 그건 운이 나빴을 뿐이다. 도둑 잡으라고 둔 검사는 제가 도둑질을 했다. 욕심을 채워도 너무 더럽게 채웠다. 명색이 검사란 자가 한 도둑질이 예사 도둑질일 리 있겠는가. 액수가 큰 건 그렇다 쳐도 교활하기 이를 데 없다. 그는 게임 업체를 차려 신흥 갑부가 된 친구의 뒷배가 되어 합법을 가장해 떼돈을 챙겼다. 또 다른 재벌의 범죄를 눈감아 주고 대신 처남 이름으로 청소용역 회사를 차려 돈을 받았다. 이쯤 되면 검사라는 직책은 도둑질하기에 안성맞춤인 자리였을 뿐이다. 말하자면 검사가 곧 진짜 도둑놈이었다. 끼리끼리 해 먹고 서로서로를 보호한다.

이 나라는 망한다. 세(勢) 있는 국회의원이란 자들, 청와대 수석이라는 자들, 검사장이나 고위 법관을 지낸 율사라는 자들, 나서기 좋아하는 교수들, 권력에 빌붙어 한 자리를 차지한 고만고만한 좀팽이들 때문에 망한다. 한 세상 그저 권력이나 누리고 돈이나 잔뜩 벌어 떵떵거리고 살면 그게 다인 줄 아는 모리배들 때문에 망한다. '모로 가도 서울만 가면 된다.'는 편법이 지배하는 사회, 불의든 뭐든 성공한 자의 궤적은 찬사를 받는 사회, 내 이익이 첫 번째 잣대가 된 사회가 어찌 망하지 않겠는가. 그저 참담하고 참담할 뿐이다. 문제는 대책 없는 비판은 의미가 없다는 것이다. 과연 어떻게 해야 하는가?

그렇다. 과연 어떻게 해야 하는가? 염치를 회복하는 외에 다른 방도가 없다. 수운 선생은 말씀하셨다.

대저세상 인도중에 믿을 신(信)자 주장일세. 대장부 의기범절(義氣凡節) 신(信) 없으면 어디 나며, 삼강오륜 밝은 법은 예(禮) 없으면 어디 나며, 대장부 지혜범절 염치중에 있었으니….(『용담유사』「도수사」)

재사심정(再思心定), 두 번 생각하고 마음을 정하라

지난(2016) 10월 17일, 손석희 앵커는 그가 진행하는 뉴스에서 노벨 문학상 수상자 밥딜런의 노래와 밥딜런이 부른 노래를 개사한 김광석의 노래 〈두 바퀴로 가는 자동차〉를 소개하며 "누군가가 스쳐간 자리마다 맞춤형 특혜 의혹이 가득하고 이해하기 어려운 우연과 행운은 거듭된다."며 작금의 정치현실의 한 단면을 멋들어지게 설명하였다. 밥딜런, 양병집, 김광석의 노래를 소개하며 잔잔하게 진행된 짧은 순간이었지만 '더러운 세상'을 아름답게 비판하였다는 찬사가 쏟아졌다.

요절한 가수 김광석이 부른 〈두 바퀴로 가는 자동차〉를 인용한 손석희 앵커는 "포수에게 잉어가 잡혀오고 태공에게 참새가 잡혀오는 복잡하고 아리송한 세상 일들은 거듭 반복되고 있다."며 의혹과 우연, 행운에 대한 "답은 바람 속에서도 들려오지 않는다."며 밥딜런의 노래 한 구절을 인용하기도 했다. 제멋대로인 현실을 비꼰 노래 〈두 바퀴로 가는 자동차〉의 가사의 일부는 이렇다.

두 바퀴로 가는 자동차 / 네 바퀴로 가는 자전거
물속으로 나는 비행기 / 하늘로 나는 돛단배

복잡하고 아리송한 / 세상 위로

오늘도 애드벌룬 / 떠 있건만

포수에게 잡혀온 / 잉어만이 / 긴 숨을 내쉰다

남자처럼 머리 깎은 여자 / 여자처럼 머리 긴 남자

가방 없이 학교 가는 아이 / 비 오는 날 신문 파는 애

복잡하고 아리송한 / 세상 위로

오늘도 에드벌룬 / 떠 있건만

태공에게 잡혀온 / 참새만이 / 한숨을 내쉰다

이 노래는 본래 밥딜런의 노래 〈두 번 다시 생각하지 마 괜찮아〉를 번안한 것으로 미국보다 더 기막힌 한국의 현실에 맞게 가사를 더욱 비튼 것이다. 이날 앵커는 뉴스를 마무리하며 밥딜런의 본래 노래 제목을 환기시키며 "자꾸 생각할 필요없이 그냥 다 괜찮은 것이라면, 정말 다 괜찮은 것일까?"는 질문을 던진다.

"재사가의(再斯可矣), 두 번이면 된다"

우리 현실에 대해 심사숙고하는 것이 필요하다는 것이었다. 동학적 표현이라면 두 번 생각하여 마음을 정하라(再思心定)는 것이었다. 두 번 생각하고 마음을 정하라는 수운의 말씀은 공자의 말씀에서 유래한 것이다. 옛날부터 동아시아에서는 일에 대한 처리, 사리에 대한 판단 과정에서 너무 깊이 생각하는 것은 지나친 것으로, 두 번 정도는

생각하는 것이 적당하다고 보았다. 논어에서는 이렇게 말한다.

> 계문자는 세 번 생각하고 난 뒤에 실행에 옮겼는데 공자께서 이 말
> 을 듣고 말씀하셨다.
> "두 번이면 된다."
> 季文子三思而後行, 子聞之, 曰: "再斯可矣."(『논어』「공야장」)

사려 깊은 것은 좋지만 그것도 지나치면 좋지 않다는 뜻이다. 과유
불급(過猶不及), 즉 지나친 것은 못 미치는 것과 같다는 말과도 부합한
다. 너무 섣불리 판단해서도 안 되지만, 선택과 결단의 순간을 미루어
서도 안 된다는 것을 공자는 말하고 있다. 인터넷에 뒤져 보니 이런
취지로 고려시대의 학자 이규보도 「사잠(思箴)」란 시를 남겼다.

> 생각하되 급히 서두르지 마라.
> 서두르면 어긋남이 많다.
> 생각하되 너무 생각에 빠지지 마라.
> 생각이 깊으면 의심 또한 많아진다.
> 思之勿遽   遽則多違
> 思之勿深   深則多疑(이규보, 「사잠(思箴)」)

불신왈신(不信曰信), 믿지 않는 것이 믿음이다

공자가 언급한 재사가의! 두 차례 검토하면 충분하다. 지나치게 생각을 많이 하여 결단이 느리지 않도록 하라. 지나치게 조심하면 일을 그르칠 수 있다. 이렇게 이해할 수 있다. 수운은 믿을 신(信) 자를 풀이하며 이렇게 말씀하셨다.

> 사람의 말 가운데는 옳고 그름이 있는 것을, 그중에서 옳은 말은 취하고 그른 말은 버리어 거듭 생각하여 마음을 정하라. 한번 작정한 뒤에는 다른 말을 믿지 않는 것이 믿음이니라.(言之其中 曰可曰否 取可退否 再思心定 定之後言 不信曰信)(『동경대전』「수덕문」)

이 가운데서 '거듭(두 번) 생각하여 마음을 정하고 한번 작정한 뒤에는 다른 말을 믿지 않은 것이 믿음'이라 한 수운의 말씀은 해월과 의암도 강조하셨던 것이다. 해월 선생은 마음을 정한다고 할 때의 정할 정(定) 자의 의미를 이렇게 말씀하셨다.

> 내가 젊었을 때에 스스로 생각하기를 옛날 성현은 뜻이 특별히 남다른 표준이 있으리라 하였더니, 한번 대선생님을 뵈옵고 마음공부를 한 뒤부터는, 비로소 별다른 사람이 아니요 다만 마음을 정하고 정하지 못하는 데 있는 것인 줄 알았노라.(『해월신사법설』「독공」)

의암 선생 역시 마음을 정하고 정하지 못하는 것의 차이로 천황씨와 성인, 범인이 갈린다고 이해하셨다.

> 일체가 세 가지로 변하는 것은 성품과 마음이 할 수 있는 것이니 이를 천황씨라 이르고, 만약 세 가지에 하나가 능하면 성인이라 이르고, 세 가지에 하나도 능치 못하면 범인이라 이르나니, 천황씨와 성인과 범인이 별다른 묘법이 없는 것이요, 다만 마음을 정하고 정하지 못하는 데 있느니라.(『의암성사법설』『무체법경』〈신통고〉)

"의심하지 말고 의심하지 말라"

두 번 거듭 생각해야, 즉 옳은 말을 취하고 그른 말을 버리는 합리적이고 이성적인 과정과 절차를 제대로 밟아야 올바른 믿음을 얻을 수 있다는 것이다. 주문수련을 통한 강령과 강화는 마치 한여름에 몰아치는 태풍처럼 격렬하고 강한 소중한 경험이다. 그러나 강렬한 태풍이 너무 잦으면 원만해서 세상은 미동조차 하지 않고 잠잠하고 고요한 지경일 뿐이다.

취가퇴부(取可退否), 즉 옳은 것은 취하고 그른 것은 버리는, 의심하고 또 의심하여 고민하고 또 고민하는 것이 여름날 태풍 같은 것이라면, 정지후언 불신왈신(定之後言 不信曰信), 즉 마음을 정한 뒤에는 다른 말을 믿지 않는 것은 태풍이 지난 뒤의 잠잠한 세상 그것이다. 태산 같은 믿음이다. 이러한 경지를 의암 선생은 이렇게 노래하였다.

그 성품은 달이 만경창파에 떨어져 숨은 것 같고, 그 마음은 불이 천리장풍에 일어나 타는 것 같으니라.(其性 如月落隱萬頃蒼波, 其心 如火起燒千里長風)(『의암성사법설』「후경1」)

자꾸 생각할 필요없이 그냥 다 괜찮은 것은 없다. 당연히 의심하고 또 의심해야 한다. 물을 것은 물어야 하고 따질 것은 따져야 한다. 생각하고 의심하고 회의하는 절차 과정은 천리장풍에 타는 불같이 강렬한 체험의 강령과 강화와 같은 것이다. 이러한 절차 후 의심은 사그라 든다. 그래서다. 한울님은 수운 선생에게 말씀하셨다.

의심하지 말고 의심하지 말라.
勿疑勿疑!(『동경대전』「포덕문」)

수운의 망설임과 방황과 번뇌와 고통의 순간들을 한울님은 속속들이 다 알고 계셨으니 그만하면 충분하다고 여겼다. 수운이 금으로도 은으로도 살 수 없는 경지, 문벌과 지벌로도 얻을 수 없는 지경에 이르렀음을 인정한 한울님은 비로소 수운에게 강림하신다. 그리고 하신 말씀이 "의심하지 말고 의심하지 말라(勿疑勿疑)."는 명령이다. 의심하지 말라는 한울님의 당부에도 수운 선생은 거의 일 년을 닦고 단련한 후 비로소 포덕에 나선다. 재사심정하신 것이다. 이른바 신유포덕이다.

그래서다. 선배 숙덕들 역시 "정한 뒤의 말을 믿지 않는 것이 믿음이다. 이 자리가 복이다. 이 복은 권리와 돈으로 바꿀 수 없는 것이다."라고 하여 "재사심정 정지후언 불신왈신(再思心定 定之後言 不信曰信)"이라 한 수운 선생의 말씀에 깊이 공감하였다.

동학하는 사람이 새해를 맞이하는 방법

파주에서 새해(2018)를 맞았다. 법원수도원. 남쪽에서는 보기 힘든 눈이때마침 흩날렸다. 법원수도원 뒤편 능선으로도 눈은 소리 없이 쌓였다.

밤, 그 자체가 무한한 안식이요 수양이다. 밤의 그 고요한 신비와 허명(虛明)은 우리를 모두 스스로 '무아' 혼연의 지경으로 인도함이 있다. 밤 한 시간의 송주는 그 효과에 있어 낮의 두세 시간의 송주를 당하고 남음이 있다. 어두워 가는 황혼, 밝아오는 새벽은 특히 정취가 있는 바이거니와, 첫 한잠 자고 깨어지는 그 시간, 대개 자정 시간은 정신통일이 유난하게 잘되고 신명의 감응이 몹시 빠른 시간. 약간 수행에 적공이 있는 사람이면 이 시간의 송주에는 곧 지기가 강화되고 휘연한 영광이 드러나는 것이다.(김기전, 『신인간』 1942.3)

수련 자료집에 실린 김기전의 말씀에 공감하며 제야의 종소리를 듣고는 철야 수련을 시작했다. 밤새워 주문을 왼다. 새해 첫날 이른 아침,

날이 밝자 눈 덮인 법원수도원을 뒤로 하고 하산했다. 1968년. 김신조 등이 청와대를 습격하려 서울로 향할 때 이 법원수도원 뒷산 능선을 탔다. 그때도 눈이 왔는지 모르겠다. 저 산 능선을 타고 서울 청와대 근처까지 왔다. 1.12사태다. 나는 아침 일찍 파주역에서 전철을 타고 3호선을 갈아타고 남부터미널에서 버스를 타고 남쪽으로 향했다.

버스에서 보니 김정은의 신년사가 뉴스를 장식하고 있다. 당장이라도 미사일이 우주공간을 오가며 한반도와 뉴욕 상공에서 터질 듯했는데, 화해와 협력의 기운이 가득 차오르는 가운데 파주 땅에서 이렇게 무술년 새해를 맞이하였다. 의암 선생은 「무하설」에서 이렇게 말씀하셨다.

> 정·무(丁·戊) 사이 기억치 못한 날에 깜깜한 동산을 이룬 사실이 있으니, 홀연히 태양이 떨어져 천지가 아득한 것이 마치 흙물에서 헤엄을 치며 육지를 바라보는 것 같으니라. 이때에 천지간 무한한 생령이 고기떼처럼 울부짖으니 가련한 그 정경은 눈으로 차마 볼 수가 없었나니라. … 온 천하의 생령이 거의 다 죽게 된 가운데 나는 언덕 위 숲 사이에 의지하였더니, 또한 벼락불이 거의 죽게 된 백성들이 모여 있는 데 굴러 떨어져서 목숨이 경각에 달렸음이 … 마음에 실히 괴이하고 의심스러워 용기가 발동하는지라…. 한울이 만백성을 내고 살게 하는 것이 덕이 되거늘 이같이 재앙을 내리니, 어찌 이런 이치가 있겠는가.(『의암성사법설』「무하설」)

결국 의암 선생은 "한울님이 어찌 사람의 목숨을 돌보지 않겠는가." (「무하설」) 하며 한울님을 믿고 의지하되 스스로 재앙을 헤쳐 나간다. '정·무(丁·戊) 사이 기억치 못한 날'이라 한 그날이, 작년(정유년)과 올해(무술년)의 어느 날일까? 요란했던 핵실험은 대화를 위한 포석이었나. 지난해 겨울 타올랐던 촛불은 암울한 전쟁 위협을 걷어내기 위한 준비였나. 어쨌거나 평창올림픽을 앞두고 남과 북은 '사람의 목숨이 지극히 중하니' 대화의 장을 마련했다. 아궁이 장작도 그렇다. 일단 불 붙으면 거침없이 타오르는 법이다.

닭의 울음에 밤이 나누어짐이여, 개가 짖음에 사람이 돌아오도다.
鷄鳴而夜分兮 犬吠而人歸(『해월신사법설』「강서」)

해월의 '강서'의 한 구절이다. 어느 분은 이 구절로 개띠 해인 올해를 헤아린다. "금년(2018)부터 우리 도에 많은 분들이 찾아올 것이라 믿는다"고. 몸부림치며 살려는 사람, 운수 있는 사람은 우리를 찾는다고 했는데, 밀려들면 감당할 수는 있을까?

주역괘 대정수

수련은 어디로 향해야 할지 모르는 내가, 길을 찾는 몸부림이며 준비이기도 하다. 막지소향의(莫知所向矣), 어디로 가야 할지 모르는 상황은 몰라서라기보다는 마음을 제대로 정하지 않은 데서 비롯되는 경우가 많다. 수련을 통해 해가 가고 또 해가 오는 시기의 의미를 새기고 각오를 다지는 것은 좋은 일이다. 또한 수운 선생은 주역괘를 짚어 한울님으로부터 득도한 의미를 새겨 보기도 하였다.

> 처자를 거느리고 용담으로 돌아온 날은 기미년(1859) 시월이요, 그 운수를 타고 도를 받은 시절은 경신년(1860) 사월이라. 이 또한 꿈같은 일이요 형상하기 어려운 말이라. 주역괘의 대정수를 살펴보고 삼대적 경천한 이치를 자세히 읽어보았다.(『동경대전』「수덕문」)

수운 선생은 경신년(1860) 4월 득도 후, 자신이 받은 무극대도가 어찌 된 것인지 궁금했을 것이다. 그래서 주역괘의 대정수를 살펴보았다. 그리하여 '옛 선비들이 천명에 순종'하였음을 알게 되었고, 도를 받은 후 바로 포덕하지 않고 일년 동안 '닦고 단련하니 자연한 이치'임을 알았다.

밀운불우(密雲不雨)

얼마 전 새해를 맞아 뽑아 본 어느 분의 주역괘의 여운이 생생하다. 풍천(風天) 소축(小畜) 괘, 괘의 전체적인 의미를 "외유내강의 형상이다. 내재하는 강인함을 함부로 발산해서는 안 된다. 정체된 상황을 견뎌야 한다."고 푼다.

소축 괘는 주역을 만든 문왕의 괘라고 한다. 중국 은나라의 마지막

왕 주왕은 폭군이었다. 주(紂)왕은 하나라의 걸(桀)왕과 더불어 '걸주(桀紂)'라 불리며 폭군의 대명사로 쓰이는 그 주왕이다. 주왕의 폭거에 지친 민심은 서쪽 땅의 제후 서백 창(西伯 昌, 문왕)에게로 향한다. 당시 문왕은 중원의 절반 이상을 자신의 영토로 만들었으나 은나라의 패권을 종식시키기에는 부족한 점이 있었다. 그러자 주왕은 문왕을 유리옥에 가둔다.

문왕은 주 임금에 의해 유리성에 7년이나 감금당한다. 그동안 문왕의 큰아들은 가마솥에 삶기는 팽형을 당해 죽고, 문왕은 참으로 끔찍하게 이 사실을 까맣게 모른 채 아들을 넣고 끓인 인육탕을 다 먹었다. 주 임금은 문왕이 아들의 인육탕을 다 먹고 나자 그 사실을 알렸고, 문왕은 그때까지 먹은 것을 다 토했다. 그때 토한 것이 작은 무덤 하나가 되어 지금까지 전해 온다. 문왕은 생사를 가늠할 수 없는 감옥 안, 극심한 고통 속에서 64괘로 풀이하여 주역(周易)을 짓는다.

소축괘를 설명하며 형통, 즉 '모든 일이 잘되어 간다.'고 진단한다. 그러나 한꺼번에 대박 나는 상황은 아니다. 조금씩 조금씩 쌓아 나가야 할 상황, 그래서 소축이다. 무엇을 뒤집고 일을 도모하기에는 힘이 약하니 기다려야 하는 상황을 '밀운불우(密雲不雨)'라고 멋들어지게 표현한다. 하늘에는 먹구름이 쌓여서 금방이라도 비가 내릴 것 같은데 정작 비는 내리지 않는다. 무더운 여름날 한시바삐 비가 내려 불타는 대지를 식혀야 하는데, 비가 내릴 듯 말 듯 하지만 정작 비는 쏟아지지 않는다.

문왕은 아직 구름만 빽빽하게 뒤덮었을 뿐 비가 오는 때에 이르지는 않았음을 알고 있었다. 때가 이르지 않았는데 섣불리 행동했다가 일을 그르칠 수도 있다고 본 것이다. 문왕은 자신을 갈고 닦으면서 덕과 지혜를 조금씩 쌓아 나갔다. 이렇듯 문왕은 치욕과 고통을 참아 내면서 점차 민심을 얻어 갔고, 강태공이라는 걸출한 군사 전문가를 얻음으로써 천하 대권에 한 발짝 다가설 수 있었다. 민심을 잃은 은나라를 치기 위한 만반의 준비가 갖추어졌을 무렵 문왕은 큰 병을 얻었고, 결국 대업을 이루지 못하고 죽는다. 은나라를 멸망시킨 아들 무왕은 아버지를 문왕으로 추대하고 자신이 천명을 받들어 천자가 되었음을 선포하였다.

"뭇 개울이 순히 흐르고(百川順流)"
동학의 경전에서 주나라 문왕은 딱 한 번 언급된다. 해월 선생은 「내칙」의 끝부분에서 문왕을 언급했다.

이대로만 시행하시면 문왕 같은 성인과 공자 같은 성인을 낳을 것이니, 그리 알고 수도를 지성으로 하옵소서. 이 내칙과 내수도하는 법문을 첨상 가에 던져 두지 말고, 조용하고 한가한 때를 타서 수도시는 부인에게 외워 드려, 뼈에 새기고 마음에 지니게 하옵소서. 천지조화가 다 이 내칙과 내수도 두 편에 들었으니, 부디 범연히 보지 말고 이대로만 밟아 봉행하옵소서.(『해월신사법설』「내칙」)

'내칙'은 포태한 부인의 태교 지침서이자 수도 지침서로 해월 선생이 직접 지은 글로 알려져 있다. 이상적인 성인으로 공자를 꼽는 것은 당연한 것으로 생각되지만, 해월 선생이 이상적인 성인으로 문왕을 언급한 것은 왜일까? 동학은 후천개벽의 새 시대를 여는 무극대도인 만큼 이에 걸맞는 인물상으로 문왕을 언급했을 것이다. 고대 중국에서 은나라를 멸하고 주나라를 새롭게 연 문왕 같은 성인이 동학에 필요하다고 보았을 것이다.

주나라가 멸망한 이후의 춘추전국시대 사람인 공자는 주나라를 이상적인 나라로 여겼다. 문왕, 무왕, 주공, 강태공 같은 걸출한 영웅들이 창건한 주나라는 중국을 포함하여 동아시아 국가들의 모범이 되었다. 이러한 생각은 동학에서도 마찬가지였다. 수운 선생은 「우음」에서 이렇게 노래하셨다.

사슴이 진나라 뜰을 잃었다니 우리가 어찌 그런 무리인가.
봉황이 주나라에서 우는 것을 너도 응당 알리라.
鹿失秦庭吾何群 鳳鳴周室爾應知(『동경대전』「우음」)

여기서 사슴은 천하의 패권을 상징한다. 주나라가 망하자 일곱 나라(연, 제, 진, 초, 한, 위, 조)가 패권을 차지하기 위한 각축전을 벌인다. 이것을 축록(逐鹿, 사슴을 쫓음)이라 한다. 이때 우리가 잘 아는 진시황이 나서서 천하를 통일한다. 그러나 통일왕조 진나라도 3대 만에 망하고 만다.

'사슴이 진나라 뜰을 잃었다' 함은 수운이 동학 창도 이후의 상황을 진나라가 멸망한 후의 혼란한 세상에 비유하여 말씀하신 것이다. '봉황이 주나라에서 울었다' 함은 주나라를 창건한 문왕, 무왕, 주공, 강태공을 비유한 것으로 동학하는 사람들의 역사적 사명을 언급한 것이다. 주나라에 성인이 나왔듯 동학하는 도문에 성인이 줄지어 탄생할 것이라 예언한 대목이라 해도 될 것이다. 동학하는 사람들이 성인됨은 혼란한 격변의 시기에 정치적 활동을 주로 하는 것을 의미하기보다는 오직 수도에 전심전력하라는 것이라 보아도 될 것이다.

새해를 맞이하는 것이나 새 세상을 맞이하는 것은 별다르지 않다. 해월이 성인되기는 '다만 마음을 정하고 정하지 못하는 데' 있다 하셨으니, 주문공부로 갈 길 몰라 헤매는 마음을 붙들어 매는 것을 새해의 다짐으로 한다. 혼돈의 세상이 평온해지는 새 세상에서도 동학하는 사람의 일은 별다르지 않다. 「무하설」에서는 비유하여 노래하였다.

지극한 정성으로 한울님께 밝게 고하고 글 십여 자를 써서 중생에게 주어 외우게 하였더니, 조금만에 뭇 개울이 순히 흐르고 육지 평야가 이루어져 뭇 백성이 편안하게 살았느니라.(『의암성사법설』「무하설」)

제2부 **다시 개벽이 필요하다**

"젊은 날의 의무는 부패에 맞서는 것이다!"

2015년 12월 28일 정부는 '시간적 시급성과 현실적 여건'을 앞세우며 일본의 아베 정권과 위안부 관련 협상 타결을 선언하였다.

광복 70주년의 끝자락을 장식한 '외교참사'라고들 한다. 1991년 일본군 '위안부' 피해자 김학순 할머니가 참혹한 피해 사실을 공개적으로 증언한 이후, 24년 동안 이어져 온 피해자들의 투쟁은 멈추지 않았고, 그 투쟁 속에 담긴 피해자들의 한결같은 요구는 일본 정부의 국가적이고 법적인 사죄와 책임 이행을 통한 명예와 인권의 회복이었다.

중대한 인권 침해 문제의 해결에 있어 '피해자 중심'의 접근이 이루어져야 한다는 유엔과 국제사회의 인권 원칙이 전혀 반영되지 않은 합의는 피해자들을 절망으로 몰아넣으며 국민적 저항에 직면한다. 그 저항의 중심에 청년학생들이 있다. 일본대사관 앞에서 영하 20도를 오가는 추위에도 불구하고 청년학생들은 소녀상을 지키기 위해 천막도 없이 침낭 하나로 밤샘을 마다하지 않는다. 이들을 조사하겠다며 경찰은 소환장을 보낸다. 청년학생들은 자신들을 범죄자 취급하지 말라며 2016년 1월 21일 종로경찰서 앞에서 기자회견을 열었다.

법적 효력 없는 한일 합의 파기하라!

불의한 권력에 저항하는 것, 민주주의다!

친일 고문 경찰 노덕술이 되려 하는가!

청년학생들이 내건 구호들이다. 청년예술가 그룹에서는 '대한민국 효녀연합'을 만들어 수요일이면 어김없이 일본대사관 앞에서 '수요집회'와 예술행동을 이어갔다. 하얀 저고리와 검정 치마를 입고 피켓을 들었다.

〈인간에 대한 예의〉
애국이란 태극기에 충성하는 것이 아니라
물에 빠진 아이들을 구하는 것입니다.

그리고 말한다.

우리는 국가의 국민 이전에, 어버이의 자식 이전에, 어느 사회의 시민 이전에, 한 사람의 인간으로서 인간에 대한 폭력을 막고 인간에 대한 예의를 지키기 위해 이웃의 고통을 못 본 체 할 수 없어 거리로 나왔습니다.

또 말한다.

젊은 날의 의무는 부패에 맞서는 것이다!

눈물 나게 감동적인 말씀이다. 본받아야 할 것은 오래전에 쓰인 경전이나 고전에만 있는 게 아니다. 청춘을 살아가는 이분들에게서 힘을 얻는다. 동학의 스승들, 수운의 젊음이 그랬고 해월, 의암의 청춘 또한 이러한 삶이었다. 의암의 경우를 살펴본다.

"천지가 큰 것이 아니요, 내 마음이 큰 것이라"

의암의 모친 최씨는 아전 출신 손의조의 첩실이었다. 의암은 철이 들면서 아버지를 아버지라 부르지 못하고 형님을 형님으로 부르지 못하며 벼슬길에 나갈 수도 없다는 것을 알았다. 문중 제사에도 제대로 참여할 수 없었다. 16세 되던 가을 시제 때다. 소설 『겨울이 깊을수록 봄빛은 찬란하다』(임최소현, 모시는사람들, 2015)에는 이렇게 묘사하고 있다.

손병희 역시 뿌듯한 마음으로 일가친척들 틈에 끼어 항렬에 따라 한 사람씩 조상 묘 앞에 나가 술을 따르고 절하는 모습을 지켜보고 있었다. 드디어 그의 차례가 되어 분묘 앞에 나아갔다. 그때 자기 연배의 문중 어른 한 분이 달려들어 그를 밀쳐냈다.

"어디 서출 주제에 감히 조상 묘에 절을 한단 말인가? 썩 물러나지 못할까?"

여러 사람들 앞에서 망신을 당한 손병희는 머리끝까지 피가 솟구치는 느낌이었다. 수치심과 분노로 얼굴이 시뻘겋게 달아올랐다.

씩씩거리며 집으로 돌아온 손병희는 갓과 두루마기를 벗어 마당에 내팽개쳤다. 그리고는 곳간에서 곡괭이를 찾아 들고 다시 문중 산으로 올라갔다. 그는 아직도 묘소를 옮겨 가며 제사를 지내는 친척들을 아랑곳하지 않고 이미 성묘가 끝나 한갓진 산소 하나를 골라 한쪽 모퉁이를 곡괭이로 내리쳤다. 사람들이 놀라서 손병희에게 달려들었다.

"아니, 이게 무슨 짓이냐?"

그러나 손병희는 아랑곳하지 않고 곡괭이질을 하면서 어깨춤으로 달려드는 사람들을 밀쳐냈다. 그러자 대여섯 명의 사람들이 한꺼번에 우르르 비탈진 묘소 주변으로 나뒹굴고 말았다. 곁에 있던 다른 사람들은 다가설 엄두를 내지 못했다.

그때 손병희의 울분에 찬 고함이 터져 나왔다.

"서자는 사람도 아닙니까? 저는 손씨 피를 이어받은 사람이 아니랍니까? 해서 저는 조상님 뼈 하나라도 파내서 따로 산소를 모시고 성묘를 하려고 합니다."

한바탕 소동을 치르고 나서야 손병희는 말석이나마 성묘 행렬에 참여할 수 있게 되었다.

의암의 성장기는 그저 평범한 일생을 살 수 없는, 무엇인가 폭발할 것 같은 청춘이었다. 서자로서 태어난 신분의 한계로 세상에 대한 불평불만이 가득하였다. 자연스레 사회적 모순에 반항한다. 차별받고, 부패한 관리들에게 착취당하는 백성들 편에 선다. 무슨 거창한 사회 변혁의 조직이나 이론 같은 것이 있을 리 없었다. 불평불만을 폭발해 낼 뿐이었다. 의암이 젊은 시절 제대로 된 직업도 없이 세상을 떠돌며 못된 양반들에게 모욕을 준 일화는 많다. 초정약수 이야기는 널리 알려져 있다.

의암의 나이 20세 때다. 어느 날 의암은 유명한 초정약수에 들렀다. 많은 사람들이 모여 있었다. 웬일인지 약수는 안 마시고 그냥 서서 양반 둘이 물을 마시며 노닥거리는 모습을 지켜보고만 있었다. 월성군수를 지냈다는 송가, 숙천군수를 지냈다는 변가, 두 못된 양반이었다. 양반들이 초정약수를 독점하는 것을 용납할 수 없었다. 의암은 "물 먹는데도 양반 상놈 차별이 있냐."며 두 양반을 향해 물을 끼얹어 쫓아 버렸다. 그러고나서 읊은 시가 『의암성사법설』에 나와 있는 「초정약수음」이다. 김반석이라는 청년이 의암의 시를 한문으로 받아 적었다고 한다.

비록 가시나무라 이를지라도 핀 꽃은 아름답고,
더러운 못에 연꽃이라도 향기는 더욱 좋더라.
예와 지금 양반과 상놈이 무엇이 다름이 있으랴.
초정에 마음을 씻으니 사람은 평등이더라.

雖云芒木發花佳　　　蕩池蓮花尤香好

古今班常何有別　　　椒井洗心平等人(「초정약수음」)

　이후 의암은 동학에 들어, 요즘으로 치면 동네 조폭들과 교제를 끊고, 술과 도박을 끊고 주문공부에 몰두한다. 하루에 주문 삼만 독을 하면서 생활을 위하여 매일 짚신 두 켤레를 삼아서 장에 내다 팔았다고 한다. 그리고 해월을 만나 독공수련에 전념하고 시 하나를 읊는다. 의암의 스케일을 엿볼 수 있는, 이른바 도통의 경지를 읊은 시라고 할 수 있겠다.

　　천지일월이 가슴 속에 드니,

　　천지가 큰 것이 아니요, 내 마음이 큰 것이라.

　　군자의 말과 행동은 천지를 움직이나니,

　　천지조화는 내 마음대로 할 것이니라.

　　天地日月入胸中　　　天地非大我心大

　　君子言行動天地　　　天地造化吾任意(「강시」)

"생각하면 있는 것이요, 생각하지 않으면 없는 것이라"

　3.1운동 당시 민족대표 33인의 한 분인 나용환(1864~1936)은 천도교의 3대 법설로, 수운의 '인내천(人乃天)', 해월의 '향아설위(向我設位)', 의암의 '성령출세설(性靈出世說)'을 꼽았다. 향아설위는 1897년 4월 5일

해월은 이천 앵산동에서, 의암은 여주 전거론 임순호의 집에서 각각
실천하였다고 동학의 기록은 전한다. 향아설위설이 제대로 알려지고
자리를 잡는 데는 의암의 역할이 컸다. 의암의「수수명실록」은 기해
년(1899), 의암의 나이 38세 때 저술된 것이다.「성령출세설」과 비교하
면「수수명실록」에서 의암은 향아설위의 제사법을 좀 더 강력히 옹호
한다. 의암은 '벽에 의하여 위를 설하는 것이 옳겠는가, 나를 향하여
위를 설하는 것이 옳겠는가'라고 자문하고 아래와 같이 자답한다.

> 사람이 자식을 낳아 뜻을 주고 집을 전하는 것은 눈앞에 황연한 것
> 이요, 죽은 뒤에 제사를 받드는 것은 미혹의 나머지 정성이라. 그러
> 나 전해오는 풍속이 죽은 뒤에 제사지내는 것을 살아 있을 때보다
> 갑절이나 존경함을 더하니, 어찌된 것인가.(「수수명실록」)

이처럼 의암은 재래의 제사 제도에 의문을 제기한다. 이어지는 의
암의 말씀.

> 성인의 가르침과 덕을 늘 생각하여 잊지 않으면, 성인의 마음과 신
> 의 밝음이 내 마음을 비치나니, 그 주고받는 것을 말할 적에 벽에 의
> 지하여 주는 것인가, 사람에게 의지하여 주는 것인가. 사람과 더불
> 어 주고받는 것이 황연히 의심이 없느니라. 이로써 보면 향아설위
> 가 어찌 옳지 않겠는가. 생각 넘 자로 말하면 사람이 서로 생각하는

것이니 생각하면 있는 것이요, 생각하지 않으면 없는 것이라.(『수수
명실록』)

위에서 언급한 어렸을 때의 의암의 일화, 집안 제사에도 제대로 참
여하지 못하게 하는 모순된 상황이 의암으로 하여금 '향아설위'라는
제사법을 적극적으로 수용하고 제도화하도록 했다. 향아설위는 재래
의 제사 의식의 모순된 상황에 대한 저항이라 볼 수도 있다. 사회적
모순에 순응하지 않고 저항하고 반항하는 가운데 새로운 제도가 정
립되었다고 할 수 있다.

"모든 변혁운동의 뿌리는 그 사회의 모순구조 속에 있다"

어느 언론은 청년학생들, 효녀연합의 행동을 반일(反日)집단 히스
테리로 몰아붙이고, '눈먼 민족주의', '옛 통진당 출신의 전문시위꾼
출신'으로 매도하면서, 한국정신대문제대책협의회(정대협)을 '지난 20
여 년 한일관계를 파멸 직전으로 몰아온 좌파단체'로 매도한다. 경찰
은 소녀상 앞에 모인 학생들을 소환한다. 1월 21일 자진출두한 8명의
대학생들에게 경찰은 그 배후를 캐물었을 것이다. 누구의 지시를 받
았으며 누가 배후인지, 어떤 지시 내지 지령을 받았는지 다그쳤을 것
이다. 효녀연합의 한 젊은이는 지난여름 경찰에 소환되었다 풀려난
후 이렇게 술회했다.

대통령 풍자 낙서를 그려도 잡혀가지 않는 세상이 되길 바라며 당당히 조사에 임했다. 예상했던 것처럼 조사관의 질문은 황당했다. … 지시를 받았냐고, 배후가 있냐고 묻지만, 배후가 있는 건 그들이 아닌가. 명령이 싫고 억압이 싫어서 하는 일인데, 어떤 지시를 받아 따르겠는가? 너무 답답하고 황당했다.

최근 작고한 신영복 선생이 20년간의 감옥살이를 하고 출옥한 지 얼마 지나지 않았을 때인 1990년 무렵이다. 어느 대담에서 질문자가 통일혁명당 조직이 계속되고 있다는 항간의 설이 있다며 신문에 가까운 질문을 한다. 선생은 이렇게 답했다.

모든 변혁운동의 뿌리는 그 사회의 모순구조 속에 있다.

멋진 답변이었다.

박근혜게이트와 건강한 시민사회의 회복

정상적인 사고로는 도저히 불가능한 일들이, 지난 여러 해 동안 버젓이 자행되어 온 사실이 백일하에 드러나고 있다. 이른바 '박근혜게이트'다. 중고생들은 대통령을 '최순실의 인형'이라고 조롱한다. 혹자는 꼭두각시의 한자말이 괴뢰인 점을 강조하며 박근혜정부를 '최순실의 괴뢰정부'라고도 한다. 박근혜게이트와 관련하여 외국 언론에 등장하는 주요 단어는 '샤머니즘(shamanism)'과 '사이비 종교집단(cult)'이다. 몇몇 외신보도를 옮겨보자.

- 최순실은 '꼭두각시를 조종한 비밀 조종사'였고 '막후 실력자'였다.
- 샤머니즘 종교집단이 연루된 스캔들이 한국 대통령을 위협하고 있다.
- 수만명의 시민이 거리로 나와 박근혜 대통령이 사이비종교 지도자의 딸이자 오랜 절친에게 중요 국정에 개입하도록 한 것에, 물러나라고 외쳤다.

· 정치적 위기의 중심에 있는 라스푸틴* 같은 인물(최순실-인용자 주)
이 서울로 돌아오면서 박근혜 대통령의 미래도 더 불확실해졌다.

이러한 보도들에 대해 박 대통령은 지난(2016) 10월 말 원로들과의
오찬 간담회에서 "제가 사교에 빠졌다고 하더라구요."라며 억울함을
나타내었다고 한다. 위에서 언급되는 '사이비종교'는 영세교이며 '사
이비종교의 지도자'는 최태민이다. 이번 사건을 계기로 영세교가 주
목을 받았고, '민족종교 천도교'가 덩달아 언론에 보도되기도 하였다.
이 글에서는 동학·천도교의 인내천 진리 등을 이용하여 영세교를
만든 최태민에 대해 알아보고, 종교와 사이비의 경계는 무엇인지를
천도교의 교리에 입각하여 살펴본다.

동학의 인내천 진리를 도용한 영세교

황해도 출신으로 일제강점기 때 순사였던 최태민(1918~1994)은
1970년대 초반까지 계룡산 일대에서 도 닦는, 소위 도사였고, 자칭

---

* 라스푸틴(Grigory E. Rasputin, 1872~1916)은 러시아의 수도승이자 예언가. 1911년 혈우병
으로 고생하던 황태자의 지병을 치료하여 알렉산드라 황후의 전폭적인 지지를 받는다. 극심
한 신경쇠약에 시달리던 황후가 라스푸틴 없이는 하루도 견디지 못하는 지경에까지 이르게
되자 라스푸틴은 이를 이용하여 니콜라이 2세를 사실상 허수아비로 만들며 폭정을 일삼았다.
1915년 4월, 니콜라이 2세가 수도 상트페테르부르크를 떠나 러시아군을 몸소 지휘하기 위해
전장에 나서면서 알렉산드라 여왕이 권력을 잡자 라스푸틴의 영향력은 정점에 달한다. 그러
다 1916년 12월 라스푸틴은 암살당한다. 이어 1917년 러시아 혁명으로 로마노프 왕조가 망
하면서 소비에트정권이 들어선다.

'칙사'였다. 그 무렵 계룡산 등지에는 최태민 같은 많은 이들이 몰려들어 '정감록'과 샤머니즘을 섞어 공부하면서 진인(眞人)이나 미륵 또는 정도령으로 불리는 구세주가 되기를 꿈꾸었다. 최태민은 불교, 기독교, 천도교를 혼합하여 교리를 만들고 포교를 시작한다. 당시 광고를 보고 찾아온 이들은 수십 명이었다. 신흥종교 교주도 있고, 무속 잡인들도 있었다. 최태민은 1973년 5월 13일자 《대전일보》에 광고를 낸다. '영세계에서 알리는 말씀'이란 광고를 싣고 예식장을 빌려 '영세계 원리'를 전하며 사람을 모았다. 신흥종교와 이단종교 연구가인 탁명환 소장의 증언을 정리해 보면 이렇다.

탁 소장은 《대전일보》에 실린 광고를 보고 대전 보문산 골짜기에 있던 감나무집(대전시 대사동 196)을 직접 찾아갔다. 탁 소장은 거기서 원자경(당시 최태민의 이름. 이때는 최태민이란 이름을 쓰지 않았다.)을 만났다. 원자경이 살던 감나무집의 벽에는 둥근 원이 색색으로 그려져 있었다. 원자경은 원을 응시하며 '나무자비조화불'이란 주문을 계속 외우면 만병통치는 물론이고 도통의 경지에 이른다고 주장한다.

당시의 광고 내용은 다음과 같다.

영세계 주인이신 조물주께서 보내신 칙사님이 이 고장에 오시어 수천 년간 이루지 못하며 바라고 바라던 불교에서의 깨침과 기독교에서의 성령강림, 천도교에서의 인내천, 이 모두를 조물주께서 주신 조화로서 즉각 실천시킨다 하오니 모두 참석하시와 칙사님의 조화

를 직접 보시라 합니다.(《대전일보》 1973년 5월 13일자 광고)

탁 소장은 원자경이 무당을 상대하는 광경을 보고 '한 가지 특이한
일'이라며 이렇게 기록했다. "잡신을 섬기는 무당이 원 교주 앞에서는
꼼짝도 못하고 벌벌 긴다는 사실이다. 처음 만난 무당도 그에게 절을
하고, 그의 치료를 받으면 신기(神氣)가 떨어져 무당업을 폐업하고야
만다는 사실이다." 최태민은 일종의 '큰무당'이었다.

큰무당에 대한 이야기는 동학의 주문 수련을 조금 해 본 사람들은
다 안다. 월산 김승복 선생도 자신의 체험담을 이야기하며 최태민과
비슷한 사례를 종종 이야기했고, 천도교 주문을 제대로 왼 사람에게
는 무당의 점괘 같은 것이 제대로 먹히지 않았고 하였다. 그러나 최태
민을 따르는 신자는 많지 않았다. 다만 최태민에게 당대의 '귀인' 하나
가 먹잇감이 된다.

서울로 올라온 최태민은 육영수 여사가 사망한 뒤 박근혜에게 육
여사를 꿈에서 만났다는 내용의 편지를 보낸 것을 계기로 신임을 얻
게 된다. 박근혜는 최태민을 청와대로 불러들였고, 최태민은 육영수
여사를 빙의해 '최태민을 따라야 한다. 널 도와줄 것이다.'라고 말하
자 순간적으로 박근혜는 기절까지 했다고 한다. 이후 최태민은 대한
구국선교단 등을 맡으며 승승장구한다.

박정희 대통령 사후 1980년 신군부가 등장하자 최태민은 자숙을
요구받았지만 한때뿐 교회(예장계통), 신학교, 근화봉사단, 근화교회

등을 세우고 박근혜도 예배를 드리곤 했다고 한다. 1990년대 초부터 최태민은 '우리나라도 여성 대통령이 나올 때가 됐다.'고 하며 우리나라 최초의 여성대통령을 목표로 박근혜의 정치입문을 도왔다고도 한다.(《연합뉴스》 2016.11.1 /《국민일보》 2016.11.3 등)

사이비란?

최태민을 잘 아는 어느 목사는 "최태민은 목사가 아니라 주술가였고, 영과 통하는 사람이었다."고 증언한다. 5공 신군부 실세의 한 사람이었던 허화평은 최근 어느 인터뷰에서 최태민과 박근혜의 관계를 이렇게 규정했다.

> 그거는 남녀 관계라기보다 권력관계로 봤다고. 정신적 포로죠. 최태민의 사기성 있는 주술의 덫에 걸려 포로가 된 거죠. 최태민의 감언이설에 넘어간 것은 본인의 권력의지가 있어서 그랬다. 최태민이 생에 가장 성공적인 사기를 친 거죠.(TV조선, 2016.11.3)

샤마니즘, 즉 무속에는 무당의 신내림도 있고, 신병(神病)도 있고, 최태민처럼 죽은 사람의 영(靈)에 빙의하여 죽은 이의 목소리를 내거나 미래를 예언한다거나 하는 일들도 있다. 사기 치는 것이 가능하려면 영매(靈媒)의 기질을 타고난 사람에게 휘둘리는 사람이 있어야 한다. 다시 말해 두 손이 마주쳐야 손뼉 소리가 난다. 어떤 사람이 사기

꾼에 휘둘리는가. 불안하고 스스로 불행하다고 생각하며 죽은 사람의 영(靈)과 만나고 싶다는 헛된 욕심을 가졌거나 현실에서 문제를 해결하기보다는 정신적·신비적인 것에서 해답을 찾으려 하는 이들이다. 대전에서 서울로 올라올 때 무일푼이나 다름없는 최태민 일가가 부정축재한 과정은 앞으로 밝혀지겠지만 그건 문제의 본질이 아니다. 지금에야 최태민의 영세교를 믿는 사람도 없고 따르는 사람도 없지만, 그는 계룡산에서 이룬 자그마한 술수로 당대 최고의 '귀인'을 먹잇감으로 삼아 자신의 돈벌이와 권력을 최대한으로 추구하였다. 이것이 사이비다.

도고마성(道高魔盛)!

최태민이 부린 술수보다 고차원의 경지에 오른 천도교의 수행자들이 많다. 일주일 동안의 주문수련만으로도 강령도 되고, 강화도 받고 영부도 받는다. 웬만한 잔병은 수도원에 들어서는 순간 떨어지기도 하고 불치의 병을 고치기도 하고, 대강령이 되어 한울님과 대화를 하기도 한다. 글쓴이 역시 한때 경주 용담수도원이며 가평 화악산수도원에서 동학의 주문수련에 몰두한 적이 있다. 나름대로는 주문을 왼다고 외어 보았다. 간접으로도 직접으로도 여러 가지를 경험하였다. 이런 이야기를 하자면 며칠 밤을 새워서 떠들 수도 있겠다. 그렇지만 아무것도 아니다. 도고마성(道高魔盛), 도가 높아질수록 삿된 것 역시 끼어들기 마련이란 말이다. 동학·천도교의 주문 수행자들은 이렇게 경계하였다.

'이내 몸 발천되면 한울님이 주실런가' 하셨다. 영적이다. 이적은 무당교에서나 하는 것이니 못 쓴다. 강령은 시천주라는 체험만 하는 것이지 대강령 강화 받겠다는 생각은 금물이라. 고랑만 잘 치면 참게, 가재, 미꾸라지 등을 잡을 수 있는 것과 같이 수도만 열심히 하면 원하는 대로 한울님이 감응하신다.(신용구,『글로 어찌 기록하며』, 신인간사, 2001)

바른 것을 구하면 바른 것으로 보이고, 삿된 것을 구하면 삿된 것으로 보이고, 선을 구하면 선으로써 보이고, 악을 구하면 악으로 보인다. 바른 마음으로 수도해야 한다.(김승복,『천재하방: 한울은 어디에 있는가』, 모시는사람들, 2009)

수도 과정에서 나타나는 영적이나 이적이 별게 아니라는 것이다. 집착하면 사이비에 빠진다. 수운 선생만큼 크게 영통하신 분도 없다. 『동경대전』,『용담유사』전체가 한울님과 수운 선생의 대화, 즉 천사문답(天師問答)으로 가득하다. 동경대전과 용담유사는 영적인 측면, 종교적인 체험이라는 면에서는 유례가 없는 글이다.

우상화와 권력과 부의 추구
수운 선생은 득도 후 많은 영적을 보였다. 이를 보고 많은 사람들이 몰려들었다. 진리를 체득하겠다는 사람도 많았지만 삿된 것을 추구하는 사람도 많았다. 수운을 숭배하고 우러러보며 신비화하고 절대시하고 우상화하려 든다. 수운 선생은 이를 단호히 거절하시며 한마디 하신다.

> 해음 없는 이것들아 날로 믿고 그러하냐 나는 도시 믿지 말고 한울님을 믿었어라. 네 몸에 모셨으니 사근취원 하단말가.(『용담유사』「교훈가」)

사이비를 판단하는 기준의 하나는 어떤 종단 또는 교단이 창시자나 교주를 신성불가침으로 보고 절대시하고 우상화하는 정도이다. 물론 깨달아 가르친 이를 높이고 받드는 것은 당연한 것이라, 사이비와 정상적인 믿음의 경계는 때로는 분명하지 않은 경우도 있다.

그러나 사이비를 판단하는 다른 하나의 기준, 즉 어느 교단이 돈과 지상의 권력을 추구한다면 그것은 영락없이 사이비라 보면 된다. 사교나 사이비는 하나같이 교주를 우상화하고 절대시하고 지상에서의 돈과 권력을 보장한다고 말하는 경우가 대부분이다. 무속과 결합한 기독교 계통의 교단 중에는 겉은 기독교 간판이지만 실제로는 사이비인 경우도 있다. 영세교의 행적도 전형적 사이비 그것이다.

수운의 경우 숱한 영적을 내었고 따르는 이도 많았다. 수운은 계해년(1863) 새해를 영덕에서 지내며 접 조직을 완성하면서 동학의 조직을 체계화한 후, 봄이 되자 다시 용담으로 돌아온다. 자신의 목숨을 노리는 조선왕조의 포악함을 수운은 당연히 알고 있었다. 죽음을 각오한 행보였다. 그러나 도가 당신에게서 나왔으므로 스스로 당하겠다며 경주 용담으로 다시 돌아온다. 그러다 체포되고 순도하셨다. 사이비라면 그렇게 하지 않았을 것이다. 요리조리 지목을 피해 다녔을 것이다. 사방에 뿌려 놓은 조직을 찾아다니며 목숨을 연명하고 숱한 화제를 뿌렸을 것이다. 그러나 그랬으면 오늘날 우리가 아는 동학은 없었을 것이다. 수운은 구차하게 목숨을 부지하며 지상의 권력이나 부와 타협하지 않았다.

절대화 · 신비화 · 우상화와 관련하여 한마디 덧붙인다. 북한의 경우 숱한 김일성-정일 부자의 동상이 세워져 있다. 우상화의 전형이다. 북의 정치체계를 종교적인 측면에서 해석하여 사교 집단으로 치부하는 사람도 있다. 틀린 이야기가 아니다. '솔방울로 수류탄을 만들었다든가, 축지법을 쓴다든가, 가랑잎을 타고 강을 건넜다.'고 하는 웃지 못할 신화가 책에도 실린다는 것은 정상이 아니다.

남한이라고 별다르지 않다. 박정희 대통령 우상화가 그렇다. 박정희 동상을 광화문에 세우자는 사람도 있고, 구미시는 박정희의 신비한 탄생설화를 시 홈페이지에 올렸다가 최근 박근혜게이트 국면에 슬그머니 삭제했다고 한다. 북에는 김일성 부자의 동상이 수없이 많을 게다. 남쪽의 박정희 동상은 몇 개 안 된다. 적다고 그냥 넘어갈 게 아니다. 옛말에도 있다. "작은 선이라 해서 행하지 않으면 안 되며, 작은 악이라 해서 행해서는 안 된다." 구미시에 박정희 대통령의 동상이 세워질 때 박근혜가 참석하여 웃는 사진을 본 적이 있다. 정상적인 정치 지도자였다면 우상화하지 말라고 말렸을 것이다. 그랬으면 좋았을 것이다. 그러나 그러지 않았다. 최태민이 박근혜에게 남긴 어두운 정신적 유산의 하나일 수 있다고 판단된다.

건강한 시민사회의 회복이 답이다

21세기 대명천지에 해괴한 일들이 일어나는 것을 보면서 우리는 스스로를 되돌아보아야 한다. 박근혜게이트의 핵심은 사이비종교의 문제가 아니다. 고장난 우리 사회의 시스템이 문제다. 알고도 모르는 척 넘어가는 공무원들, 정치인들, 권력자들, 감시하고 견제할 기능을 포기한 언론 문제도 심각하다. 어느 분은 이렇게 진단한다; "정말 역설적인 상황이지만, 손석희라는 종편 사장 한 사람이 우리 사회를 정상화하는 데 얼마나 큰 기여를 하고 있는가. 믿음직한 한 사람의 역할을 보더라도, 우리가 나아갈 길은 명확하다. 건강한 시민사회의 회복, 이것이 답이다."(페이스북, 백승종)

할 말은 하자, 바른 말 하자는 것일 게다. 의암 선생은 이렇게 표현하였다.

> 말이 반드시 바르면 세상도 또한 바를 것이요, 말이 반드시 바르면 나라도 또한 바를 것이다.(『의암성사법설』「무체법경」〈극락설〉)

별빛이 길을 밝혀주던 시대는 얼마나 행복했던가

수운은 「권학가」, '동학을 권하는 노래'에서 이렇게 읊었다.

전라도 은적암에 환세차로 소일하니 무정한 이 세월에 놀고 보고
먹고 보세.(『용담유사』「권학가」)

권학가는 수운 선생이 봄을 기다리며 읊으신 노래다. 경주 관아의
지목을 피하여 전라도 남원 땅 은적암에서 겨울 한철을 '소일'하며 노
래하신 것이다. 소일이란 표현은 수운의 것이지만 마냥 헛되이 시간
을 보낸 것은 아니다. 동학 최초의 역사서 『도원기서』에는 남원에서의
수운의 행적을 이렇게 기록하고 있다.(『도원기서』의 내용을 필자가 의역)

남원의 마을 됨됨이와 산수(山水)의 아름다움, 이곳에서 살아가는
사람들의 순박하고 인정이 두터운 것을 두루 구경한 후 경치가 뛰
어난 땅임을 알고, '시를 짓는 사람과 정의롭고 용감한 사람들이 많
아 크게 잘 되지 않을 수 없다.'고 말하였다.
대지팡이와 짚신의 나그네 차림으로 마을과 마을에 찾아들고 고을

과 고을을 두루 보고 다니다가 은적암에 이르니, 때는 섣달그믐이
라. 마침내 해는 저물고, 절의 종소리는 때맞추어 들려오고, 뭇 스
님들이 모여 경을 외우며 뜻을 기원하는 불공 드리는 모습을 보니,
묵은해(신유년, 1861)를 보내고 새해(임술년, 1862)를 맞는 감회와 고
향 생각을 금할 수 없었다.

밤이 깊어 외로이 등불을 밝히고, 베개를 높이 베고 누워 이런저런
생각을 하고, 이리저리 뒤척거리며 어진 친구들을 생각하고 또 아
내와 자식을 생각하다가 한밤을 지새웠다.

수운, 짚신 신고 지팡이 들고 길을 나서다

수운은 남원 인근을 순회하며 민심과 풍속을 살피며 숱한 포덕을
하였다. 그리고 전주까지 행차하여 동학을 알렸다.

신유년(1861), 제자 최중희를 거느리고 남원에서 전주에 오시어 포
교를 하셨다.(『천도교전주종리원연혁』)

전라도 남원 땅은 갓 피어난 동학을 영글게 한 곳이다. 이슬람교에
빗대면 메디나에 해당하는 곳이다. 이슬람력의 '원년'은 서기 622년
이다. 이 해는 마호메트가 태어난 해도 아니고, 예언의 계시가 시작된
해(610)도 아니다. 이슬람력의 원년인 622년은 마호메트가 메카에서
메디나로 이주한 해이다. 이슬람에서는 마호메트가 메카에서 탈출하

여 메디나로 이주한 것을 '성천(聖遷)', 즉 성스러운 이주로 기린다. 메디나로 이주하여 마호메트는 정치권력을 장악하고 이슬람 통치를 실현함으로써, 630년 메카를 재탈환할 수 있는 동력을 얻는다. 해서 이슬람에서는 계시를 받은 때도 아니고 메카를 재탈환한 해도 아닌 성천의 해인 622년을 더 높이 친다.

동학에서 전라도 땅 남원은 그런 곳이다. 남원은 메디나에 해당된다 할 것이다. 경주에서 남원까지 세찬 바람 불고 때로 눈발 흩날리는 그 길을 수운은 짚신 신고 지팡이 하나 들고 걸었다.

> 호호망망 넓은천지 청려를 벗을 삼아… 동지섣달 설한풍에 촌촌전진 하다가서 일소일파 하여보세.(『용담유사』「권학가」)

청려, 명아주로 만든 지팡이다. 명아주라는 풀로 만든 청려는 단단하면서 부드럽고 가볍지만, 제대로 만들려면 여러 번 사람 손을 타야 한다. 멀고 어려운 길을 가는 만큼 단단히 준비를 하셨을 것이다. 경주에서 남원까지, 지금이야 반나절이면 당도하지만 걸어서 가는, 그것도 한겨울에 정처 없이 걷는 그 길은 고행의 길이었다. 수운의 그 길을 그대로 따라 걷고 싶다.

수운 선생이 순도의 장으로 나아가신 영남대로의 그 길도 언젠가 때맞추어 걷고 싶다. 수운이 경주에서 남원으로 걸어간 길, 피체되어 경주에서 대구, 대구에서 과천으로 다시 과천에서 대구로 끌려 다니

신 형극의 길. 하나같이 엄동설한의 겨울이었다. 동학은 길에서 단단해졌고 무르익었고 여물어졌다. 한겨울 북풍한설의 노상에서 동학은 성숙해졌다. 그리고 수운은 봄을 기다리며 노래하셨다.

어진 사람 만나거든 시운시변 의논하고 백년 신세 말하거든 이 글 주고 결의해서 붕우유신 하여 보세.(『용담유사』「권학가」)

불사약, 영혼의 불꽃

한 시대를 풍미한 루카치는 이렇게 말했다.

별이 빛나는 창공을 보고, 갈 수가 있고 또 가야만 하는 길의 지도를 읽을 수 있던 시대는 얼마나 행복했던가? 그리고 별빛이 그 길을 훤히 밝혀 주던 시대는 얼마나 행복했던가. 이런 시대에서 모든 것은 새로우면서 친숙하며, 또 모험으로 가득 차 있으면서도 결국은 자신의 소유로 되는 것이다. 그리고 세계는 무한히 광대하지만 마치 자기 집에 있는 것처럼 아늑한데, 왜냐하면 영혼 속에서 타오르고 있는 불꽃은 별들이 발하고 있는 빛과 본질적으로 동일하기 때문이다.(루카치, 『소설의 이론』, 문예출판사, 2007, 머리말 중에서)

수운도 별이 환히 빛나는 어둔 길을 걸었지만 가슴은 희망으로 가득했다. 수운이 걸으며 보았던 밤하늘의 그 별은 눈에 보이는 별만은 아니었을 터이다. 루카치는 영혼의 그 불꽃은 별빛과 꼭 같다 했지만, 수운이 지녔던 가슴속 그 불꽃은 저 하늘의 별빛보다 훨씬 더 밝았을 터이다.

수운이 길을 가며 보았을 시린 하늘의 별은 수운의 가슴속에, 영혼 속에 타오르는 불꽃이었다. 수운은 이를 흉장불사지약(胸藏不死之藥), 가슴에 불사약을 지녔다고 하였다. 세간의 분요한 것을 파탈하고 가슴속에 맺혔던 것을 풀어 버리자 비로소 수운의 가슴속에는 새로운 영혼이, 불꽃이, 불사약이 깃들었다. 영혼의 불꽃이 이끄는 그 길을 수운은 담담히 걸어갔다.

주역의 괘로 동학의 길을 묻다

지난해 연말 진주에서 특별한 동학 공부 모임이 있었다. 주제는 동학과 주역.

"동학이 남북을 평화롭게 하는 데 무엇을 기여할 것이며, 극단적 대립이 없는 무극대도를 회복하기 위해, 동학 천도의 정명(正名), 즉 천도교라는 이름을 부담스러워하는 현실을 어떻게 극복할 수 있을 것인지? 하늘의 지혜를 구합니다."

이런 기원을 담아 공부모임에 참가한 여섯 분이 차례로 동전을 던져 괘를 만들어 길을 물었다. 주역의 19번 괘, 지택 림 괘를 받았다.

'동학의 생각과 역사는 세상을 지도할 만한 충분한 역량이 있다! 그러나 낮은 곳으로 임하라. 지도하되 군림하지 말라!'

공부 모임을 이끈 김재형 선생은 지택 림 괘를 이렇게 풀었다.

영웅적 투쟁을 통해 과거의 모순을 극복하고 새 길을 여는 지도자
가 있다. 그러나 누군가를 이끄는 것은 결코 쉬운 일이 아니다. 지
배하고 군림해서 길을 여는 이들의 시대가 오래가지 않는다. 지도
자가 되기 위해서는 현장을 알아야 한다. 문제가 일어나는 현장으
로 내려가서 같이 고통을 겪고, 슬픔과 기쁨을 나누는 경험이 지도
자가 되기 위한 기초 조건이다.

그러나 현장은 현장일 뿐 현장의 전문가가 전체를 볼 수 있는 것은
아니다. 전체를 보기 위해서는 경험과 함께 현장의 경험을 재해석
하고 향상시켜 앞으로 나아갈 길을 찾아내야 한다. 길을 찾지 못하
고 함께하는 이들과 어울리는 데 열중해 좋은 게 좋은 거라는 생각
은 위험하다. 실력이 없으면 현실에 안주하고자 하는 달콤한 유혹
이 따라온다. 현장을 이해하는 지도자가 전체를 아우르는 지혜의
눈과 힘을 동시에 가질 때, 이것을 지림(知臨)이라고 한다.

지혜와 사랑의 눈이 있어야 순명하고 삶의 선물을 볼 수 있고 활용
할 수 있다. 그가 그렇게 할 수 있었던 이유는 그가 가진 삶의 목표
가 군림하는 것이 아니라 자기를 성찰하고 성숙하는 데 있었기 때
문이다.*

---

* 김재형, 『시로 읽는 주역』, 내일을 여는 책, 2016. 최근 김재형은 이런 안목으로 「해월신사법

"두 사람의 마음이 같으면 그 예리함은 쇠를 끊는다"

이튿날 공부는 진주 원동수덕실에서 계속되었다. 각자의 염원을 담아 괘를 만들었고 '하늘의 지혜'를 구하였다. 수암 김희수는 '도의의 정치가 어떻게 실현될 것인지'를 염원하며 하늘의 지혜를 구하였다. 64번 괘, 화수 미제 괘가 뽑혔다. 큰 강을 건너는 것이 이롭다! 한 사람이 마무리할 수 없는, 사람과 사람이 이어져 이루어야 할 큰 사업이다. 미제 괘는 화수(火水), 즉 물 위에 불이 있는 괘이다. 이것은 동학을 상징하는 괘의 하나다.

수운이 해월에게 남긴 유시, 등명수상무혐극(燈明水上無嫌隙) 주사고형역유여(柱似枯形力有餘)! 물 위에 등불이 있는 형상은 바로 화수 미제 괘 그것이다. 물 위의 등불과 물 사이에는 틈이 없다. 의심할 틈이 없다. 상호간의 신뢰! 이것만이 큰 강을 건너게 하는 힘이며, 사람과 사람이 이어져 이루어야 하는 큰 사업을 완성하는 유일무이한 길이다!

작가 황석영은 동학을 형상화한 소설 『여울물소리』에서 이 유시를 "등불이 물 위에 빛나니 온 세상을 밝힐 것이요, 기둥이 제법 말랐으니 떠받치는 힘 넉넉하리라"고 해석하고, 화수 미제 괘를 이렇게 풀었다.

설」을 풀이한 『동학의 천지마음』(모시는사람들, 2018)이라는 책을 출간했다.

불이 물 위에 있으니 이는 주역 64괘의 마지막 끝자리인 화수미제 형상이다. 주역은 순환과 변화의 것이라서 불이 위에 물이 아래, 하늘이 위에 땅이 아래면 자연에서처럼 정위치가 아니라 통하지 않고 움직이지 않으며 막히고 멈춰 있는 것이다. 그리하여 하늘과 땅도 천지부가 아니라 지천태로 소통되어야 한다. 바로 앞의 육십삼 괘인 수화기제가 이미 이루어진 완성을 뜻하듯이 화수미제는 아직 이루어지지 않았음을 의미한다. 그러나 옛 성인이 이 괘를 모든 것의 마지막 자리에 놓은 것은 우주의 무궁한 순환을 가르치려는 것이며 이는 미완으로 아직 끝나지 않았다는 뜻이다. 이제부터 새로운 시작이니 온 세상이 밝아질 것이라는 가르침이다. 대신사께서 천도를 세상에 밝히는 일은 나의 죽음으로 완성되는 것이요, 이제부터 새로운 시작으로 세상을 열어가는 일은 그대들의 몫이다 하는 유언이다.(황석영, 『여울물소리』, 창비, 2014)

고운당 임우남은 자신의 당면한 과제를 고민하는 괘를 뽑았다. 13번 천화 동인 괘다. 공자가 풀이하는 동인 괘의 해설은 황홀할 만큼 아름답다. 그러나 새로운 공동체를 만드는 일의 지난함을 알리는 것이기도 하였다.

두 사람의 마음이 같으면 그 예리함은 쇠를 끊고, 마음이 같은 말은 그 향기가 난초와 같다.

二人同心其利斷金 同人之言其臭如蘭

성암 정갑선은 58번 중택 태 괘를 뽑았다. 연못이 겹쳐 있는 형상이다. 이어진 연못에 물이 들어오면 두 연못이 평평해지듯이, 새로운 것을 배우면 서로 가르쳐 함께 성장하는 기쁨을 누린다. 함께하는 가운데 참된 기쁨이 있다. 기뻐하되 탐닉하지 말라. 나의 기쁨을 탐닉하기보다 다른 사람을 기쁘게 하라. 다른 사람과 기쁨을 나누라. 이어진 연못에서는 한쪽 연못으로 물이 들어와도, 바로 이어진 다른 연못과 평평해지듯이. 참된 기쁨은 나누는 데 있으니 독점하지 말라는 가르침이기도 하였다.

"개 공화국이냐? 사람 복지부터 챙겨라"

점을 치는 것도 길을 찾는 한 방법이다. 어떤 점쟁이는 고객이 방문을 들어서는 순간, 오른발이 먼저인지 왼발이 먼저인지를 보고도 그 사람의 운세를 벌써 짐작한다고 한다. 오른발을 먼저 들이든 왼발을 먼저 들이든 이는 우연이다. 이런 우연 속에서 보이지 않는 필연의 이치를 파악할 정도는 되어야 용하다는 말을 듣는다. 그러나 한 발짝 더 나아가면 나락으로 떨어진다.

한번 용하다는 이야기가 돌면 그 점쟁이에게 사람들이 몰린다. 살아생전의 전생과 다가오는 가까운 장래의 화복은 물론이고, 죽은 뒤의 내세까지 말하여 주면 사람들은 혹한다. 이런 것은 길을 찾는 것, 진리를 찾는 것과는 거리가 멀다. 심력을 허비하는 것이며 허무하기 짝이 없는 일이다. 하여 의암 선생은 허무한 세 가지, 즉 생령이 있기 이전의 일을 깊이 연구하는 것, 다가오는 미래의 화복을 생각하고 연구하는 것, 죽은 뒤의 일을 깊이 연구하는 것은 허무한 것이라 단언하고 배척하였다(『의암성사법설』「명리전」〈척언허무장〉).

주문공부 등의 수행이나 수련도 길을 찾는 한 방법이다. 수련은 사회적 사상이나 특정 이념과도 관련이 없다. 동학하는 사람은 '시천주'

주문으로 수련할 뿐이다. 주문수련을 통해 우리 몸에 나타나는 변화를 느끼고 강령·강화 등의 현상을 체득하면서 작은 우주라고 할 우리 몸의 '기화'의 법칙을 배워 나가는 것이다. 수련은 사실 종교적이라기보다는 과학인 셈이다.

몸과 마음에 대한 과학과 이론을 실천하는 것이 수련이니, 수련을 통해 우리는 우리가 걷는 길을 확신하고 걸어갈 뿐이다. 새벽마다 동학의 주문공부를 과제로 하는 카톡방이 지난 3월 말 천일을 넘겼다. 천일기도를 한 번 마친 것이다. 장정갑 도훈은 이렇게 소감을 밝혔다.

> 이 방에 접속하시는 모든 분들 모시고 안녕하십니까. '방정환어린이집' 관계로 이 방에 참여하면서 그동안 새벽기도를 지켜보았습니다. 어디까지 갈까? 반도이폐하는 건 아닌가? 매일 새벽 기도를 함께 하면서도 한 소쿠리 보태는 마음으로 오늘 새벽까지 왔습니다. 이끌어 주시고 지켜 주시고 함께하신 모든 분께 감사드립니다. 어떤 동덕분이 최근 탄핵결정일이 왜 대신사님 순도일이었을까? 왜 조사는 21시간일까? 침몰된 배를 3년 만에 인양하면서 왜 13미터를 올려야 할까? 천운이 순환하는 기운을 느낀다고 조심스럽게 말씀하시는 분이 있습니다. 천년은 아니지만 천일은 천운과 연결된다고 생각합니다. 이런 때에 더욱 다시개벽 하는 마음으로 새 출발 하는 것도 의미가 깊다고 생각합니다.

21, 3, 13 이런 숫자는 동학과 밀접한 관계가 있지만 우연이다. 차가운 바닷물 속에 잠겨 천일이 지난 뒤에 세월호가 인양됐다. 탄핵이 이루어지자 바로 인양되었다. 우연이다. 이런 우연을 우리는 묘한 운수, 천운과 연결시키기도 한다. 우연 속에서 필연의 무엇을 느끼며, 우리가 걷는 이 길이 바른 길임을 확인하고 확신하고자 하는 것은 인지상정이다.

"우리는 아직 배가 고프다"

올해 초(2017.1.10~1.11)에 전북 고창에서는 동학농민혁명단체협의회(이하 동단협) 워크숍이 열렸다. 동단협은 지난해 충청·호남·영남 지역에서 있는 이십여 개 동학 관련 단체가 모여 앞으로 동학 관련 사업을 제대로 해 보자고 결성한 단체다. 새해를 맞아 올해는 어떤 방향으로 사업을 전개할 것인지, 어떤 일을 해야 할 것인지를 논의하기 위해서 워크숍을 열었다. 동단협이 걸어야 할 길이 어떤 것인지를 함께 고민하는 자리였다.

동단협의 사무국장은 언제 어디로 몇 시까지 오라는 것 외에는 사전에 무엇을 준비해 오라는 말도 없었다. 그래도 올해의 사업계획이라도 미리 준비해서 참가자들에 나누어 주어야 하는 것 아니냐고 하니, 퍼실리테이션 기법으로 외부 강사를 초빙하여 모임을 진행한다고 했다.

'퍼실리테이션(Facilitation)'? 사전에서 찾아보았다. '일을 쉽게 하도록 도와주다' 라는 뜻이었다. 회의나 교육 등에서 참석자들이 좀 더 쉽게 소통할 수 있도록 도와주는 것, 서로 다른 생각을 가진 참석자들이 다양한 관점을 공유하고 논의하는 과정이 쉽게 이루어질 수 있도록 도와주는 것이라고 했다. 퍼실리테이션에 대한 조금 전문적인 해설도 있었다. 대충 이런 내용이었다.

> 인간은 본인이 경험한 것만 보고 상황을 판단한다. 퍼실리테이션은 이러한 한계를 벗어나 합리적 대안을 찾기 위한 회의를 하도록 도와준다. 합리적 대안을 찾기 위해서는 소통이 있어야 한다. 소통을 통해 대안을 찾아내자는 것이다. 퍼실리테이션은 회의에 참여하는 사람들에 의견을 구하는 다양한 방법을 제시한다. 퍼실리테이션 기법을 통해 회의에 참여한 사람들이 의견이 동등함을 인식하고 의견을 제시하도록 돕는다. 회의에 참여한 모든 참여자가 동의하는 결론을 내도록 돕는다.*

외부강사는 숙달된 방법으로 20여 명의 참가자들을 두 개조로 나누고 모임의 진행 방법을 설명했다. 어딘가 익숙한 진행 방법이었다. 퍼실리테이션이란 용어는 몰랐어도 이런 방법으로 모임을 여러 차례 해 보았던 것이다. 참가자들을 '천지인', '개벽' 두 팀으로 나누었고, 먼

---

* http://cafe.daum.net/secwc/Zt2Z/394

저 자기소개부터 했다. 그리고 동단협의 장단점, 해야 할 일 등에 대한 의견을 모아 각 팀별로 발표하고 전체적으로 통합하여 정리하였다.

우선 동단협에 모인 구성원들의 나이가 너무 많다는 것이 지적되었다. 둘러보니 40~60대가 대부분이었다. 모임을 시작한 지 반년도 채 되지 않았는데 조직 구성원이 노쇠하다는 것은 되돌아볼 일이었다. 청년 모임의 필요성이 제기되었지만, 이 역시 쉬운 일이 아님을 여러 분들이 이구동성으로 하소연했다.

우리 사회에서 가장 필요한 가치의 하나는 평등이라는 의견도 대두했다. 이는 그만큼 우리 사회의 불평등이 심각하다는 것을 반증하는 것이다. 무엇보다 이십여 명이 각기 다른 지역에서 모였고 사전에 별다른 논의가 없음에도 비슷한 결론이 나왔다는 것에 나는 내심 놀랐다. 동학 창도로부터 159년, 동학혁명으로부터 124년이 지났건만 여전히 배가 고프다는 아우성이었다.

평등이라는 가치를 지향하며 동학은 시작되었다. 동학이 시작된 지 158년, 그 지향해야 할 바는 전혀 변하지 않았다고 느꼈다. 평등이란 가치는 동학이 걸어야 할 길을 밝혀줄 불빛이라고 느꼈다. 그만큼 우리 사회의 불평등이 심각하다는 것을 동단협 모임을 통해 새삼 느꼈다. 이 글에서 퍼실리테이션 기법으로 진행된 동단협 워크숍 내용을 더 이상 언급하지는 않겠지만, 우리 사회의 심각한 불평등에 대해서는 잠시 더 언급해 본다.

동물 복지와 경물(敬物)

어느 대선 후보가 반려동물도 행복해야 된다며 동물 복지를 공약으로 내세웠다. 천만 명 이상으로 추정되는 반려동물 보유 유권자를 의식한 선거공약이었다. 필요한 공약일 것이다. 다만 평등이라는 관점, 우리 사회의 심각한 불평등한 현상을 손보는 것이 먼저라는 전제가 없다면 단순히 표를 얻기 위한 공약에 불과하다. 지난해(2016) 5월 개원한 20대 국회에서 10건이 넘는 동물보호법이 발의되었고, 어느 국회의원이 동물 관련 영업을 허가제로 하자는 내용으로 동물보호법을 개정하자고 주장하자 수천 건의 찬반 의견이 제기되었다고 한다. 반대의견으로 "개보다 사람이 먼저다.", "개 공화국이냐? 사람 복지부터 챙겨라." 등의 의견도 있었다.

동물 복지 문제가 나왔으니 한마디 언급하지 않을 수 없다. 한국에서 동물 복지에 대한 관심을 최초로 나타낸 것은 천도교였다. 야뢰 이돈화는 1924년 『신인철학』에서 해월신사의 경물사상을 설명하며 '동물학대의 폐지와 경물'이라는 별도의 항목에서 아래와 같이 언급하였다.

동물도 자연 중의 일부이다. 그러므로 우리가 그를 이용하며 또는 식료로 삼는다. 이것은 이천식천(以天食天)의 원리에 어쩔 수 없는 일이다. 그러나 우리가 동물을 잡아먹는다 하여 동물을 사용할 때 학대하며 참살하는 것과 같은 것은 도저히 용서할 수 없는 도덕률이다. 동물학대 폐지는 다만 경물의 원리에만 적당한 것이 아니요 인간성의 향상과 순화로 보아도 지극히 당연한 일이니 사람은 동물을 경애함으로써 인간성의 미덕을 조성시킬 수 있고 사회의 인도(人道)와 풍교를 향상시킬 수 있다.(『신인철학』, 1924, 205쪽)

야뢰의 이러한 생각은 유럽에서 비롯한 것이었다. 19세기 독일에서는 동물의 생체 해부와 도살을 두고 어떻게 동물을 보호할 것인가에 대해 관심이 모아졌고, 1927년에 독일의회는 동물의 생체 해부와 도살 등의 잔인한 행동에 대해 반대했다.

역설적이지만 동물학대 반대에 앞장선 것은 히틀러의 나치당이었다. 1933년 4월, 나치당이 권력을 차지하기 직전, 나치당은 동물보호에 대한 법률을 통과시키고, 생체 해부 전면 금지법을 제정하기도 했다. 동물보호에는 선진적이었지만 수백만의 유대인을 학살한 것을 보면 나치에게 유대인은 동물보다 못한 존재였다.

법률을 핑계로 꿈적도 않던 인권위도 움직이다

동물 복지가 중요하다면 사람 복지도 중요하다. 너무 당연한 것 아닌가. 이번 봄, 대선을 계기로 그동안 쌓인 적폐를 해결하자는 숱한 목소리가 터져 나올 것이다. 남북분단과 이에 따른 폐해는 70년도 더 묵은 적폐로 청산 대상 1호이다. 심각한 우리 사회의 불평등 현상을 시정하자는 각계각층의 요구도 봇물 터지듯 쏟아질 것이다.

벌써 조짐이 보이고 있다. 지난 4월 1일 방영된 예능 프로그램 〈무한도전〉의 '국민의원' 특집이 시청률 대박을 내었다. '칼퇴근법', '아르바이트 근로 보호법', '청소노동자 쉼터 설치법' 등이 주제였다. 이날 방송에는 국민의원 200명과 국회의원 5명, 〈무한도전〉 멤버들이 함께 출연했다. 방송 이후 〈무한도전〉 공식 페이스북에 올라온 해당 방송 동영상 게시물은 4월 2일 오전 10시 현재까지 '좋아요' 4만여 건, 댓글 3,000여 건이 달렸다고 한다. 양질의 일자리 확충, 열악한 노동환경 개선이 시민들이 생각하는 우리 사회의 과제임을 보여주었다.

세월호가 지상으로 올라오자 그동안 법률을 핑계로 꿈쩍도 않던 인권위는 세월호 참사 당시 학생들을 구조하다 숨진 기간제 교사들의 순직을 인정하는 쪽으로 법을 개정하라고 정부와 국회에 의견을 밝혔다고 한다. 차별과 불평등을 시정하라며 인권위가 움직인 것이다. 탄핵되자 세월호가 인양되고, 세월호가 인양되자 인권위가 '개과천선'하는 우연과 기적이 발생하는 것은 천만 촛불의 힘일 터이다. 천만 촛불이 걷는 길이 동학이 걸어야 할 길이기도 할 터이다.

"지금 이대로는 안 된다!", 다시개벽이 필요한 때

지난(2017) 5월 10일, 청주에서 열린 동학학회 주최 학술대회에서 주목할 만한 글 두 개가 발표되었다. 하나는 동학의 역사를, 또 하나는 동학이 나아갈 길을 살피는 데 있어 기념비적 글이라 생각되어 소개한다. 이상면 교수는 부친의 유언에 따라 작성한, 당진 승전목 전투를 승리로 이끈 할아버지 이종만(1870~1956)의 활약상을 소개했다. 동학혁명의 역사를 새롭게 조명하는 데 도움이 될 만한 글이었다. 갑오년 당시 동학군이 일본군과 싸워 이긴 전투는 승전목 전투가 거의 유일하다. 동학혁명의 역사에서 가장 빛나는 전투였지만 여태껏 그 실체는 제대로 밝혀진 바 없었다. 골짜기로 일본군을 유인하여 화공으로 이겼다는 기록만 있을 뿐이다.

동학군 별동대, 일본군을 상대로 승리하다

이상면 교수는 일본군을 상대로 승전목 전투를 승리로 이끈 동학군 별동부대의 대장 이종만이 자신의 조부라는 사실을 밝혔다. 이종만이 이끄는 별동대원 80명은 무엇보다 "레밍턴 소총으로 무장을 하고 아카츠미 소위가 이끈 부대와 수적으로도 무장 면에서도 견줄 만했고,

일본군이 동학군을 추격하는 와중에 동학군이 설치한 지뢰가 폭발하자 추격을 계속할 수 없었다."고 하여 그동안 알려지지 않았던 동학군의 새로운 면모를 소개했다. 그리고 해월의 딸 최윤(1878~1956)이 이종만의 부인상에 천리길을 달려와 조문한 사실을 통해 이종만의 별동대가 청산 문암리의 동학 지도부를 보호하는 역할을 했음을 시사했다.

당진 승전목 전투에서 이종만이 일본군을 무찌른 이야기는 후손에게 전승되어 온 것과 현지에서 전해 내려온 것을 종합한 것이었다. 그리고 당진 송악산 전투에서도 동학군이 일본군을 이겼다는 사실도 밝혔다. 승전목 전투의 세부적인 내용이나 송악산 전투는 지금껏 알려지지 않은 내용이었다.

청주에서 동학학회 학술발표가 있고 난 후 일주일 만에 때마침 당진시청에서 주최하는 당진시 독립운동을 주제로 한 학술발표가 있어 참석하였다. 당진 독립운동에 대한 학술발표는 주로 당진시 면천의 3.1운동에 대한 내용이었다. 내가 알고 있는 피상적 지식만으로도 당진의 3.1운동에 천도교의 역할은 지대했는데, 5가지 주제로 발표된 글에는 천도교란 말이 한마디도 없었다. 이런 상황이 갑갑했는지 어느 토론자는 토론문에서 '충남지역에 천도교의 교세는 강했고, 특히 당진의 경우 교인 수천 명 이상인 경우에 설치된다던 대교구가 설치된 지역'이었다며 천도교와의 관련성을 주목할 필요를 지적하였다.

이번 당진행은 학술대회에 참석하는 것보다는 당진시청 공무원들과 만나 당진 수청동 소재의 철거 위기에 몰린 의암 선생 옛집을 보존하는 대책을 알아보고, 승전목 일대를 둘러보는 것에 더 무게를 두었었다. 당진에서 동학연구에 몰두하고 있는 김학로 당진역사문화연구소 소장의 주선으로 당진시청의 문화재 담당 공무원을 면담하여 의암 선생 옛집 보존에 관련한 조언도 듣고 수청동에 있는 의암 선생의 옛집도 방문하였다. 김학로 소장의 안내로 승전목 일대를 둘러보았다. 개발로 훼손된 승전목 전투 현장에 가슴이 먹먹해졌다. 김학로 소장은 3년 전, 자신이 펴낸 『당진에서 본 동학농민혁명』이란 책에서 비슷한 소감을 밝히기도 하였다.

당진에서 접한 동학농민혁명은 생소함을 넘어 충격이었다. 그만큼 우리는 동학농민혁명에 대해 무지했었다. 한편으로는 지방사에 대한 연구가 부족하였음을 의미하는 것이기도 하다. 당진에서 동학농민혁명이 치열하게 전개되었다는 사실을 알고 본격적으로 연구하게 된 계기는 2012년 '당진학당'이라는 인문학 공부에서 비롯되었다. 모임을 통해 얻은 성과를 매년 정기적인 학술대회를 통해 발표하기로 하였다. 첫 번째 주제를 무엇으로 정할까 함께 고민해 보았다. 모두 동학을 꼽았다. 이유는 근대의 시작은 동학에서 비롯되었을 것이라는 기대와 우리들 할아버지 할머니들이 무슨 생각을 했고, 무슨 일을 겪었는지 알아보고 싶은 마음에서였다.(김학로, 『당진에서 본 동학농민혁명』, 당진역사문화연구소편, 2015, '책을 내면서'에서)

동학하고 천도교 한다는 우리조차도 무관심이니, 지역의 역사를 살피는 데도 동학이나 천도교는 뒷전이었다. 우리가 딛고 선 현실과 지역에 대한 무지가, 연원과 뿌리에 대한 궁금함이 우리 스스로를 돌아보고 주위를 다시 살피는 계기가 되기도 하지만, 동학한다면서 여전히 무지한 상황은 난감하기만 하다. '네 탓'이라기보다는 '내 탓'이 더 크다. 그동안 동학혁명사에서 일본군과의 싸움에서 동학군은 처참하게 패배한 것만 강조되었지만, 별동대장 이종만의 승리는 새로운 희망의 길을 제시한다. 우선 '이기는 길'이 새로운 길이었고 생존의 길이었기 때문이다.

'다시개벽'의 새로운 길

다시 청주에서의 학술대회 이야기다. 동학이 나아갈 길을 살피는 데 있어 기념비적 글은 김태창 동양포럼 주간의 기조강연이었다. 김태창 선생은 기조강연에서 공공(公共)하는 철학, 공공철학을 소개했다. 강연의 큰 흐름은 "'요즘 젊은이'들이 말하는 '이게 나라냐'라는 자조는 인간과 사회와 국가가 생명개벽 · 생활개벽 · 생업개벽을 필요로 하고 있으며 동학이 촉발한 민중의 원기력 · 영기력 · 생기력이 집합적으로 적정화 · 적합화 · 적시화 될 때 이런 것들을 제대로 실현시킬 수 있는 원동력으로 작용할 것이다. 이렇게 볼 때 동학 연구와 동학 실천이 이루어지면 '이것이 바로 나라다'라고 말할 수 있는 기틀이 마련될 수 있으며 헬코리아가 파라다이스코리아로 근본 변혁되는 길이 열린다."는 것이었다.

그의 강연은 윤동주의 시 '새로운 길'을 소개하는 것으로 시작되었다. 동학의 길은 새로운 길이며, 다시개벽의 길이라는 것이었다.

새로운 길 / 윤동주

내를 건너서 숲으로
고개를 넘어서 마을로
어제도 가고 오늘도 갈
나의 길 새로운 길

민들레가 피고 까치가 날고
아가씨가 지나고 바람이 일고
나의 길은 언제나 새로운 길
오늘도… 내일도…
내를 건너서 숲으로
고개를 넘어서 마을로…

김태창 선생의 강연 내용은 다음과 같았다.

＊　　＊　　＊

나*는 평생 지금 자리가 소중하지만 그곳에 머무르고 안주하기를 원하지 않았다. 나 스스로도 열어 놓은 길을 따라서 걸어가기만 하는 것에 권태와 피로를 느끼고 신도 안 나고 흥도 일어나지 않았다. 나이 오십이면 마음의 안정을 찾을 때도 되지 않았느냐는 말들을 들었지만 왠지 견딜 수 없는 좌불안석의 상태가 매일 계속되어 급기야 과거와 현재를 일단 접고, 오직 미래에 모든 것을 걸고 별로 인연도 없는 곳(일본)에 가서 안면도 학연도 지연도 없는 낯선 사람들과 새로운 길을 열어 보기로 했다.

동학의 가능성을 체감하다

일본이라는 낯선 나라에서 철학에서 새로운 길을 열어보자는 생각을 했다. 동학의 뜻 깊은 가능성을 체감하게 되었다. 동학의 '동'은 서학의 '서'와 대비되는 것으로 이해하는 데서 벗어나 개념 전환이 필요하다. '서'를 중심으로 잡고 그것과 비교·대조·평가하는 사고방식에서 벗어나야 한다. 그렇기에 동은 서와는 전혀 다른 새로운 것이 태동·태생하고 성장·성숙할 수 있는 가능성이 충분히 남아 있는 지역이라는 뜻으로 해석하는 것이 마땅하다.

서세동점하던 시대 상황에서도 서(중국이나 서양)의 식민지화에 맞

---

* 김태창 선생은 1934년 생으로 충북대 교수 재직시절인 1990년경부터 일본으로 건너가 한-중-일은 물론 세계 전역을 두루 다니면서 공공(하는)철학을 전개하고 있다.

서서 끝까지 저항했고, 압도적인 물리력으로 말미암아 정복·동화·평정된 와중에서도 민족의식의 최심층에 잠류하고 있다가 때를 만나면 폭발하곤 했던 탈식민지화에의 운동 에너지가 농축된 현장으로 이해해야 한다.

시천은 시(侍)와 천(天)을 일단 따로 떼어서 그 뜻을 살핀다. 시는 '모시다'라는 우리말을 한자로 표기한 것으로, '모시다'라는 것은 신분이 높은 분이나 내게 귀하고 소중한 분을 극진히 대접하고 그 뜻을 이루도록 한다는 뜻이다. 천은 하늘인데 인격적으로 이해할 때는 하늘님·하느님·하나님이 되며, 비인격적으로 파악할 때는 지기(至氣), 즉 가장 순수하고 가장 생명력이 충분한 기, 원기·영기·생기를 뜻한다. 종교적 의미 해석에서 생명론적 재해석으로 해석 전환을 감행할 필요가 있다. 근원적, 내재 초월적 생명력, 생명 에너지의 눈뜸이며 깨달음이며 그것의 기질화·체질화·습관화다.

다시 말하면 개개인의 개체생명--인간만이 아니라 우주만물을 똑같이 생명현상으로 보는 입장에서는 개개물의 개체생명--을 받쳐주고 지켜주고 어느 기간이 지나면 나중에는 거기로 돌아가도록 마련되어 있는 더 큰, 더 근원적인 생명--우주생명이라 부르도록 한다--의 역동적인 임재를 체감·각성·인식하고 그것을 타인·타자·타물과 공유한다는 것이다. 나도 너도 그도 그녀도 모두가 하늘=우주적·근원적 생명 에너지를 속 깊이 모시고 있는 존재라는 뜻에서 상호존중이 필수불가결이며 우주적·근원적 생명 에너지를 분유(分有)·공유

(公有) · 공육(共育)하고 있다는 점에서 근본적으로 평등, 무차등하다는 것이다. 여기서 자타와 함께 · 더불어 · 서로 경천 · 경인 · 경물(三敬)해야 할 근거가 도출되기도 한다. '경(敬)'이란 지극한 마음으로 정성껏 모신다는 뜻에 다름 아니기 때문이다.

기화, 민중의 근원력 생명력의 탈식민지화를 지향하는 운동

기화(氣化)의 기는 근원적 생명력, 생명 에너지라고 이해할 수 있으며 개체생명의 근원적 생명 에너지와 우주생명의 근원적 생명 에너지를 포함하는 것이다. 또한 개체적 · 근원적 생명 에너지와 우주적 · 근원적 생명 에너지를 그 사이에서 때로는 상극하고, 때로는 상화하고, 때로는 상생하는 매개적 · 관계형성적 생명 에너지를 포함시킬 필요가 있다. 기화라고 하면 영화(靈化) 또는 생화(生化, 생명론적 인식으로의 변화)라고도 할 수 있는데 인간변혁 · 사회변혁 · 세계변혁의 원동력을 인간주체의 이성이나 감성이나 의지와 관련지어서 이해 · 파악 · 주장했던 종래의 변혁이론에서 인간과 만물이 공유하는 근원적 생명에너지 동원의 적정화 · 적합화 · 시중화(時中化)를 가장 중요시하는 변혁이론으로서의 근본 전환을 뜻하는 말로도 해석할 수 있다. 민중의 근원적 생명력을 동원함으로써 개인적 · 민족적 · 국가적 영혼의 탈식민지화를 지향하는 운동 개념으로 볼 수도 있다.

지금 젊은 세대가 '이게 나라냐?'고 절규하고 있다. 제 나라를 두고 '생지옥'이라고 말하고, '한국을 떠나고 싶다'는 제목의 책이 널리 읽히고, 많은 젊은이들에게 공감을 일으킨다는 것이다. 그렇다면 나라의 모습이 바뀌어야 한다. 그렇지 않은가? 나라는 우리 세대만의 것이 아닐 뿐만 아니라 다음 세대가 이어야 할 세대 간 공공물=공공재=공공선이기 때문이다. 그래서 현재 세대의 인식·의식·지식으로는 그런대로 살 만하다고 해도 다음 세대의 입장·처지·관점으로는 못 살겠다면 그 차이·격차·모순을 세대간 공정성·공평성·공명성의 균형 있는 판단으로 세대간 상생 쪽으로 변경·변혁·개혁해 나가도록 최선의 노력을 실행에 옮겨야 할 책임이 제1차적으로 기성세대 쪽에 있다고 생각하지 않는가?

이와 같은 변경·변혁·개혁이 현재의 부분적 세부 조정으로 이루어질 수 없다면 근본적이고 전반적인 변혁이 필요한데, 동학에서는 특히 이 점에 착안해서 '개벽(開闢)'이란 말을 썼고 그것도 '다시개벽'이라는 점을 강조하고 있다.

우리 역사에서 어쩌면 '이씨조선'의 초석을 다진 정도전이 생각하고 제시했던 공천하 국가의 구상은 일종의 개벽적 사건으로 정당화하고 나서 그 이후에는 필요에 따라 개혁까지는 허용하되 '개벽'은 금기시했던 것이 아닌가 하는 감이 들기도 한다. 개벽이란 용어는 최제우가, 그리고 동학운동이 명시적으로 제창할 때까지는 역사의 무대에 등장한 적이 없었다. 그것은 하늘을 바꾸고 땅을 바꾸고 사람을 바꾸어서 새로운 하늘과 새로운 땅과 새로운 사람이 새롭게 아우러지는 총체적 개신(開新)을 의미하기 때문에 쉽사리 입에 올리거나 일을 시작할 수 있는 것이 아니었기 때문이다.

　그런데 지금 우리나라는 이대로는 안 된다는 세대간·지방간·
계층간·분야간 공통인식이 널리 퍼져 있는 것 같다. 세대간·지방
간·계층간·분야간 행복격차·희망격차·기회격차가 너무 심하다
는 현실인식이 팽배하고 있다. 지방은 중앙의 식민지와 같은 위치에
놓여 있고, 장래세대는 기성세대의 과도한 이기주의에 의해서 상대
적 박탈감에 시달리고, 지도자와 대중은 극심한 동상이몽에 집착할
뿐이며, 태어날 때 금수저를 가지고 태어난 인간들은 세계적 수준의
호사를 만끽하는 데도 불만으로 가득 차 있는데, 흙수저를 가지고 태
어난 인간들은 좀 더 나은 미래를 꿈꿀 최소한의 희망도 가질 수 없는
절망상태에서 벗어날 길이 안 보인다는 것이 현실 상황이다. 적어도
대다수의 젊은 세대의 현실인식이다. 그래서 다시개벽이 필요한 것
이 아니겠는가?

헬조선에서 파라다이스 코리아로

　물질개벽이 필요하다는 것은 몇십 년 전부터 널리 제창되었던 시대
선언이었다. 정신개벽이 필요하다는 시대 선언은 최근에야 인구에
오르내리기 시작했다. 개인적인 감각으로는 앞선 두 가지 개벽에 보
태서 생명개벽·생활개벽·생업개벽이 필요하다. 세계를 다니면서
여러 나라의 다양한 세대간·지방간·계층간·분야간 공공하는 철
학 대화운동을 전개해 오는 가운데서 절실하게 체감하게 된 것은 장

래세대에 대한 현재세대의 책임의식과 배려가 상대적으로 희박한 우리의 현실을 반성할 수밖에 없는데, 저의 무식의 소산인가? 물론 우리 사회에서 자기자신의 아들딸에 대한 책임과 배려는 세계 어느 나라와 비교해도 손색이 없을 정도로 강렬하다. 그러나 사회적 의식의 수준에서 아직도 후진국의 틀을 벗어나지 못했다. 가족이기주의, 친족중시주의, 파벌우선주의 등등 친밀권 집착적 경향을 극복하지 못했다는 지적을 받고 합리적인 반론을 펴기가 어려웠던 것이 사실이다. 근본적인 의미에서 기화가 필요한 시대 상황이다. 인간과 사회와 국가가 생명개벽·생활개벽·생업개벽을 필요로 하고 있다.

동학이 촉발한 민중의 원기력·영기력·생기력이 집합적으로 적정화·적합화·적시화될 때 강력한 생명개벽·생활개벽·생업개벽을 제대로 실현시킬 수 있는 원동력으로 작용할 것이다.

이 같은 방향으로 동학 연구와 동학 실천이 이루어지면 "이것이 바로 나라다"라고 말할 수 있는 나라의 기틀이 마련될 수 있으며, 헬코리아가 파라다이스 코리아로 근본 변혁되는 길이 열리지 않을까, 라는 느낌이 드는데 여러분은 어떠합니까?

강원도 땅 정선을 걷다

동학, 천도교가 걸어온 158년의 길을 뒤돌아보면, 고난에 찬 시기가 아닌 때가 없었다. 강원도 땅 영월·정선 일대에 새겨진 동학의 발걸음은 말 그대로 형극의 길, 가시밭길이었다. 동학의 길에서 가장 어려웠던 때, 꺼져 가는 촛불마냥 위태로웠던 강원도 정선 일대를 찾아 무은담과 싸내(米川), 적조암 일대를 둘러보았다.

7월 1일 토요일 1박 2일의 일정으로 청량리역에서 7시발 무궁화호(정동진행)를 타고 민둥산역에서 10시 40분경 내렸다. 민둥산역의 본래 이름은 증산역, 2009년 역 이름을 바꾸었다. 민둥산역에서 남면 가는 버스를 타고 무은담으로 향했다. 영월 쪽으로 가는 갈림길에서 5분 정도 지나 사북1급종합정비공장에서 내렸다.

오던 길을 50미터 정도 돌아가면 정선의 동학접주 유인상(시헌)의 집터인 무은담 유허지 안내판이 있다. 유인상 접주의 증손 유돈생 옹이 지난해(2016) 정선문화원의 협조를 구하여 안내판을 세웠다.

무은담 안내판과 표지석, 싸내 안내판, 적조암 안내판과 표지석이 지난해(2016) 5월 19일 함께 세워졌다. 수운의 부인인 박씨 사모가 순도한 싸내에 표지석을 세우지 못한 것은 그 위치를 정확히 알지 못하기 때문이라 한다. 지금은 밭으로 변한 무은담 유인상 접주의 집터를 복원하고 무은담, 싸내, 적조암을 잇는 정선 지역의 동학순례길을 조성하는 것은 또 다른 과제인 듯하였다.

무은담, 다시 개접한 곳

영해에서 교조신원운동과 문경에서의 이필제의 작변(1871)으로 수많은 도인이 희생되었고, 해월과 수운 선생의 부인 박씨 사모와 많은 도인들은 강원도로 고비원주(高飛遠走, 도피)하였고, 동학의 불꽃은 사그라드는 듯하였다. 태백산 일대의 강원도로 쫓기던 당시 해월 선생의 상황을 동학 최초의 역사서 『도원기서』는 이렇게 기록하고 있다.

> 마시지 않고 먹지도 못한 지가 열흘이요, 소금 한 움큼도 다 떨어지고 장 몇 술도 비어 버렸다. 아무것도 입지 못해 헐벗은 몸으로 장차 어떻게 할 것인가? 말소리는 나무에 걸려 있고 기운은 숙연하여, 사람으로 하여금 생각하게 하는 이 천고의 가을에, 생각을 기대어 이를 곳이 없으니, 손을 들어 절벽을 올라 돌아보고 돌아보며 서로 말하기를 "두 사람 중 누가 먼저 하고, 누가 뒤에 할꼬. 끌어안고 죽는 것이 좋겠구나."(윤석산, 『도원기서』, 모시는사람들, 2012, 107쪽)

여기서 두 사람은 해월과 강수다. 궁지에 몰린 해월은 스스로 목숨까지 버리는 상황을 생각했을 정도로 동학은 위기에 처했던 것이다.

그런 만큼 동학의 기운을 새롭게 모으고 재건의 기틀을 마련한 무은 담은 동학의 역사에서 뜻깊은 곳이다.

정선 접주 유인상의 집이 있던 무은담이 동학교단과 처음 밀접한 연관을 맺은 것은 1871년 영해 교조신원운동 직후다. 1871년 3월의 영해 교조신원운동, 8월 이필제의 문경작변의 실패로 동학 지도부에 대한 관의 지목이 심해지자 그동안 단양 영춘, 영월 소밀원, 영월 직동, 영춘 장현곡 등지로 피해 다니던 해월과 강수, 전성문 등이 1872년 4월 무은담으로 들어온다.

1872년 9월에는 수운의 유족들도 무은담을 거쳐 싸내로 숨어 들었다. 그해 10월 함백산(갈래산) 적조암에 수련 차 입산하던 해월 일행의 식량 등도 무은담 유시헌의 집을 중심으로 조달되었다.

반드시 기억해야 할 것은 1878년 7월 25일, 일찍이 수운 선생이 살아 계실 당시(1863) 개접(開接)하였다가 파접(罷接)한 이후 열리지 못한 수련회를 다시 여는 개접례(開接禮)가 이곳에서 행해짐으로써 무은담은 동학 재건의 한 전기를 이루는 곳이라는 사실이다. 이때 모인 사람은 해월과 강수 등 15명 정도였다.

이때 해월은 향아설위 제례도 구상하였다. 개접의 한 주제는 시(侍)자의 의미가 무엇인지와 제례의 설위(設位)를 향벽(向壁)함이 옳은가 향아(向我)하는 것이 옳은가를 생각해 보는 것이었다. '네 몸에 모셨으니 사근취원 하단 말가.'라는 수운의 가르침을 다시 한번 생각하고, 사람마다 한울님을 모시고 있다는 '시천주'라는 뜻에 걸맞는 제례의 설위는 향벽인지, 향아하는 것이 옳은가를 생각해 보라는 것이었다. 이때의 물음에 대한 답은 그로부터 20년 뒤인 1897년 4월 5일에 이천 앵산동에서 향아설위 제례에 대한 설법으로 주어졌다.

싸네, 박씨 사모 순도하신 곳

무은담을 지나 무작정 걸었다. 남면 우체국, 남면 면사무소를 지나고 약수암 가는 길로 약 15킬로미터, 5시간 정도를 걸어 날이 어둑해져 싸내에 도착하였다. 이 길을 해월 선생도, 대신사 박씨 사모님도 걸었을 터이다.

수운 선생의 장남 세정은 1872년 1월, 양양에서 체포되어 5월 12일 장형을 받다가 양양옥에서 숨을 거둔다. 해월 선생은 세정을 추모하는 49일 기도를 5월 27일부터 시작하여 7월 보름에 마친다. 이후 박씨 사모는 1872년 9월, 영월 장간지에서 관의 지목을 피해 정선 동면 싸내로 거처를 옮긴다. 강수는 어린 것을 업고 사모님을 안내하였고, 해월과 세청은 이삿짐을 짊어지고 따랐다. 『도원기서』에는 당시의 정황을 이렇게 적었다.

아! 사모님의 신세가 이리도 측은할까. 앉았다가 일어나 걷기를 수없이 되풀이하며 고개 길을 올라갔다. 마루턱에 이르자 걸음은 더욱 더디었다. 해는 이미 기울었고 발이 부르터 보폭은 짧아져 억지로 걸었다. "하늘은 진실로 무심하구나. 어찌 나를 괴롭히는가?"라고 박씨 사모는 소리 내어 통곡하며 강수에게 물었다. "무은담은 어디 있는가?" 강수가 말하기를, "산과 물을 이렇게 이렇게 따라 갑니다." 하며 힘들게 이끌어 유인상의 집으로 모셔 갔다.(『도원기서』, 120~121쪽)

저녁 늦게 무은담 유인상의 집에 도착한 박씨 부인은 3일 후 다시 30리 산길을 걸어 화암리 싸내로 가서 자리를 잡았다. 그리고 1년 후 박씨 사모는 싸내에서 순도하였다. 박씨 사모가 환원하신 것은 1873년 12월 9일, 당시의 정황은 이렇다.

가을이 되어 농사를 지었으나 키질할 곡식이 없었고, 남산서 거둔 콩으로 조석 양식을 삼으려 했으나 북쪽 이웃이 곡식을 보살펴주어야 솥을 씻을 수 있었다. 강수가 포덕한 최진섭 형제가 자루를 둘러메고 이곳저곳 도인 집을 찾아다니며 한 줌의 양식을 거두어다가 겨우 연명하였다. 박씨 사모는 영양실조로 49세의 나이로 요절하였다. 임종시 둘째 아들 세청이 단지하여 구해 보려 하였으나 소용이 없었다.

12월 10일 유인상의 집에서 박씨 사모의 부음을 듣고 해월은 바로 싸내로 넘어가 시신을 수습하였다. 한거울에 부음을 전할 형편이 못되어 정식 장례는 다음으로 미루었다. 이듬해 2월 19일 싸내에서 박씨 사모의 장례를 치른다. 참석자는 해월, 강수, 유인상, 최진섭, 신석현, 박봉한, 홍석범, 전두원, 홍석도, 유택진, 홍순일, 전성문 등이었다. 이듬해 1874년 12월 10일 박씨 사모 첫 기일을 지나고 한 달 뒤인 1875년 1월 22일, 수운 선생의 둘째아들 세청이 병사하였다. 시신은 전성문이 수습하였다. 강수는 이렇게 적었다.

슬프고 슬프구나. 사가(師家)의 액운이여. 대상(大祥, 사람이 죽은 지 두 돌만에 지내는 제사)이 지나지 않아 형과 아우가 이어서 죽으니, 이것은 시절이 그런 것인가, 명(命)이 그런 것인가? 이 무슨 변고인가? 이것이 무슨 운(運)인가? 청상(青孀, 세청의 처)이 슬피 우는데, 하늘의 해가 눈물을 가린다.

수운의 큰아들 세청은 관에서 장살당하고, 박씨 사모는 영양실조로 순도하였고, 둘째 세정마저 병으로 세상을 뜨니 수운의 가문은 풍비박산 나고 말았다. 남은 가족은 세 딸과 세청의 처뿐이었다. 장녀는 윤씨 집안에, 차녀는 허씨 집안에, 셋째 딸은 한씨 집안에 시집갔고, 세청의 처는 친정으로 가고 말았다. 사위들이 힘을 모아 병자년 1876년 박씨 사모와 세청의 묘를 영춘으로 이장하였다.

적조암, '천도교 제2세 교조 해월신사 독공지'
둘째 날 장맛비가 오락가락하는 가운데 적조암 터(강원도 고한읍 함백산로 1290~99) 입구에 도착하여 1킬로미터 위 산 정상 바로 아래에 있는 적조암 터로 향했다. 돌계단이 잘 정비되어 있었다. 적조암 터에 큰 절을 짓기 위해 돌계단을 잘 만들어 놓았지만 공사는 중단되어 있었다. '천도교 제2세 교조 해월신사 독공지'라는 표지석은 1993년 10월 박노진 선도사가 세운 것으로 그동안 방치되었다가, 정선문화원과 천도교단에서 정암사 관계자의 협조를 구하여 2016년 11월 표지석 옆에 다시 세웠다.

적조암은 정암사(일명 갈래사)에 딸린 암자이다. 해월의 주문을 중심으로 한 수련은 49일 동안 계속되어 12월 5일에 끝이 났다. 참가자는 해월, 강수, 전중삼, 김해성 4인. 식사는 감자가 주식, 매일 주문 2~3만독을 읽었다.

주인(해월)이 강수와 더불어 장차 산에 들어가 49일의 수도를 계획하였다. 강수가 김해성, 유택진과 함께 갈래산 적조암에 들어가니 노승이 있어 일행을 맞이하며 말하기를 '손님들은 어디로부터 오십니까?' 대답하기를 '나는 이곳 본읍 사람이오. 이번 겨울에 기도할 계획이 있어서 깊숙하고 궁벽한 곳을 택하고자 두루 살펴 찾아 왔습니다.' 당일에 도착하여 들어가니 주지승이 순흥으로부터 온 지 겨우 이틀째였다. 밤이 되어 강수가 주지 스님에게 말하기를 '세상 술업(術業)의 공부가 각각 베푸는 것이 있습니다. 일이 이미 여기에 이르러 같이 삼동의 고생을 하게 되었으니 어찌 스님을 속일 수 있겠습니까? 스님과 저희들은 도를 닦아 성취하는 것은 같다고 할 것입니다. 제가 공부하는 것은 다만 주문뿐입니다.'라고 하였다. 스님이 말하기를 '주문은 무슨 주문인가요?' 대답하기를 '주지 스님께서는 전에 동학에 대해 들어 보셨는가요?' 그 스님은 조금 후에 답하기를 '전에 들어본 적이 있습니다.'라고 하였다. … 주지 스님은 주문 외는 소리를 듣고 무수히 칭찬하면서 수련을 권하였다. 4인이 각각 앉을 곳을 정하고 손에 염주를 잡고 의관을 바르게 하고 낮과 밤으로 수를 정하여 거의 2~3만 독에 이르렀으며 마침내 49일을 지냈다.(『도원기서』, 122~128쪽)

49일의 수련을 마친 해월은 다음의 강시를 읊었다.

태백산에서 사십구일 공부를 하고
내가 봉황 여덟 마리를 받아 각각 주인을 정하니,
천의봉 위에 꽃 핀 한울이요,
오늘 오현금을 갈고 닦고
적멸궁전에서 티끌 세상을 벗어나고
49일 기도를 잘 마쳤구나
太白山工四十九   受我鳳八各主定
天宜峰上開花天   今日琢磨五絃琴

寂滅宮殿*脫塵世　　善終祈禱七七期(해월, 「강시」)

49일 기도 후 해월이 전하는 꿈 이야기는 '내가 봉황 여덟 마리를 받아 각각 주인을 정하였다(受我鳳八各主定)'는 구절에 대한 자세한 설명일 터이다.

나 역시 산에 들어오던 첫날에 꿈을 꾸었는데, 상서로운 봉황 여덟 마리가 하늘로부터 내려와 차례로 앞에 앉거늘 내가 기이하게 여기어 세 마리를 싸니, 옆에 있던 사람이 각기 다섯 마리를 쌌다. 문득 공중에서 말하기를 '주인이 있는 봉황이다. 너는 마땅히 깊이 두도록 하라. 이후 주인을 만나거든 주도록 하라' 했으니, 역시 상스러운 꿈이 아니겠는가?(『도원기서』, 127쪽)

기도를 마친 후 해월은 강수와 함께 4일간 더 머물면서 부도(附圖, 영부)를 그리다가 12월 10일 유인상의 집으로 하산하였다. 49일기도의 위력, 주문의 힘으로 꺼져 가던 동학의 불꽃은 다시 피어났다. 앞에도 산 뒤에도 산, 온통 산으로 둘러싸인 골짜기에서 동학의 불꽃은 다시 살아났고, 물을 건너 다시 산을 넘어 충청도

---

* 정암사에는 불상이 없다. 대신 능선 위에 석가모니 진신사리를 모신 수마노탑이 있고, 예불을 올리는 적멸보전이 있다. 해월은 강시에서 적멸보전을 '적멸궁전'이라 하였다.

로, 전라도로, 사방으로 번져 나갔다. 수운이 노래한 그대로였다.

산 밖에 다시 산이 보이고 물 밖에 또 물을 만나도다.

다행히 물 밖에 물을 건너고 간신히 산 밖에 산을 넘어 왔노라.

山外更見山 水外又逢水

幸渡水外水 僅越山外山(수운, 「시문」)

"천주교 순교자 외에는 잡범이다?"

서소문 민족공원을 수호하는 길

서소문공원은 조선 시대에는 사형터였다. 서학(천주교) 신자들도 희생되었지만 더 많은 민족운동가와 의로운 사람들이 죽어난 곳이다. 서소문공원을 비롯한 서울의 서대문 일대는 조선 시대 풍수설에 따라 숙살지기(肅殺之氣)가 있다고 하여 죄인의 처형장으로 이용되었고, 감옥이 있던 곳이다. 숙살지기(肅殺之氣)! 만물을 죽이는 늦가을의 기운이며, 무언가 엄숙해지고 떨리는 기운을 말한다.

서소문공원을 천주교만의 성지로 만드는 것에 반대하여 공원에 천막을 치고 1년간 농성을 했다. 공원에서 지새우는 밤 기운은 서늘했고, 낮이라도 비가 오면 처량하기 그지없었다. 서소문공원에 서린 역사를 잘 아는 어느 시인은 그 느낌을 이렇게 표현했다.

서소문터를 거닐면 왠지 음습하다. 특히 새벽에 안개가 눅눅한 날은 더욱 그렇다. 세월이 아무리 흘러도 지형이 변하지 않는다면 이런 분위기는 이어질 것이다. 시대의 아픔을 환원하지 않는다면 마음속의 빛은 언제나 눅눅할 것이다. 내가 없던 자리에 내가 있고 내가 있던 자리에 내가 없다.*

서소문 일대의 역사를 잘 알기에 이렇게 표현한 것만은 아닐 것이다. 지난 2015년 5월 서울중구청이 주관한 학술토론회에서 서소문 밖 처형지는 천주교 신자 외에 조선 시대 많은 개혁주의자들이 처형된 역사의 현장이라고 결론 지었다. 사육신의 한 사람인 성삼문을 비롯하여 홍경래 난 주동자들, 개혁주의자 허균, 임오군란과 갑신정변의 개혁주의자들, 동학교조신원운동을 벌인 이필제의 동지들, 동학혁명 지도자, 독립협회 지도자, 구한말 군대해산 과정에서 벌어진 전투 희생자 등 민족사적 인물들의 희생이 더 많았다. 비율도 '천주교 22%, 사회변혁 처형자 36%, 나머지 일반사범'이라는 결론을 도출한 바 있다.

서소문공원에서 처형된 희생자 중 천주교인들보다 조선 시대의 개혁주의자들이 더 많았다는 사실은 2016년 11월 서울중구청이 발간한 『서소문역사공원과 동학의 관련성 검증 역사고증 학술용역 최종보고서』에도 잘 나와 있다.

모반과 관련되어 처형된 자들은 총 89명이며, 사학죄인** 처형자 수

---

* 이광호 시인의 글 http://m.hanion.co.kr/news/articleView.html?idxno=5798
** 모반과 관련된 처형자는 허균, 홍경래, 동학, 갑신정변 등과 연관된 조선 시대 개혁주의자들

는 84명으로 확인됨. 사학죄인의 비중이 높긴 하지만, 모반과 관련된 처형자 또한 그 수가 많음을 알 수 있음.(서울중구청, 「최종보고서」)

이러한 역사적 근거가 아니라 하더라도 웬만한 천주교인들, 즉 합리적이고 상식적인 사고를 하는 분들은 서소문공원을 천주교 성지로 만드는 것이 부당하다는 사실을 다 인정한다. 가톨릭 교단에서도 서소문공원을 가톨릭만의 성지로 만드는 것에 많은 반대가 있었다. 염수정 추기경의 무리한 욕심이라는 지적도 많았다.

서소문공원의 진실에 침묵했던 언론과 정치권력

그동안 서소문공원을 천주교 성지로 만든 것에 대해 언론도, 정치권력도 모두 침묵하며 천주교단의 과욕을 탓하지 않았다. 가톨릭 선교사에서 유례를 찾아볼 수 없는 순교 현장이라며 교황까지 불러와서 마케팅에 열중한 천주교단, 그리고 교황의 선한 이미지에 현혹된 언론도, 많은 국민들도 서소문공원에서 죽어난 우리 역사의 의인들은 철저히 외면했다. 염수정 추기경의 욕심과 무모함을 지적하면 그것으로 피해를 보지 않을까 하는 두려움도 있었을 것이다. 특히 천주교의 정치적 영향력, 즉 신자 수가 다른 무리에 비해 조금 많다 보니 천주교 성지화를 반대하여 선거의 당락에 영향을 받을까 염려하는

이며, 사학(邪學) 죄인은 천주교인을 말함.

정치인들의 눈치보기는 비굴하기 짝이 없어 보였다.

서소문공원이 위치한 서울중구청의 공무원들의 가톨릭 눈치보기는 역겨울 정도였다. 구청장을 비롯한 국장, 과장 등은 아예 서소문공원을 천주교에 갖다 바쳐야 한다는 식이었다. 천주교 신자들의 순교는 조선 후기 개혁 정신이 발현된 것이라는 잘못된 사실을 진실로 여기며, 오로지 천주교만을 위한 공간으로 조성하기 위한 편법을 자행하는 공직자들을 보면서 잘못된 역사에 오염된 것이 얼마만큼 큰 죄악인지 실감하였다. 모르고 짓는 죄가 무섭다는 말을 절감하였다.

서소문공원, 가톨릭 역사상 최악의 선교 현장

가톨릭에서 주장하는 바로는 서소문공원이 가톨릭 선교사에서 유례가 없을 정도의 빛나는 선교의 현장이다. 그러나 이는 사실과 다르다. 조선은 가톨릭 역사상에서 최악의 선교 현장의 한 곳이었다. 조선에서 왜 1만이나 되는 순박한 백성들이 순교했는가. 한마디로 제국주의적 선교 방식을 고수한 로마교황청의 잘못 때문이다. 동아시아에서 조상제사금령을 내려 문화적 마찰로 이 땅에서 순교한 1만여 명의 무고한 생령을 순교자니 성인이니 하며 추앙하는 것 자체가 죽은 이들을 두 번 죽이는 행위이거니와, 교황청은 아직도 자신들이 저지른 조상제사금령의 잘못에 대해 한번도 사과한 적이 없다.

3년 전 서소문공원을 방문한 프란치스코 교황 역시 교황청의 지난 잘못을 사과하지 않았다. 천주교수원교구의 어느 신부는 교황이 방문하기 2년 전부터 조상제사금령에 대한 교황청의 잘못된 선교정책에 대한 사과를 요구했지만 아직껏 교황청이 사과했다는 뉴스는 없다.

우리나라 공무원들은 가톨릭이 조선 후기 개혁사상의 본보기나 되는 듯이 서소문역사공원 사업의 사업목표는 '조선 후기 개혁사상의 발현과 탄압이 근현대 시대에 미친 영향을 시민들에게 알리고, 더불어 이곳 서소문 형장에서 처형된 역사적 인물들을 추모하고 그들의 정신적 가치를 되새기는 장소를 마련하는 것'이라고 한다. 그러나 제대로 서양 역사를, 가톨릭의 실상을 아는 분들은 따끔하게 지적한다. 조선 후기 개혁사상에 '천주교'를 포함시키는 것은 역사왜곡이라는 것이다.

우리가 막연히 짐작하는 것과는 달리 서학은 우리 사회에 평등사상을 심어주지 못했다. 서학에는 평등사상이 담겨 있지도 않았다. 교과서에서는 서학과 평등사상을 유관한 것으로 가르치지만 그것은 완전히 잘못된 주장이다. 서학, 즉 천주교는 서양의 역사에서 마지막까지 근대 시민사회의 성립에 저항한 세력이다. 17~18세기의 서양사에서 천주교의 역할은 '반동'이었다. 가톨릭교회가 시민사회의 가치를 받아들이기 시작한 것은 19세기부터였고, 특히 사회정의의 문제에 관하여 본격적으로 관심을 가진 것은 20세기의 일이었다. 현대에 이르러서야 그들이 관심을 갖게 된 문제들을 유독 한국에서만은 18세기부터 그랬다고 주장하는데 이는 완전히 잘못된 것이다. (백승종, 『역설』)

"민족에게 저지른 죄악에 대해서도 참된 고백성사가 필요하다"

한국에서 전개된 가톨릭 역사에 대한 비판적 성찰은 오히려 가톨릭 내부에서 더 많다. 2년 전 어느 신부는 '민족의 고난은 뒷전이고, 극악무도한 패륜 정권하에서 눈물을 흘리는 사람들의 울부짖음을 교회와 무관한 일로 여긴다면 교회가 세상에 왜 존재해야 하는지 심각한 물음을 갖게 할 것'이라며 가톨릭 교회의 친일문제를 정면으로 제기한 바 있다. 조금 장황하지만 그 일부를 옮겨본다.

경술국치(1910)의 공로자는 가톨릭 신자인 반 비르브리트라는 인물로 밝혀졌다. 뮈텔 주교 일기 1910년 8월 26일 '반 비르브리트 씨 덕분에 한국이 병합되고 그 조약이 29일에 공포될 것이라는 소식을 들을 수 있었다.' 경술국치의 공로자인 반 비르브리트(Biervliet)는 누구인가? 1909년 12월 3일자 뮈텔 일기에 그에 대한 소개가 있다. '며칠 전에 부임한 신임 대리 부영사(프랑스 부영사) 알퐁소 반 비르브리트 씨도 방문했다. 그는 어제 우리를 방문 왔었다. 그는 벨기에의 유명한 가문에 속하고 또 자신은 아주 열심한 가톨릭이기도 하다.'
경술국치는 5천년 한국 역사에서 가장 치욕스런 사건이었다. 그런데 일본이 한국을 병합시키는 데 크게 공헌한 인물이 가톨릭 신자였다니 교회가 민족에게 저지른 엄청난 죄악은 어떤 변명으로도 감당하기 힘들다. 이런 사실들을 왜 지금까지 숨기고, 속죄하지 않는지 알 수가 없다. 이번 추계주교회의에서 고백성사의 중요성을 그토록 강조하면서, 정작 교회는 민족에게 저지른 죄악에 대해서 왜 아직까지 참된 고백성사를 하지 못하는가?(신성국,「한일 강제 합병의 숨은 공로자 가톨릭교회」,『가톨릭프레스』, 2015.10.21)

천주교의 친일문제를 언급하는 것은 천주교를 폄하하고자 해서가 아니다. 천주교 내부에서 이렇게 자신의 치부를 드러내며 지난 과거를 되돌아보고 성찰하고자 하는 흐름이 있다는 것을 보여주고자 함이다. 서소문역사공원에 관해서도 천주교에서는 진지하게 성찰해야 한다. 그 단초의 하나가 황사영 백서사건이다. 황사영 백서사건으로 처형된 순교자들도 지금의 서소문공원 현양탑에 이름이 새겨져 있다.

현양탑에 순교자로 기록되어 있는 황사영 등은 자신들을 괴롭히는 조선을 청나라로 편입시키거나 아니면 프랑스가 군대를 보내 조선을 정벌해 달라고 요청한 이른바 '황사영 백서사건'으로 처형된 인물이다. 황사영 등은 우리 국민들 입장에서 보면 일본에 나라를 바친 친일 매국노와 다를 바 없다.

이러한 천주교 순교자를 국민의 세금으로 기념할 필요가 있는지에 대한 천주교단 내부의 진지한 재고 작업은 늦었지만 반드시 이루어져야 한다. 필요하다면 황사영 등의 반역 행위를 서소문역사공원에 기록하여 역사적 교훈으로 삼아야 한다. 그러나 내가 아는 한 여지껏 천주교 내부에서 황사영 백서사건에 대한 이러한 논의가 제대로 이루어진 적은 없다.

정난주 마리아

서소문공원 천주교성지화를 반대하며 황사영이란 인물을 알게 된 것은 나에게는 좋은 공부의 기회였다. 황사영 알렉시오(1775~1801)는 정약용의 맏형 정약현의 사위로 15세의 어린 나이로 진사 시험에 장원급제하여 정조의 총애를 받았고, 정조는 황사영이 장성하면 등용할 것을 약속하기도 했다고 한다. 황사영은 왜 전도양양한 장래를 버리고 서학에 빠져들었고 가문이 풍비박산 나는 위험을 무릅쓰면서까지 반역 행위(무력 원조 요청)를 했을까?

황사영보다 더 기막힌 사연은 황사영이 처형당한 후 홀로된 아내 정난주 마리아와 아들의 행적이다. 서소문공원 천막에서 밤을 새우며 알게 된 정난주 마리아와 황사영의 아들의 뒷이야기는 참으로 눈물겨웠다. 사형수의 아내와 아들은 제주 섬으로 귀양을 간다. 젖먹이의 엄마는 평생 노비로 살아가야 할 아들을 염려하여 추자도에 잠시 배가 머물 때 섬주민에게 아들을 맡기고, 담담히(?) 자신은 제주도 대정 땅에서 평생을 노비로 살다 여생을 마친다. 추자도에 남겨진 젖먹이 아들은 황씨 집안의 대를 잘 이어간다. 천주교단에서는 제주도와 추자도의 황사영 관련 유적을 잘 가꾸어 놓았다.

순교자 가족의 지난했던 삶을 잘 증언하고 있는 황사영의 처 정마리아의 행적은 신앙적으로 커다란 의미를 부여할 수 있다. 내가 믿는 것은 동학이지만 정난주 마리아의 행적에서 많은 공부가 되었다. 일찍이 수운 선생이 동학과 서학을 비교하여 한 말씀을 좀 더 깊이 있게 이해할 수 있었던 한 계기도 되었다. 수운 선생은 이렇게 기록했다.

신유년에 이르러 사방에서 어진 선비들이 나에게 와서 묻기를 "지금 천령이 선생님께 강림하였다 하니 어찌된 일입니까." 대답하기를 "가고 돌아오지 아니함이 없는 이치를 받은 것이니라." 묻기를 "그러면 무슨 도라고 이름 합니까." 대답하기를 "천도이니라." 묻기를 "양도와 다른 것이 없습니까." 대답하기를 "양학은 우리 도와 같은 듯 하나 다름이 있고, 비는 것 같으나 실지가 없느니라. 그러나 운인즉 하나요 도인즉 같으나 이치인즉 아니니라."

수운 선생은 동학과 서학을 비교하여 '운도 하나요 도도 같으나 이치는 다르다.'고 하였다. 어느 누가 보아도 정난주 마리아 삶에서 많은 감응을 느낄 것이다. 나는 언젠가 제주도 대정 땅 그의 묘를 찾아 한송이 꽃을 바칠 것이다. 그러나 나는 황사영의 행위를 반역행위로 분명히 기록하고 천주교에서도 이를 공식화해야 한다고 생각한다. 동학과 서학은 이치는 다른 법이다. 이치가 서로 다르다는 것은 단순히 동과 서라는 지역적인 구분만은 아닐 것이다.

"우리의 투쟁은 헛되지 않았다"

최근 서울중구의회에서 열린 서소문역사공원 사업 조사특위에 증인으로 출석한 서울중구청 공무원들의 인식은 종교 편향으로 가득했다. 이들은 서소문공원에서 희생된 천주교 순교자 외의 동학 및 우리 역사와 관련된 희생자들을 잡범이라고 하여 논란이 되고 있다. 공무원들과 구의원들의 문답의 한 토막이다.

> 공무원1 : 신자가 많은 종교를 모티브로 관광자원, 수익사업으로 추진한 것, 나머지는 잡범으로 생각한다.
> 의원 : 천주교 희생자 22% 외에 동학 등 희생자 36%을 잡범으로 보나? 처음 구청장이 부탁한다 했을 때 이 사업에 대해 크게 생각하지 않았다. 그런데 파헤칠수록 문제가 많다.
> 공무원2 : 천주교 성지로 공원 조성하면 관광객 많이 와서 활성화할 것으로 본다.*

이러한 문답을 직접 접한 해월신사의 후손인 어느 동덕은 "천주교 순교자 외는 잡범이라 한 공무원들을 좌시하시 않겠다. 동학농민혁명 유족회분들과 함께 강력 대응하겠다."며 분개했다.

지난 3년 동안 이들 공무원들은 서소문공원을 천주교 성지로 만드

---

* http://cafe.daum.net/donghak120/Ysgn

는 것을 반대하며 우리 역사의 진실을 반영하라는 목소리에 분명한 역사적 자료를 제출하면 검토하여 반영하겠다는 말은 했지만 말뿐이 었다. 자신들이 주관한 학술토론회의 결론이나 자신들이 발주한 학술용역의 결과가 서소문공원을 천주교성지화하는 데 도움이 되지 않으면 거들떠 보지도 않았다. 중구의회에 참고인으로 출석한 서소문 범대위 위원장은 이러한 사실을 폭로하며 분통을 터뜨렸다.

다행히 중구의회 의원들이 서소문공원 사업의 예산집행에 절차상의 하자가 있음을 알고 예산을 삭감하여 서소문역사공원 공사를 중단시켰다. 중구의원 9명 중 5명이 서소문공원 사업의 예산집행 절차상의 잘못을 문제 삼고, 본질적으로 서소문공원 사업이 특정 종교를 위한 것임을 지적하고 나선 것이다. 그러자 천주교단에서 난리가 났다. 그들 입장에서는 서소문공원 사업이 순조롭게 진행되다가 중구의회라는 의외의 복병을 만난 것이다. 그러나 일시 주춤했던 천주교의 저력(?)은 역시 만만치 않았다.

천주교단에서 신자 15만여 명의 서명을 받아 내년 지방선거에서 보자며 중구의원들을 압박하자, 중구의원들은 서소문범대위에도 연락을 취하게 되고 서소문역사공원을 둘러싼 논란은 점차 확대되고 있다. 서울시의회에서도 서소문역사공원의 종교 편향을 쟁점으로 삼겠다며 서소문범대위에 연락을 취하여 자료를 요청하고 있다. 아직 국회의원들은 잠잠하지만 서소문역사공원의 종교 편향에 대한 논란은 조만간 국회에서도 쟁점화될 것이다. 기초의원인 구의원들이 국회의

원들보다 더 큰 역할을 하고 있고 제 역할을 하고 있음을 실감하고 있다.

지난(2017) 8월 초 중구의회와 중구청 앞에서 집회를 하루 앞두고 지난 3년 동안 서소문범대위 활동에 노심초사했던 어느 분은 이런 느낌을 밝혔다.

"내일 8시 중구청 앞에서부터 다시 시작합니다. 우리들의 투쟁이 헛되지 않았음을, 한울님 감응을 느낍니다."

천주교단은 2018년 9월 14일 서소문공원이 포함된 서울시내의 요지를 연결한 '천주교 서울 순례길'이 교황청 공식 순례지로 승인 받은 것을 기념하여 서소문공원에서 선포식을 거행하였다.

이에 대하여 서소문범대위는 9월 14일 서소문공원에서 '천주교 서울순례길 교황청 승인 국제순례지 선포식'에 반대하는 시위와 함께 서소문공원을 민족의 역사공원으로 선포하였다. 또한 천도교 등에서는 2018년 10월 서울 중구청에서 개최된 「서소문 역사공원 문화집회시설」 전시콘텐츠 관련 자문위원회의 자료를 검토하고 '종교편향적으로 자료 전시가 추진되고 있으며 내용 또한 천주교 위주로 종교편향적으로 전개되고 있음'에 유감을 표현하였다. 또한 현재 서울중구청에서 진행 중인 서소문역사공원 전시 내용을 수용할 수 없음을 분명히 하여, 서소문공원 개발에 대한 논란은 계속 진행되고 있다.

장흥 동학혁명은 동학혁명의 대미다

동학혁명의 역사를 공부하다 보면 전라도 동학, 좀 더 정확히는 정읍, 고창, 부안 등을 중심으로 한 동학혁명이 전부가 아니라는 사실을 알게 된다. 서산·태안·예산·당진·아산·홍천 등 내포지역과 금산 등 충청 지역의 동학 세력도 막강했고, 진주를 중심으로 한 산청, 하동 등 경상도 지역의 동학 세력도 만만치 않았다.

또 놀라운 것은 전남 해안의 다도해에도 수많은 동학군이 스며들었다는 것이다. 공주 우금치에서 패배한 동학군이 북으로, 동으로 가는 것을 차단하며 왜놈들은 동학군을 한반도의 남쪽으로, 서쪽으로 몰아붙였다. 지금의 전남 해안, 다도해 쪽으로 동학군은 쫓겼고, 장흥 동학군과 합류하여 3만여 명이 넘는 대오를 이룬다. 그들은 한때 장흥, 강진 일대를 석권하지만 뒤쫓아 온 왜놈들에게 크게 패배한다. 장흥 석대들과 인근 지역에서 보름 넘게 항전하며 숱한 사상자를 남기고 동학군은 섬으로, 타향으로 흩어진다.

소안도, 동방의 모스크바

최근까지 전남 완도군 약산도에는 천도교약산교구가 있었고, 일제강점기 때 소안도는 인구 비율로 보면 한국에서 가장 많은 독립지사를 배출한 곳이다. 동학혁명의 후예들이 섬에서도 저항을 계속했던 것이다. 소안면 소재지인 비자리에는 소안 항일운동 기념탑과 기념관이 들어서 있다. 일제강점기 때 소안도는 함경도의 북청, 부산의 동래와 더불어 독립운동이 가장 강성했던 곳 중 한 곳이다. 1920년대에는 6천여 명의 주민 중 800명 이상이 불령선인으로 낙인 찍혀 일제의 감시와 통제를 받았다.

소안도 항일운동의 뿌리는 갑오년의 동학혁명에 닿아 있다. 동학혁명이 일어나자, 동학의 접주 나성대가 동학군을 이끌고 소안도로 들어와 군사훈련을 시켰다. 이때 소안도 출신 이준화, 이순보, 이강락 등이 동학군에 합류했고 동학군의 군사훈련 때 소안도 주민들은 식량을 조달했다고 한다. 특이한 것은 천도교조선농민사 방식의 영농 형태가 소안도에서 제대로 뿌리를 내렸다는 사실도 확인할 수 있다.

공주 우금치에도 없는 동학혁명기념관이 한반도에서 외진 전남 장흥에 자리 잡고 있는 이유는 무엇인가? 장흥 동학에 깃들어 있는 숱한 사연은 몇 날 며칠을 얘기해도 끝이 없다. '장태'장군 이방언! 여동학 이소사! 소년동학 최동린! 소년 뱃사공 윤성도! 접주 이인환, 구교철, 이사경, 김학삼! 사육신 박팽년 후손들! 동학혁명 최대-최후의 전투 석대들 전투!

다시 일어서는 석대들

지난(2017. 10) 추석 연휴 때다. 천도교 장흥교당에는 오랜만에, 참으로 오랜만에 주문 소리가 높이 울렸다. 장흥 천도교의 기운을 다시 살려 보자며 2박 3일의 일정으로, 광주에서, 부안에서, 보성에서, 부산에서, 진주에서, 창녕에서 여러 동덕들이 모였다. 오랜만에 교당에 사람들이 가득하니 전 교구장이신 청암 김동철 도훈께서는 신이 나셨다. 저녁 한때 잠드셨다 다시 깨어 밤 1시가 넘도록 얘기를 이어가셨다.

'왜정' 치하의 노동운동, 농민운동, 신간회운동 등등. 문득 민준호와 김학진을 언급하신다. 어떻게 민준호가 동학에 우호적이었냐고 내게 묻는다. 내가 진주사람이라니 물은 것. 경상 우병사 민준호는 1894년 갑오년 당시 진주 동학군을 진주성으로 불러들여 소 잡아 대접했고, 동학군들은 진주성에 무혈입성하여 보국안민의 붉은 깃발을 성루에 내걸었다. 여차여차하여 그랬다고 설명해 드리니 수긍하신다. 덧붙였다. 이방언과 동문수학했던 김한섭, 장흥부사 박헌양 등 장흥동학군에 맞서 순절한 이들의 한계를. 자신들은 나라에 충성했다고 여기며 숨졌겠지만, 결국은 왜군에 부역했던 것. 왜군의 지휘하에 있었고, 을미년 민비가 왜놈들에 살해당한 뒤 의병으로 일어나지만 때늦은 일. 저항의 주도 세력 동학군을 제거한 뒤 왜가 조선을 삼키는 것은 식은 죽 먹기였던 것.

천도교 장흥교당을 찾게 된 계기는 박경훈 동덕 덕분이다. 박경훈 동덕은 2박 3일 수련 기간 동안 시장에서 장보기, 음식 만들기, 설거지 등을 도맡아 했다. 단지 나이가 젊다는 이유만은 아니었다. 동학과 천도교에 대한 신심이 속 깊이 내재하여 있었다. 앞으로 장흥에서 벌어질 동학 관련 사업, 김재계 선생 추모사업 등 천도교의 일은 박경훈 동덕의 손을 거쳐야만 제대로 움직일 듯했다. 박경훈의 다부진 각오가 범상치 않다.

저는 2004년 무렵 광주·전남·전북 생명과 평화의 길, 한살림 식구들과 동학유적지 답사모임에서 길잡이를 맡으신 원광대 박맹수 교수님과 김춘성 교수님의 대담(『신인간』 668호, 2006.4)을 읽은 것을 계기로 화악산수도원에서 김춘성 교수님을 전교인으로 입도하였습니다. 그 후로도 화악산, 경주, 용담, 호암수도원 등에서 수련을 하였습니다. 입교 후 한울연대 창립 때 함께하기도 했습니다. 여러 모임과 수련을 통해 여러 동덕님들을 알게 되었습니다.

광주에 있을 때는 간혹 광주교구에서 시일을 모시다 광주에서 함께 수련하신 안웅·박요섭·김형만 동덕님들과 산알교구를 하게 되어 몇 차례 모임과 시일을 모시다 장흥으로 귀향하였습니다. 귀향 후 장흥에서 농사를 짓다가 장흥교당 소식을 접했고 현재 보성에 사시는 신승한 동덕님과 함께 김년홍 장흥교구장님을 뵙고 장흥 동학에 관심을 갖게 되었습니다. 그러던 차에 교구장님 소개로 회진 사시는 청암 김동철 선도사님과 윤병추 어르신으로부터 선열들의 동학 정신과 귀중한 가르침을 받게 되었습니다.

원로 교인분들이 못다 피운 동학의 꿈을, 교세가 없음을 한탄할 즈음에 지난 여름 김춘성 교수님 소개로 장흥도서관이 주관하는 초등학생들의 1박 2일 동학 캠프 '미래에서 온 동학이야기'를 이끌며 천도교 이야기와 주문수련을 함께했습니다. 좋은 반응을 얻었습니다. 더불어 천도교의 시운인지 경향각지에서 7월에 1박 2일로 장흥을 찾아주셨고, 추석 전 2박 3일 수련을 제안하셔서 많은 분들의 격려와 응원 속에서 추석 수련을 잘 마쳤습니다.

지금도 장흥에서는 항일독립운동추모사업과 장흥교당의 여건 개선을 위해 몇 안 되는 분들이지만 열심히 일하고 있습니다. 동학혁명과 항일운동, 민족분단 극복의 통일운동과 민주화운동에서 찬연히 빛났던 장흥동학이 다시금 일어나려고 합니다. 많은 응원과 격려 부탁드립니다.

천도교 장흥교당

동학혁명 12년 후, 포덕47(1906)년 4월 10일 천도교 장흥교구가 설립된다. 왜놈들의 총칼에서 살아남은 동학군과 그 후예들이 세운 당당한 교당이 장흥에 들어선다. 천도교라는 조직으로 동학이 다시 살아났다. 그리고 '왜정' 하에서 장흥 천도교는 이 지역의 민족운동을 주도하게 된다.

천도교 장흥교당은 처음에 초가로 지었다가 1917~1918년에 지금

의 형태(기와)로 새롭게 지었다. 건축비용 1,600원(지금 돈으로 2억 5천
~3억여 원). 교당을 짓기 위해 김재계 선생 등이 2,300원을 모금하여
500원(지금 돈으로 1억원 정도)은 3.1운동기금으로 서울로 보낸다.(장흥
천도교당실기) 전남 문화재로 지정되어 2004년 12월 개축하였다.

3.1혁명 이후 장흥교당은 장흥 사회운동의 중심 역할을 했다. 많은
천도교인들이 있었으니 인적 보급, 물적 지원을 거의 장흥 천도교에
서 도맡아 했다. 포덕 68년(1927) 김두환 선생 등이 신간회장흥지회를
결성하였고, 교당을 사무실로 사용하기도 하였다.

2004년 개축, 개축한 지 13년. 여기저기 둘러보니 엉성하게 복원되
었다. 본래 있던 단청은 없어졌다 하고, 정면 입구의 궁을장 목각도
사라져 버렸다고 한다. 마룻바닥은 틈이 생겨 아래가 보이고, 뒷벽은
판자 사이가 벌어져 바깥이 훤히 다 보인다. 한때는 지붕 쪽에도 뚫린
데가 있어 새가 날아들었다가 나가지 못하고 죽어 있었다고 한다. 김
년홍 교구장은 단청복원, 마루와 벽 보완, 별채의 주거환경 개선, 동
네 입구에 안내판 설치 등을 장흥군에 공문으로 보내고 보완하겠다
는 답변을 받았다고 한다.

김재계 선생

비가 흩뿌리는 중에 김재계 선생 묘소와 신간회 장흥지회장(1927),
천도교청년동맹 장흥지부장(1930)을 역임한 김두환 선생(1909~1956)
송덕비를 다녀왔다.

김재계(聲蕃, 1888~1938) 선생은 장흥의 대표적 독립운동가로 추앙받는 분이다. 선생은 장흥 3.1혁명을 주도하고 3년 옥살이를 했다. 선생의 부친은 동학군이었던 김규현. 대를 이어 동학 천도교에 열성이었다. 17세 때 의암 선생을 찾아가 가르침을 받았으나 '을사보호조약'이 체결되었다는 소식을 듣고 홀로 3일간 단식을 한 뒤 청운의 꿈을 뒤로 하고 고향으로 돌아왔다. 선생은 독립자금 조달에 탁월한 성과를 냈다. 1906년 천도교 장흥교당이 개설할 당시 자금을 모았다가 1907년 헤이그 밀사사건 당시 여비에 보태기도 했다.(두산백과사전, 김재계) 1919년 장흥에서 500원을 천도교중앙총부로 보낸 것은, 이때 장흥교당 건축기금으로 모금한 2,300원의 일부였다. 선생은 서울 천도교중앙총부에서 금융관장을 맡았다. 격에 맞은 역할이었다. 1936~1938년 사이 무인멸왜기도 사건 때 자금 조달도 선생의 역할이었다.

천도교 4세 대도주 박인호 선생(1855~1940)은 1936년 8월 14일 지일기념일에 교인들로 하여금 아침저녁 식고할 때마다 일제의 멸망을 기원하는 특별기도를 실시하라는 지시, 즉 「안심가」의 한 구절인 "개 같은 왜적 놈을 한울님께 조화받아 일야간에 소멸하고 전지무궁하여 놓고 대보단에 맹세하고 한의 원수 갚아보세."라는 기도문을 읽게 한다. 또한 1937년 7월, 중일전쟁이 발발하자 국권 회복의 좋은 계기가 될 것으로 여기고 천도교 중앙 간부들과 함께 전국을 4개 구역으로 나누어 독립운동 자금을 모집하고 일본 패망을 기원하는 멸왜기도를 실시한다. 그러다 이 사건이 발각되어 천도교단은 또다시 큰 곤욕을 치른다. 멸왜기도 사건으로 김재계 선생은 황해도에서 1938년 2월 피체되어 혹독한 고문 끝에 석방되었다가 곧장 환원하였다. 4월 22일이 선생의 기일이다.

묘소가 잘 단장되어 있다. 남도대학 교정에 들어서면 오른쪽. 입구에 안내판은 없다. 유족들은 국립묘지로 옮기자는 의견이고 장흥 분들은 그대로 두었으면 한다고 한다. 장흥의 가장 대표적인 항일투사를 장흥 사람들이 모시겠다는 것이다.

위의환 향토사학자는 김재계 선생의 생가 복원도 필요하다고 한다. 생가는 한때 천도교전교실로도 활용되었다. 김재계 선생 생가 바로 옆집은 소설가 한승원의 생가다. 한승원 부친도 천도교인이었고, 한승원은 자신이 7권의 대하소설 『동학제』를 집필한 계기가 성암 김재계 선생의 영향이라고 책 서문에서 밝혔다.

맨부커상과 말라파르테 상을 받으며 장차 노벨문학상 후보로도 손꼽히는 소설가 한강은 한승원의 딸, 동학 천도교의 정신이 이들 부녀에게 면면히 이어지고 있다.

김재계 선생이 해설한 의암 선생의 시문 한 구절을 읊어 본다.

날래게 한울이 준 칼을 빼어서 단번에 만마의 머리를 베니,

마귀 머리 가을잎 같고 가지 위에 달빛과 같은 정신이로다.

勇拔天賜劍 一斬萬魔頭 魔頭如秋葉 枝上月精神(『의암성사법설』「시

문」)

김재계 선생은 이 시를 이렇게 해설하였다.

용단력으로 주저치 말고 마의 근저인 사념을 일 찰라간에 해탈하
여야 비로소 정견이 있다. 우리의 본래 가지고 온 보경이 광명을 발
휘하게 된다. 이 광명의 하에서 세계관, 사회관, 도덕관이 드러나는
것이다. 이에 비로소 나를 알게 된다.(『천도교회월보』, 1926.5)

셋째 날 새벽, 수운 선생의 「시문」을 읽었다. 수운 선생의 안타까움
이 서러울 정도로 느껴진다. 한참 주문을 욀 뿐이다.

안타까이 봄 소식을 기다려도 봄빛은 마침내 오지를 않네.
봄 빛을 좋아하지 않음이 아니나 오지 아니하면 때가 아닌 탓이지.
苦待春消息 春光終不來　非無春光好 不來卽非時(수운, 「시문」)

위의환 향토사학사와 김명기 장흥농민회장이 교당으로 방문하셨
다. 지난 4월 23일, 위의환 선생이 페북에서 김재계 선생 추모식을 하
며 아쉬운 점을 토로하시길래 '돕겠다'고 했더니, 언제 한번 장흥을 방
문하라기에 미리 연락을 해 두었다. 이럴 땐 페북이 많은 도움이 된
다. 위 선생이 재배하는 차와 자신의 지은 책을 선물로 주셨다. 김명

기 장흥농민회회장과 함께 오셨다. 김명기 회장은 김재계 선생 집안 사람이기도 했다.

장흥동학혁명탑을 방문하고 김재계선생추모제, 항일운동탑 건립 등에 대해 많은 이야기가 오갔다. 1955년생인 위 선생은 어릴 때 할아버지에게 한문을 배웠다. 한문 실력을 바탕으로 장흥 동학 연구에 일가를 이루었다. 2009년 위 선생이 펴낸 두 권짜리 『장흥동학농민혁명 사료총서』는 장흥, 강진 전투, 사료 번역과 해설, 연구논저 소개, 현지의 증언전설을 소개하고 있는 아주 방대한 책이다. 장흥의 6개 시민사회단체를 포괄하면서 장흥 천도교도 참가하고, 유족들도 참여하는 '성암김재계선생기념사업회'가 새롭게 태어날 준비를 하고 있다.

추석을 앞두고 장흥 읍내 곳곳에는 '어머니 품 같은, 장흥'이란 현수막이 걸렸다. 두 밤을 지낸 장흥교당은 어머니 품 같은 곳, 교당에서 바로 보이는 해발 518미터의 제암산, 그 아래 펼쳐진 더넓은 석대들과 석대들에 담긴 동학 이야기, 아담하게 흐르는 탐진강, 장흥동학농민혁명기념관 그리고 기념탑. 동학, 천도교가 새롭게 도약을 하기 위한 조건을 착착 갖추어 가고 있는 장흥을 뒤로 하고 장흥의 여러 동덕들과 다시 만날 기약을 하였다.

"백성들의 마음은 위험하지 않다네"

경남 서부지역의 동학혁명 유적지를 둘러보고

전라도 중심의, 전봉준 중심의 동학혁명의 역사는 이제 바꿔야 한다. 요즘 전국 각 지역에서 123년 전 동학혁명에서 산화한 동학군을 위령하고 추모하는 행사가 많다. 강원도 홍천 자작고개에서, 충청도 공주 우금치에서, 당진 승전목에서, 아산에서, 예산에서, 태안에서, 경남 하동에서, 조금 더 있으면 전남 장흥에서도 왜군과 관군, 민보군에 희생당한 동학군을 추모하는 행사가 열릴 것이다. 남과 북이 화해와 협력의 다리를 놓고 쉬 오갈 수만 있다면 황해도 해주성에서도 동학혁명을 기념하는 행사가 열릴 것이다.

지난(2017) 11월 11일 오전 11시 공주 우금치에서 동학혁명군 위령식이 있었고, 하동 고성산에서도 같은 날 같은 시간에 위령식이 진행되었다. 전북 정읍의 동학농민혁명계승사업회 회원 분들이 '2017 역사의 길 걷기' 사업의 하나로 진주, 하동, 산청 지역의 동학혁명 유적지를 둘러보았다. 1박 2일의 일정에 정읍 분들을 안내하며 함께하였다.

정읍 분들을 안내하며 내가 한 이야기의 큰 줄거리는 이렇다; "동학혁명하면 정읍이고, 전봉준이다. 경상도의 진주, 하동, 산청에서 동학혁명을 상상하는 것은 쉽지 않다. 이 지역 분들도 사실 이 지역이 동학혁명과 연관이 있다는 것을 잘 모른다. 그러나 갑오년 봄 경남서부지역에서도 동학군들이 봉기하였다. 그 역사적 근원을 간과하지 말아야 한다."

인지우인(忍之又忍), 참고 또 참다가

전봉준은 체포되어 서울로 압송되어 왜놈들에게 재판을 받았다. 그 재판기록에 이런 말이 있다. '인지우인(忍之又忍)', 참다 참다 기포를 했다는 것이다. 고부 군수 조병갑이 만경강에 원래 보가 있던 아래에 필요도 없는 새로운 보(만석보)를 만들어 세금을 또 거두니, 참다 참다 들고 일어났다고 전봉준은 재판정에서 진술했다. 삼십여 년 전 한겨울, 정읍에서 전주까지 걸어서 동학혁명의 발자취를 찾아본 적이 있었다. 걷다가 눈 덮인 벌판, 지평선을 보면서 깨달았다. 왜 하필 호남 벌판 이 너른 곳에서 혁명이 시작되었는지. 저 너른 벌판을 두고도 굶주렸으니, 수탈이 가장 극심했던 그곳에서 혁명이 시작되는 것은 필연이었다고 한순간에 알아챘다.

그런데 진주, 하동, 산청 등의 지역은 산으로 둘러싸인 곳이다. 왜 이 동네에서 동학혁명의 깃발을 들었을까. 그것도 호남에서 대대적으로 봉기한 후 겨우 열흘 정도 뒤에. 추석 무렵 화제가 되었던 영화 '남한산성'을 언급했다. 진주를 비롯한 서부경남지역은 '남한산성'과

밀접한 관련이 있다. 인조가 왕위에 오르는 '인조반정'은 서부경남 사람들의 삶을 3백년 가까이 옥죄었던 사건이다. 지금은 경상남도, 북도이지만 그 당시는 경상우도, 경상좌도라 했다. 서부경남지역은 경상우도에 속했다.

1623년 인조반정 직후, 합천에 있던 내암 정인홍은 90에 가까운 나이였지만 서울로 끌려가 참형 당했다. 그리고 조선이 망하는 1910년까지 거의 3백 년 가까이 '남명학파'는 조정에 등용되지 못했고 진주를 중심으로 한 경상우도는 지역 차별을 받았다. 요즘으로 치면 좌경용공, 빨갱이 동네로 낙인이 찍혔다.

정인홍은 남명 조식의 수제자의 한 분이었고, 임진왜란 당시 의병장이며, 의병장들의 대장 격이었다. 광해군의 정치적 후견인으로 영의정으로 임명될 정도로 광해군이 신뢰했던 분이다. 정인홍의 죄목은 광해군의 '폐모살제'(광해군의 계모 인목대비를 폐위시키고 동생 영창대군을 죽인 것)에 참여한 것이었지만 이것은 날조된 것이었고 평소 퇴계를 비판하는 등 서인들과 정치노선이 달랐던 대북파의 영수였던 것이 더 큰 이유였다. 광해군 때는 명, 청 사이에서 균형외교를 하여 전쟁은 일어나지 않았다. 이런 것도 인조반정을 일으킨 자들에게는 문제가 되었다. 청나라와 화해하고 평화롭게 지내는 것을 문제 삼았다. 명분에 집착한 반정 세력들은 임진왜란 때 조선을 도운 명나라의 은혜를 잊지 말자며 친명 정책으로 돌아섰다. 그 결과 신흥강국 청나라는 명나라를 삼키는데 걸림돌이며 배후를 위협하는 조선을 먼저 굴

복시켜야 했다.

영화 '남한산성'

영화 '남한산성' 이야기도 잠시 했다. 영화에서 명분과 실리, 죽음과 삶을 두고 김상헌과 최명길은 치열하게 대립한다. 청과 화해하자는 최명길이 흘린 눈물, 인조가 항복하며 칸에게 절하는 마무리 장면에서 흘리는 눈물을 전혀 이해할 수 없었다. 영화에 등장하는 이들은 대부분 인조반정에 공을 세운 자들이다. 청나라와 화해를 주장한 주화파 최명길 역시 인조반정의 공신이다. 인조반정은 외교적인 측면에서 보면, 명분에 집착하여 청의 침략을 불러들여 나라를 망친, 외교 '참사'의 출발점이었다. 병자호란 일어나기 9년 전 '정묘호란'으로 반정세력들은 전쟁의 불길로 한 차례 쑥대밭이 되고도 정신을 못 차렸던 것이다. 그러고도 '신념의 강자'들은 애꿎은 조선의 백성을 버려서라도, 자신들의 조국 조선이 망가지더라도 사그라지는 명나라에 은혜를 갚아야 했다. 이게 무슨 허깨비 같은 짓인가.

그러다 또 전쟁이 나자 청과 화해하자? 힘도 없고 대책도 없이 전쟁을 자초하고는 목숨이 아까우니 구차해도 살아야 했던 것이다. 이런 창피한 이야기를 너무 진지하게 영화로 만들어 놓았으니 이야기는 되지만, 실제 병자호란은 산성에서 47일을 버티다 식량 보급이 안 되자 항복해야 했던 어처구니없는 사건이었다.

칸(汗, 청태종)은 아량(?)을 베풀어 인조를 살려준다. 청 태종은 조선

하나 먹자고 군사를 일으키지 않았던 것이다. 명나라를 멸하고 중원을 다 삼키자는 야심가였던 것. 영화감독은 칸을 너무 멋진 사나이, 트럼프와 시진핑 정도의 대범한 이로 그려 놓았다. 영화에 이시백이란 사람이 나온다. '이시백'은 못생긴 박씨이야기 '박씨전'의 주인공 박씨의 남편이며, 영화 남한산성에서는 수어사로 역할을 한 실존 인물이다. 못생긴 박씨 부인이 허물을 벗고 신기한 도술로 용골대를 비롯한 청나라 군대를 물리치는 통쾌한 이야기가 '박씨전'의 줄거리다. 영화는 당연히 박씨전보다 재미가 없다. 임경업 장군이 등장하면 더 재미가 있었을 것이다. 무능한 남정네들이 나라를 망치니 여인네들은 이중 삼중고를 겪는다. 여자들이라도 나서서 나라를 구하여 '정신적 승리'를 구가하자는 것이 소설 '박씨전'이었다.

이런 차원에서 '북벌론'이란 허깨비가 조선이 망할 때까지 유행한 것은 코메디이지만, 그리라도 해야 정신건강에 도움도 되고 '이씨'왕조를 유지하고 정권을 보위하는 수단도 되었다. 영화에서는 김상헌이 자결하는 것으로 역사적 사실과 다르게 영화가 마무리되지만, 차라리 인조의 목을 베는 것으로 마감하고 봉림대군이 복수의 칼을 가는, 요상한 판타지로 만드는 것도 좋았을 거라는 영화 평도 곁들였다.

'언어 문자는 간략할수록 고귀하다'

다시 정인홍 이야기다. 정읍 사람들의 답사 일정에는 정인홍의 스승, 남명 조식의 유적지인 남명기념관, 산천제, 덕천서원이 들어 있었다. 남명 조식(1501~1572)은 퇴계 이황(1501~1570)과 같은 시대를 살았던 사람이다. 남명은 임진왜란 전 제자들에게 이렇게 가르쳤다. 제자들에게 시험문제라 할 책제(策題, 1569)를 통해 다음과 같이 묻는다.

그대들에게 묻노라. 지금 섬 오랑캐들이 난을 일으키고 있다. 왜인들이 우리나라의 실정을 염탐하고자 금은보화로 역관들에게 뇌물을 주었고, 역관들은 이 뇌물을 받아 임금의 명을 전하는 내시에게 주어, 국가의 계책이 임금 앞에서 논의되고 있을 때 그 사실이 이미 오랑캐의 귀에 전달되어 있다. 대궐 안에서 첩자 노릇 하는 한 명의 내시도 잡지 못하면서 밖으로 교활하기 그지없는 왜적을 잡을 수 있겠는가? 왜적을 막아낼 방책이 없겠는가? 제군들의 의견을 듣고 싶다.

'왜적을 막아낼 방책이 무엇인가?' 공자 왈 맹자 왈도 했겠지만 남명은 제자들에게 실제적인 현실문제를 해결하는 것에 집중하게 했다. 남명은 이런 이야기도 했다고 한다; "이론이 많다고 해서 꼭 도를 밝게 통했다고 볼 수 없다. 언어문자는 간략할수록 고귀하다." 이황과 기대승의 8년에 걸친 사단칠정 논쟁을 가리켜 남명은 헛된 이름을 훔치는 일이라 일축하면서, 그런 관념적 논쟁을 막아야 할 당사자인 이황이 오히려 논쟁의 주역이 되었음을 나무라면서 한 말이라고 한다. 남명의 '단성소'(단성현감 벼슬을 사양하는 사직서)는 널리 알려져 있다.

대비(문정황후)는 신실하고 뜻이 깊다고 하나 깊은 구중궁궐의 한 과부에 불과하고, 전하는 아직 어리고 다만 돌아가신 임금님의 한 고아일 뿐입니다. 백 가지 천 가지로 내리는 하늘의 재앙을 어떻게 감당하며 억만 갈래로 흩어진 민심을 어떻게 수습하시겠습니까? 신이 요사이 보니, 변경에 일이 있어(왜구의 침략으로 전라도 일대가 함락된 1555년 을묘왜변을 말함) 여러 높은 벼슬아치들이 제때 밥도 못 먹을 정도로 바쁜 모양입니다만, 신은 놀라지 않습니다. 평소 조정에서 뇌물을 받고 사람을 쓰기 때문에 재물은 쌓이지만 민심은 흩어졌던 것입니다. 그래서 결국은 장수 가운데서는 자격을 갖춘 사람이 없고 성에는 지킬 군졸이 없으므로 왜적이 무인지경에 들어온 것입니다. 이 어찌 이상한 일이겠습니까? 산야에 버려진 신을 구해다가 어진 이를 구한다는 아름다운 이름 내는 데 들러리로 쓰시려고 하십니까?

왕과 대비를 고아, 과부라 하였다 하여 남명을 극형에 처하자는 논란도 있었으나 유야무야되고, 남명의 명성은 높아졌다. '민암부(民巖賦, 백성은 위험한가?)'란 시에서 우리는 남명 사상의 진면목을 접할 수 있다.

백성이 물과 같다는 소리 옛날부터 있어 왔다네.
백성들이 임금을 떠받들기도 하지만

백성들이 나라를 뒤집기도 한다네.

나는 진실로 아나니, 물은 눈으로 볼 수 있는 것,

위험이 바깥에 있어 좀체 가까이 않는다네.

볼 수 없는 건 마음인데 위험이 안에 있어 소홀히 대한다네.

걷기엔 평지가 안전하지만 맨발로 살피지 않으면 발을 상한다네

이부자리보다 더 편안한 곳이 없지만,

뾰족한 것 겁내지 않으면 눈을 찔린다네

재앙은 소홀히 하는 곳에 있는 법,

위험은 산골짜기에만 있는 건 아니라네.

원한이 마음속에 있게 되면

한 사람의 생각이 아주 날카롭게 된다네.

보잘 것 없는 아낙네라도 부르짖으면 하늘이 호응한다네.

그 위험함의 근원을 찾아보건대 정말 한 사람에 지나지 않는다네.

임금 한 사람이 어질지 못한 데서 위험이 극에 이르게 된다네.

임금 하나로 말미암아 편안하게도 되고,

임금 하나로 위태롭게 되기도 한다네.

백성들의 마음 위험하다 말하지 마소.

백성들의 마음은 위험하지 않다네.

'민암부'의 부분이다. 남명이 사망하고 20여 년이 지난 후 임진왜란
이 일어났고, 조선은 망하기 직전까지 갔다. 남명이 상소를 통해 당시

의 조선을 벌레가 먹어 속이 다 파인 거목이 태풍을 맞은 상황이라고 인식한 것은 정확했고, 또한 아전들의 부패가 나라의 근본을 뒤흔들고 있다는 판단도 모두 옳았다.

조선의 3대 영웅

남명의 제자 정인홍(1535~1623) 역시 다분히 현실적이었고, 남명의 사상을 그대로 받은 실질적인 계승자로 조정에 등용된다. 임진왜란 당시 고향 합천에서 의병장으로 기병하였는데, 경상도 지역 의병대장 격이었다. 스승 남명과 마찬가지로 퇴계를 비판적으로 보았고, 영의정으로 임명될 정도로 광해군의 정치적 신뢰를 받았다. 이런 것이 죄가 되어 정인홍은 아흔을 앞두고 사형된다. 이후 경상우도 지역의 '남명학파'는 조선이 망할 때까지 조정에 등용되지 못했다.

3백년 가까운 지역적 차별을 뚫고 나온 역사적 사건이 1862년 발생한 '진주민란'이었다. 지역 차별과 '삼정문란'으로 표현되는 부패한 권력에 항거하여 진주민란이 발생한 곳은 진주 수곡·덕산(지금의 산청군 시천면)이었다. 이후 조선 8도를 뒤흔들며 민란은 계속되었으니, 조선왕조 멸망의 서곡이 '진주민란'이었다. 꽃 진 자리에 또 꽃 피듯 진주민란 32년 후 봄, 수곡·덕산에서 동학군들이 혁명의 기치를 들고 봉기한 것은 진주민란의 연장이기도 하였다.

임진왜란 당시 7만 명의 민·관·군이 희생당한 곳이 진주를 비롯한 경상우도 지역이었으니, 왜군들이 경복궁을 점령하고 동학군을 학살하는 것에 반발하여 동학혁명의 깃발을 들고 봉기한 것 역시 충분히 이해되는 일이었다. 123년 전 9월 18일, 진주지역의 동학군이 호남의 김인배 대접주와 힘을 합쳐 진주성을 무혈 입성할 때다. 경상우병사 민준호는 지역의 척왜 정서를 존중하여 소를 잡아 동학군을 대접하는 민족적 양심을 발휘하였다가 해임되었다.

  단재 신채호는 위기에 처한 나라를 구하는데 뛰어난 업적을 보인 '조선의 3대 영웅'으로 을지문덕, 이순신 그리고 정인홍을 꼽았다. 정인홍은 그만큼 통 큰 인물이었고 그런 평가를 받을 만한 충분한 이유가 있는 인물이다. 남명학파를 이어받고 있다는 '경상우도' 지역 사람들은 남명을 비교적 긍정적으로 보지만, 여전히 정인홍이란 존재를 무시하려 한다. 자신들의 뿌리와 근원을 스스로 부정하는 모순된 상황을 연출하고 있다. 해방 후 70여 년간 맛들인 권력의 단맛에서 멀어지기 싫은 것이라 보면 될 것이다. 3백 년간 차별 받았던 피해의식에서 여전히 벗어나지 못하고 있다고 해도 될 것이다. 그래서인지 경상우도 지역에 해당하는 서부경남 지역은 현재 정치적으로 가장 보수적인 동네로 전락했다. 겉으로는 남명 조식의 정신을 계승·실천한다면서 남명의 후예로 자처하지만, 남명의 생각과 삶과는 한참 동떨어져 있다고 해야 될 것이다.

"북한 천도교 재산 어떻게 되어 있을까?"

3.1재현운동과 영우회 활동 제70주년

이 글의 제목은 '통일 되면 북한에서 내 조상의 땅을 찾아올 수 있을까?' 라는 선정적인 제목으로 연재되고 있는 어떤 언론에서 제목을 조금 바꾼 것이다. 이 연재물은 이렇게 시작된다.

현재 북한은 모든 토지가 공공 소유로 되어 있다. 북한 헌법 제20조에 따르면 "조선민주주의인민공화국에서 생산수단은 국가와 사회협동단체가 소유한다."라고 되어 있다. 그리고 "제21조 나라의 모든 자연자원, 철도, 항공운수, 체신기관과 중요공장, 기업소, 항만, 은행은 국가만이 소유한다.", "제22조 토지, 농기계, 배, 중소공장, 기업소 같은 것은 사회협동단체가 소유할 수 있다."라고 명시되어 있어 토지의 사적 소유를 용인하지 않고 있다.

특히 자연자원 중 산과 강은 국가만 소유하고 토지는 국가뿐 아니라 사회협동단체 소유가 가능하다고 명시한다. 북한은 추가로 제22조에 "사회협동단체 소유는 해당 단체에 들어 있는 근로자들의 집단적 소유이다."라고 명시해 두어 사회협동단체 소유권에 대한 해설도 됐다. 북한에서의 사회협동단체는 한국의 협동조합과 비슷한 개념으로 보인다. 협동조합은 법적으로 조합원 전체가 회사의 소유권을 가진다. 북한의 사회협동단체 역시 단체원들이 그 재산을 집단적으로 소유한다는 것이다.(nk투데이, 2018.3.20)

위에 인용한 북한헌법에 따르면 토지는 '사회협동단체'의 소유가 가능하다고 하는데, 북한 천도교 조직(조선천도교중앙지도위원회)은 '사회협동단체'로 되어 있을까? 북한 천도교가 사회협동단체로 되어 평양천도교당을 비롯하여 북한 전역의 천도교당을 소유하고 있을까? 먼저 70여 년 전 북한 천도교의 상황을 살펴본다.

북한의 토지개혁

북한에서는 1946년 2월 8일 각지의 인민위원회가 연합하여 북조선임시인민위원회를 출범시키고, 3월 5일 무상분배 토지개혁을 실시한다. 이로써 북한에서 실제로 단독정부가 출범한 것으로 보면 될 것이다. 1946년 봄, 파종 시기에 시작된 토지개혁은 단 26일 만에 완료되어, 3월이 지나기 전에 토지개혁 법령은 성공적으로 실현되었다고 한다. 즉 38선 이북지역에서는 총 96만 3,657정보의 토지가 몰수되어, 68만 2,760호의 농가에게 분배되었다. 농민들은 집집마다 평균 1.63정보(약 4,890평)의 땅을 가지게 되었다. 송곳 하나 꽂을 땅이 없었던 농민이 하루아침에 4천 평 이상의 땅을 소유하게 된 것이다.

당연히 지주층의 저항도 있었다. 각 지역에서 산발적으로 소련 주둔군 기관, 노동당 건물에 대한 공격과 토지개혁 실무자에 대한 테러, 학생들의 반대 행동, 선전문, 전단, 유언비어 등의 사례가 발생했다. 또한 임시인민위원회 내부에서도 조선민주당원 등 민족·자본주의 진영의 비협조 사례가 있었다. 그러나 그 저항은 강하지 않았다.

북한에서 토지개혁에 대한 지주층의 저항이 미약했던 데는 첫째로 남북 분단의 조건이 작용했다. 토지개혁에 반대하는 지주층은 소련 주둔군에게 저항하기보다는 남한 지역으로 이주해 새로운 활로를 모색한다는 선택을 할 수 있었다. 남북 분단, 그리고 소련군 주둔이라는 조건이야말로 지주층의 저항을 약화시킨 가장 주요한 원인이었다.

토지개혁 이후 북조선노동당과 북조선임시인민위원회에 대한 지지는 높아졌다. 토지개혁 과정에서 가난한 농민, 고용농민들의 입당이 늘었다. 토지개혁의 짧은 기간 동안 평안북도 3,272명을 비롯하여 총 1만 2,330명이 북조선노동당에 입당했다. 이후 8월에 이르러서는 약 36만 6천명으로 불어나 6개월 만에 80배가 넘는 증가를 기록했다. 1950년대 말 미국의 군부가 작성한 보고서는 토지개혁이 끝난 직후 "농민들의 70%는 새로운 북조선 정부의 열렬한 지지자들이 되었다."고 평가했다.

북한 천도교는 토지개혁의 시행으로 인한 경제적 손실이 크지 않았다. 천도교인들은 농민이 많았는데 토지가 없는 빈농의 천도교인들은 토지개혁을 통해 자신의 토지를 갖는 기회가 되어 경제적 기반이 튼튼

해졌다. 천도교에 비해 기독교나 불교, 천주교 등 다른 종교는 토지개혁을 통해 상대적으로 많은 손실을 보았다. 또한 북한 정권의 실정, 그리고 반소 감정에 대한 북한 인민들의 민족적 정서가 천도교세 확장에 기여했다. 토지개혁 이후에도 천도교는 오히려 세력을 확장하자, 김일성의 입장에서는 천도교 확산에 제동을 걸지 않을 수 없었다. 그 직접적인 계기가 천도교의 '남북분단저지운동', 즉 3.1재현운동이다.

"제주 4.3은 대한민국의 역사입니다!"

천도교의 3.1재현운동은 '제주 4.3'과 공통점이 많다. 제주 4.3과 삼일재현운동 모두 3.1절을 계기로 발생했고, 둘 다 남북 분단 반대, 단독정부 반대, 통일정부를 지향했다는 공통점이 있다. 반외세라는 점에도 동일하다. 제주 4.3이 올해로 70주년이니, 천도교의 3.1재현운동도 70주년이다. 차이가 있다면 하나는 반미, 하나는 반소였다는 것, 반공이니 친공이니 하는 이념은 그다지 중요하지 않았다. 제주 4.3은 70주년을 계기로 이제 '대한민국의 역사'로 편입되어 아직 전부는 아닐지라도 신원, 즉 희생자들의 억울한 죽음의 한은 조금씩 풀리고 있다.

71년 전 1947년 제주 지역 3.1절 기념식에서 기마경찰의 말발굽에 어린이가 치였다. 넘어진 아이를 무시한 채 지나가는 기마경찰에 주민들이 항의했고, 미군정 경찰은 발포하여 6명이 사망하면서 비극이 시작된다. 제주 4.3의 서막이었다. 경찰들은 3.1절 집회를 주도했던 사람들을 잡아들인다. 이에 제주도민들은 자발적인 총파업으로 대응하여 학생들은 학교 가기를 거부했고, 공무원들은 행정 업무를 거부했고, 물건 사고 파는 시장도 문을 닫았다. 당시 제주도지사는 모든 책임을 지겠다며 항의성 사직서를 제출했다. 그러나 미군정 경찰은 오히려 제주도를 '빨갱이 섬'으로 규정하고 대대적인 검거선풍을 일으켜, 이듬해 4.3이 일어나기 전까지 1년 사이에 2천 5백여 명을 체포한다. 미군정 경찰이 자신들의 잘못을 인정하고 사과했으면 마무리되었을 사건이었다.

'앉아서 죽느냐, 서서 싸우느냐' 하는 선택밖에 없는 상황에서, 남한만의 단독정부 수립을 위한 총선거에 반대하면서 1948년 4월 3일 제주도민들은 투쟁을 선언하고, 그 이후 무려 3만여 명의 희생자가 발생했다. 오랜 세월 제주 4.3은 함부로 말할 수 없는 단어였다. 4.3특별법 제정(2000.1 공포), 국가권력의 잘못에 대해 유족과 제주도민들에게 정부의 공식 사과(2003.10.31), 4월 3일을 국가지정추념일로 지정(2017.1.17), 그리고 올해(2018) 70주년을 맞아 제주 4.3은 이제 대한민국의 역사가 되었다.

"북에서는 반동분자, 남에서는 빨갱이"

이와 대조적으로 천도교의 '남북분단 저지운동' 즉 3.1재현운동 역시 올해로 70주년을 맞았지만 제대로 알려져 있지도 않다. 해방 이후 남북한 모두 별개의 단독정부 수립을 서둘렀고 분단은 기정사실화되고 있었다. 그러나 1948년 남북 분단이 고착화되어 갈 때도 민족의 간절한 희망은 여전히 '남북 통일정부 수립'이었다. 당시 북한 천도교의 교세는 폭발적으로 증가하여, 1947년 6월에 약 169만 명이었고 1950년 3월에는 약 286만 명으로 당시 전체 북한 인구의 1/3에 육박할 정도였다.

<해방정국 38선 이북 천도교세 분포>

도명	교호수(敎戶數)				교인수(敎人數)			
	1947.6	1950.3	증가호수	증가율 (%)	1947.6	1950.3	증가교인수	증가율 (%)
평안북도	86,352	158,277	71,925	83.3	449,030	680,591	231,561	51.6
평안남도	78,038	145,019	66,981	85.8	405,798	623,582	217,784	53.7
황 해 도	41,874	87,723	45,849	109.4	217,745	377,209	159,464	73.2
강 원 도	29,231	70,363	41,132	140.7	152,091	302,561	150,470	98.9
함경북도	57,026	112,140	55,114	96.6	296,535	482,202	185,667	62.6
함경남도	32,480	93,069	60,589	186.5	168,896	400,197	231,301	136.9
계	325,001	666,591	341,590	105.1	1,690,095	2,866,342	1,176,247	69.6

<출처: 문재경, 「북한의 반공운동」, 『신인간』 제288호, 1971.8, 94쪽>

남북의 천도교의 지도자들은 "북은 북대로 공산정권을 세우는 것을 그대로 버려 두고, 남은 남대로 단정 수립을 서두를 수도 없다."며 '남북 통일정부의 수립'을 촉구하고 나섰다. 남과 북의 천도교인이 하나가 되어 1948년 3월 1일을 기해 민족의 영구 분열을 저지하고 민족 통일정부를 수립하자는 운동을 벌인다.

불행하게도 북한에서는 사전에 발각되어 1948년 2월 24일부터 천도교 간부 약 1만 7천여 명이 검거되고 3.1절 기념행사가 전면 금지된다. 그중 87명이 처형되었다. 이런 탄압에도 불구하고 황해도 신계와 평북 영변에서 대대적 시위가 일어났다. 천도교에서는 이 사건을 '3.1 재현운동'이라 부른다.

3.1재현운동 이후, 1948년 3월 개최된 북조선노동당 제2차 대회에서 김일성은 천도교의 세력 확장에 대해 우려를 표하였다. 뿐만 아니라 천도교의 조직 확장에 제재를 가하기 위해 '천도교청우당 내에 기어든 반동분자들은 농민들을 속이고 자기들의 목적을 쉽게 달성하기 위하여 될 수 있는 대로 농민이 낙후하고 몽매한 상태에 있기를 원한다.'고 하며 천도교 내의 반동분자가 사회주의 혁명의 장애물이라며 강도 높게 비난하였다. 나아가 천도교 재정의 근원이 되는 성미(誠米) 제도도 농민을 착취하는 수단이라고까지 비난하였다.

3.1재현운동 당시 검거를 피한 천도교인들은 영우회라는 비밀조직을 만들어 무장투쟁을 준비하면서 조직을 확대해 나갔다. 그러나 북한 당국에 탐지되어 1950년 4월부터 본격적인 검거선풍이 불고 영우회의 주모자 165명이 평양감옥에 갇혔다가, 6·25전쟁 중에 북한군에 의해 대부분 몰살당했다. 또한 남한 천도교인들도 단독정부 수립을 위한 총선거를 반대했다. 1948년 8월 15일 단독정부(대한민국)가 수립된 후 '북로당과 북조선천도교청우당의 지령을 받아 천도교 내에서 남조선 천도교의 중심세력을 분리시키고 북한 청우당 세력을 부식시키며 파괴·암살을 위한 지하당원'이란 죄목으로 천도교청우당원들이 검거되고 이듬해 천도교청우당은 정리·해체된다. 천도교는 그 무렵 남에서도 북에서도 발붙이기 힘들었다.

해방공간의 동학 천도교가 겪은 수난과 아픔의 역사는 외세와의 끊임없는 민족적 저항의 역사로 제대로 기록되어야 할 것이나, 사실 그 자체를 알리는 것이 우선이다. 동학연구가 표영삼은 3.1재현운동을 다음과 같이 평가하였다.

일부에서 이 운동을 반공운동으로 오해하는 일이 있다. 북한지역에서 이 운동이 북한 공산정권에 의해 무참히 탄압받고 살육 당했기 때문에 반공운동으로 보았는지 모른다. 이 운동은 1948년 3월 1일을 기해 남쪽과 북쪽에서 미·소 양군의 점령 아래 각기 다른 사회체제의 단독정부를 수립, 민족의 영구분열을 획책하려는 것을 저지하고 민족통일정부를 수립하자는 천도교의 민족통일운동이었다.

(〈천도교월보〉, 1988년 8월호)

"3.1재현운동, 영우회는 남과 북의 역사인가?"

어쩌다 보니 나는 제주 4.3과 관련하여 경남 진주의 분향소에서, 서울 광화문 분향소에서 천도교식 위령식에 참가했고, 4월 7일 광화문의 전국적인 추모행사에도 참가했다. 아직도 '제주 4.3'이 진주와 무슨 상관이 있다고 진주에서 추모식을 하며, '제주 4.3'이 천도교와 무슨 상관이 있다고 천도교식으로 추모하냐는 의문을 가진 분들이 많다.

'제주 4.3의 주동자로 빨치산의 상징이었고, 잠수함을 타고 제주를 떠나 북한으로 탈출한 김달삼' 등에만 주목하면 누구의 지적대로 제

주 4.3은 '좌익 폭동'임에도, '제주 4.3'을 대한민국의 역사로 기억하려는 이유는 다름 아니다. 제주 4.3 선열들이 3.1절을 계기로 일제의 적폐를 청산하고 자유와 평등의 통일된 세상을 만들어 보자며 희생되신 분들이 대다수이기 때문이다. 이 하나의 이유 때문에 제주 4.3 선열들을, 칠십년이나 지난 이제사, 늦었지만 지금이라도 추모하고 기념하고 또 '대한민국의 역사'로 기억하려 한다.

"그런데 3.1재현운동은, 영우회사건은?" 어찌 될 것인지 의문을 던지지 않을 수 없다. 대한민국의 역사이기는커녕 제대로 알려져 있지도 않고, 사건과 직접 연관된 분들은 이제 거의 고인이거나 고령이라 무엇을 도모하기도 어렵다. 동학하는 사람들 역시 관심 자체가 없거나 사실 자체를 잘 모른다.

4월 말 남북 교류, 5월 말 북미정상회담으로 남과 북의 민간교류가 활발해지면, 그래서 북한 천도교와 남한 천도교가 교류가 된다면 묻고 싶은 것이 있다. 지금 평양 천도교당은 누구 것이냐고? 또 평양 시내 곳곳에 있다는 천도교 전교실은? 그리고 평안도, 함경도, 황해도 등 북한 전역에 널렸던 옛 천도교당들은 어떻게 되어 있냐고? 이런 질문은 사실 너무 속보이는, 자본주의에 찌든 속물적인 것인지 모르겠다. 월남한 천도교인들의 개인 땅이나 재산이야 개인 것이니까 그냥 두고라도, 북한의 각 지역마다 제법 거창하게 지었던 천도교당의 소유 현황이나 현재 실태를 알고 싶다. 과거 천도교인들의 피땀으로 이루어졌던 교당과 부속건물, 수도원 등의 천도교 재산의 현황만큼은 제대로 파악하고 싶다는 것이다. '사회협동단체'인 천도교청우당의 소유로 되어 있을까?

그러나 정작 묻고 싶은 것은 딴 데 있다. '3.1재현운동과 영우회'는 남과 북의 역사인가? '통일되면 북한의 천도교 재산을 찾을 수 있을까?라는 질문보다는 '통일되면 3.1재현운동은 통일 조국의 역사가 될까?라는 질문에 대한 답이 사실 더 궁금하다. 북에서는 '반동분자'의 행위였지만 조국통일을 위한 노력이었다고 평가할 수 있을까? 남에서는 '빨갱이 짓'이었지만 역시 '민족통일'을 위한 몸부림이었다고 평가해 줄까? 해방정국 당시 민주주의민족전선(민전)의 상임위원으로도 활약하였던 김현국 천도교 전 연원회의장은 3.1재현운동 이후 전개된 비밀결사 '영우회' 활동을 이렇게 평가했다.

영우회 운동은 동학사상에 기초한 통일운동이었으며 좌도 아니요 우도 아니었습니다. 영우회 운동이 북한에서 전개되어, 북한의 천도교인이 많이 희생되어 세간에서 마치 반공운동이었던 것처럼 잘못 생각하는 경우가 있지만 본뜻은 그것이 아니라, 분단의 벽을 무너뜨리려는 데 있었던 것입니다. 그것은 동학의 수난사가 외세와의 끊임없는 민족적 저항이었다는 역사적 시각에서 봐야 하기 때문입니다. 다시 말하면 민족 근대사에서 끊임없이 추구하여 온 통일 민족국가 형성을 위한 민족운동으로 생각해야 할 것입니다.(『영우회비사』, 동학영우회, 1989)

"내 한 몸 불살라서 궁을꽃을 피우나니"

입암 이도천 선도사 분신 제40주기

판문점에서 남북정상회담이 2018년 4월 27일 열렸다. 문재인 대통령과 김정은 위원장의 도보다리에서의 대화는 세계의 주목을 받았다. 두 사람의 대화를 지켜본 우거진 숲 속 새는 모두 열세 종류였다고 한다. 나는 열세 종의 새가 무엇인지 모르겠으나, "열세 자 지극하면 만권시서 무엇하며 심학이라 하였으니 불망기의 하였어라."라고 한 수운 선생의 말씀이 퍼뜩 떠올랐다. 13이란 숫자에서 나는 상서로운 기운을 느꼈다. 서양인들은 반대이겠지만. 모처럼 열린 남북정상회담이라 많은 국민들은 기대는 크다. 남과 북, 북과 미, 남-북-미-중-일-러 사이에서 제각각으로 갈리는 이해관계로 회담의 장래는 낙관적이되 과정은 지난할 것이다.

당장 평화와 화해가 이루어진다면 무기 판매로 이익을 얻고 있는 미국은 손해다. 무기를 두고 해월 선생은 '사람 죽이는 기계'라 했다. 미국은 자신들의 이익이 달린 '사람 죽이는 기계'의 판매를 포기하기 쉽지 않다. 미국 학교에서 벌어지고 있는 총기사건으로 죽는 사람이 전쟁으로 죽는 사람보다도 훨씬 많음에도 무기생산업체의 눈치를 볼 수밖에 없는 미국의 정치인들은 일반인들의 무기 소지를 금지하는 법안을 만들지 못하고 있다.* 같은 이유로 한반도에 평화와 화해가 실현되는 최악(!)의 상황을 그들은 쉽게 받아들이지 못할 듯하다.

한국은 연평균 4조원 안팎의 미국산 무기를 수입하는데, 한반도에 평화 체제가 구축되면 미국의 한국에의 무기 판매는 줄어들 수밖에 없다. 실제 지난달 27일 남북정상회담 직후 미국 5대 방산업체의 주가는 1~3% 가량 하락했다. 그럼에도 미국이 북미정상 회담을 통해 평화를 추구한다면 미국의 속셈은 다른 데 있다. 폼페이오 미 국무장관은 5월 13일 "북한이 비핵화에 나설 경우 미국 민간기업의 북한 투자를 허용하겠다."며 "미국 기업은 수천만 달러를 투입할 준비가 돼 있다."고 했다.(《중앙일보》 2018.5.14) 군수기업의 손해를 다른 기업의 이익으로 상쇄할 수 있다고 본다면 평화체제는 올 수도 있겠지만 협상에는 상대가 있는 만큼 고려해야 될 경우의 수는 많다.

---

* 공화당 전국위원회 재무위원장을 지냈고, 현재도 '큰손' 기부자로 알려진 부동산 사업가 앨 호프먼 주니어는 공격용 총기류 규제 법안을 지지하지 않는 정치인들에게는 후원금을 내지 않겠다고 선언했다. 미 국무부와 질병통제예방센터(CDC)의 통계에 따르면 2004년부터 2013년까지 10년간 미국에서 총기 사건 및 사고로 사망한 사람은 31만6545명으로 집계됐다. 반면 테러에 의한 사망자는 313명에 불과했다. 총기 규제의 당위성은 충분하지만 미국총기협회(NRA)의 로비를 이겨낼 수 있을지는 미지수이다. 회원이 420만 명인 NRA는 정치권에 막대한 자금을 뿌리는 것 외에도 전국에서 다양한 프로그램을 운영하며 총기 사용을 권장하고 있다. 《동아일보》 2018.2.19.

오익제와 이도천

오익제(1929~2012) 천도교 전 교령은 1997년 8월, 당시 '전 천도교 교령'이자 김대중 대통령후보의 '종교특보' 신분으로 대통령 선거를 앞두고 월북하여 국내에 파장을 일으켰다.* 천도교로서는 최덕신 전 교령의 월북 이후 또다시 전직 최고 지도자가 월북함으로써 남한에서 천도교는 커다란 타격을 입었다. 그만큼 천도교에 대한 국민들의 시선이 곱지 않았고 그 여파로 천도교인이 많이 줄었다고 할 수 있다.

2000년 6월 15일 남북 정상의 극적인 만남과 공동선언이 이루어진 이후, 남북 교류 역시 활발하게 진행되고, 그해 8월 15일 남북 이산가족 상호방문 행사 때 북한 천도교의 대표이기도 했던 류미영 조선천도교중앙지도위원회 위원장이 북측 이산가족 상봉대표단장 자격으로 서울을 방문하였으며, 천도교인들은 공항에서부터 시내에 이르는 길목에서 대대적인 환영 행사를 진행하였고, 김광욱 당시 교령과 류미영 위원장의 만남도 성사되면서 천도교에 대한 인식이 호전되기도 하였다. 류미영 위원장 개인의 기구한 이력이 언론에 보도되고 천도교가 국내 언론에 대대적인 주목을 받으며 두 교령의 월북에 따른 천

---

* 〈오마이뉴스〉에서는 오익제 전 교령의 월북 동기를 이렇게 보도했다.(2009.9.1.) "1994년에는 동학혁명 100주년을 맞이해 남쪽의 오익제 천도교 교령과 북한의 류미영 천도교 청우당 위원장이 남북 천도교인들이 판문점에서 기념행사를 갖기로 했으나 북한 핵문제를 핑계로 김영삼 정부가 반대하면서 무산되었다. 행사가 무산되자 남한정부에 실망한 오익제 교령은 1997년 미국을 통해 북한에 들어간 후 천도교청우당 중앙위원회 고문, 최고인민회의 대의원, 조국평화통일위원회 부위원장 등의 직책을 맡기도 했다."

도교에 대한 부정적인 인식은 많이 희석되었다.

2000년 10월에는 주선원 종무원장 대행 등 남측 천도교 대표들이 북측 평양 중앙교당을 방문하여 해방 후 최초의 합동시일식을 봉행 하였으며, 그 이후 이명박, 박근혜 정부가 남북교류를 봉쇄하기 전까지는 남과 북의 천도교는 해마다 1회 이상의 합동시일식 또는 공동성명 발표 등의 공동 행사를 진행하기도 하였다.

앞으로 천도교단의 남북교류는 지난 4월 27일 남북 정상의 판문점 선언 이행 정도, 오는 6월 12일의 북미 정상회담의 진행 여부에 달려 있지만, 천도교 나름의 교류 협력의 원칙과 방향 설정이 필요한 시점이다. 해방 이후 천도교단의 남북교류사에서 커다란 사건이 많지만 두 교령의 월북보다는 1978년 8월 5일 임진각에서 춘천교구장인 이도천 선도사가 '평화통일'을 외치고 분신한 사건이 더욱 의미가 있다고 나는 생각한다. 그는 천도교인들과 평양을 향해 통일행진을 하다가 당국에 의해 저지당하자 철조망을 움켜쥐고 통곡을 하다 통일기원 기도를 올린 후 온몸에 휘발유를 끼얹고 분신했다. 당시 언론보도는 단신 정도에 지나지 않았다.

인천. 5일 하오 1시 30분쯤 경기도 파주군 문산읍 마정리 임진강변에서 천도교 춘천교구장 이도천 씨(50)가 석유(5 *l*)를 온몸에 끼얹고 분신 자살했다. 이 교구장은 천도교중앙총부에 보내는 유서 1통과 자신의 사진 4장을 남겨 놓았다.*

이 사건은 천도교를 넘어 우리나라 남북교류사에서 매우 중요한 사건임에도 유신정권의 방해공작으로 축소 보도되었고, 천도교단에서도 제대로 기억하고 추모하지 못하고 있다. 천도교의 기관지인『신인간』에 그의 분신 10주기인 1988년, 20주기인 1998년에 이도천 선도사에 대한 추모기사가 실렸고, 이도천 선도사를 추모하며 동학민족통일회(동민회) 등에서 2006년 평화통일기행을 실시한 바 있다.

오익제 전 교령은 2008년 12월 12일 평양 인민문화궁전 면담실에서 〈통일TV〉와의 단독 인터뷰에서 자신의 월북 동기를 이렇게 밝혔다.

또 (월북의) 중요한 동기의 하나는 1978년 8월 4일로 기억이 됩니다.** 저는 그날을 잊을 수 없습니다. 그날 천도교 춘천교구장 이도천이라는 사람이 임진강 가에서 분신자살한 사건이 발생했습니다. 그는 평양을 향해서 통일행진을 하다가 임진강 가에 이르러서 반통일 분자에 의해서 저지를 당하자 그 자리에서 경건하게 통일기원 기도를 올리고 온몸에 휘발유를 끼얹고 분신자살했습니다. 그는 불

---

* 《중앙일보》 1978.8.7. 이도천 선도사의 나이를 50세로 보도한 것은 잘못. 당시 이도천 선도사는 70세.
** 8월 4일은 오익제 전 교령의 잘못된 기억. 8월 5일이 맞다.

에 휩싸이면서도 꼿꼿이 선 채로 통일을 염원하다가 돌아가셨습니다. 그는 쓰러지면서 '통일! 통일!' 외치면서 쓰러졌다고 합니다. 그런데 이 사실을 대서특필해야 할 언론은 무관심했습니다. 1단 기사로 축소 보도한 것입니다. 이것은 뭐냐? 노동운동을 하다가 영웅적으로 분신자살한 전태일에 대해서는 대서특필한 언론이 통일에 대한 몰지각에서 온 것이냐? 아니면 어떤 압력에 의해서 축소 보도한 것이냐? 어떻든 이것은 언론의 무책임한 자세입니다. 따라서 저는 분노를 금할 수 없었습니다."*

이 인터뷰는 2008년 10월 월간 『신동아』에 의해 납치설이 제기된 오익제 전 교령을 남쪽 언론매체인 〈통일TV〉가 요청하여 진행된 것으로, 월간 『신동아』가 제기한, 북한 당국이 오익제 교령을 납치했다는 보도에 대한 반론의 일부였다. 인터뷰 내용의 사실 여부에 대해서는 다양한 견해가 있다. 이 글에서는 이러한 논란을 언급할 필요는 없겠다. 다만 이도천 선도사의 분신이 끼친 영향이 지대함에도 우리 사회는 그를 잘 모르고 관련이 많은 천도교인들도 이도천 선도사의 분신에 대해 언급하는 것마저도 꺼려하는 분위기를 개탄할 뿐이다.

---

* 통일뉴스(2012.12.23.) http://www.tongilnews.com/news/articleView.html?idxno=82014

이도천은 누구인가?

박인진 도정과 조국광복회, 해방 이후의 남과 북의 천도교청우당, 3.1재현운동과 영우회 활동, 허경일 도정과 남북연석회의(1948.4), 4·19혁명 이후 결성된 민족자주통일협의회(민자통)에의 천도교인의 참여 그리고 1980년대 이후 남북 천도교인들의 교류 등 이도천 선도사 분신 외에도 남북관계와 관련하여 천도교에서 새겨야 할 기억들은 숱하게 많다. 이 글에서는 올해가 이도천 선도사 분신 40주기인 만큼, 이도천 선도사에 대한 기억을 먼저 새겨 본다.

남북정상회담이 판문점에서 개최되었다는 것에서, 우리로서는 임진강 가에서 분신한 이도천 선도사에 대한 기억은 소중하다. 앞으로 남북의 정세가 화해와 평화의 분위기로만 지속되지는 않을 것이다. 그러나 남북정세와 상관없이 동학하는 사람들은 이도천 선도사의 분신에 대한 기억을 지워서는 안 될 일이다. 이도천 선도사의 간단한 이력을 살펴보자.

이도천 선도사의 본명은 이도삼(李道三, 도호는 立菴)이다. 1908년 2월 2일 함경남도 함주군 삼평면 송호리 출생하여 함흥농업학교(1927)와 수원농업전문학교(1929)를 졸업하고 1929년 4월 5일 천도교 창도 70주년을 맞아 천도교에 입교하였다. 1938년부터는 함흥정미소를 운영하면서 천도교 활동에 진력하였으며, 해방 후 천도교청우당 함흥 선전부장에 선임되었다. 1946년 천도교 함흥종리원장(교구장), 1948년 청우당 남북연락책임자로 활약하던 중 내무서에 체포되어 수감되었다. 북한 내무서에 체포되었을 때 심한 고문에도 굴복하지 않았고, 저녁에는 목이 마르니 물을 달라고 하여 이를 숨겨 놓았다가 저녁 기도식에 청수를 모시기도 했다고 한다. 1950년 10월 국군이 북진하자 입대하여 미8군 정보과에서 복무하다가 11월 흥남철수와 동시에 월남, 부산에 거주하면서, 1952년 9월 부산시 좌천동 전교실을 창설하였다. 1955년 10월 강원도 홍천군 동막리로 이주하여 정착하고, 마을 이장을 맡았다. 서면 한서 중학교에서 교편생활을 하던 중, 이 해에 3년 전 반공포로로 석방된 둘째 아들 석찬군을 찾고 감격적인 상봉을 하였다. 1968년 춘천으로 이주하여 1976년 춘천교구장이 되었다. 교구 발전에 헌신하던 중 1978년 8월 5일 임진강 돌아오지 않는 다리 아래에서 통일을 염원하는 유서를 남기고 머리에는 삼층관을 쓰고 단정히 도복을 입은 채 통일을 염원하며 분신 순도하였다. 1988년 8월 5일, 천도교 춘천교구 주관으로 강원도 홍천군 서면 동막리 묘소에 순도비를 제막했다. 비문의 일부를 소개하면 다음과 같다.

오천년을 하나같이 살아온 내 조국, 저 파란 하늘, 하늘에 반짝이는 별들, 기름진 들판에 무르익은 오곡들, 산 좋고 물 맑은 화려한 이 강산이 어쩌다 두동강이 되어 정성·공경·믿음으로 얽히고설킨 부모형제, 오가지 못하는 이 서러움. 한많은 38선에 내 한 몸 불살라서 궁을꽃을 피우나니 겨레여, 한 덩어리 궁을로 모이소서!

헤아릴 수 없는 큰 한울도 조그만 마음보다 낮다

성품이 온화한 이도천 선도사는 해마다 105일 기도를 봉행하고 틈만 나면 교인 댁을 방문, 교화 지도를 했다. 평상시에도 북녘 하늘을 바라보면서 뜻있는 천도교인들과 결사대를 조직하여 궁을기를 앞세우고 부산에서 의주까지 휴전선을 넘어 행진했으면 한이 없겠다고 말하며 항상 통일에 대한 염원을 불태웠다고 한다. 이도천 선도사에 대한 기억은 이런 정도가 전부다.

추가한다면 이돈화가 집필한 『당지(黨志)』가 1946년 11월 25일 함흥에 있는 대심인쇄소에서 간행되었는데, 발행소가 '천도교종학원출판부'로 되어 있지만, 일설에는 이도천 선도사의 출자에 의해 평양이 아닌 함흥에서 출간된 것으로 알려지고 있다.(김용천, 오암 동학사상 연구소) 이돈화의 『당지』의 한 구절을 살펴본다.

보국안민의 계책이 장차 어디서 나올 것인가?(輔國安民之策 計將安出乎) 그러면 수운 선생의 소신하는 보국안민의 계책이란 과연 어떠한 것인가. 수운 선생의 저서 중에서 그 큰 뜻을 추출하여 보면 수운 선생의 보국안민의 계책은 대체 삼대 요령으로 나누어 볼 수 있다. 첫째로 신인간 창조, 둘째로 조선혼(魂)의 파지(把持), 셋째로 동귀일체 운동이다. … 셋째로 동귀일체 운동은 현재 조선은 무엇보다도 민족통일을 절규하고 있다. 그러나 알고 보면 이것은 일 세기 전에 부르짖던 동귀일체 사상에 다름 아니다. 수운 선생의 동귀일체 사상은 조선민족은 조선혼인 한울님 사상으로 일이관지(一以貫之)하라는 사상이었다. … 수운 선생의 한울님사상은 인내천적 세계관이 낳은 신인합일 사상인 점에서 이는 조선민족만을 통일할 사상이 아니요, 세계 억조를 오심즉여심(吾心則汝心)의 지기일원(至氣一元)의 아래에 총친화 총단결할 세계 일가(一家) 사상이었다. 이러한 사상을 정치적 현실에 활용하여 지상에 이상적 천국을 실현하고자 하는 것이 청우당의 사명이요, 우리 교의 사회개벽운동이었다.(이돈화,『당지』,『신인간』 통권463호(1988, 9 · 10합병호))

『당지』는 야뢰 이돈화가 천도교의 정치사상을 해설한 책으로 천도교청우당의 정치교재였다. 이도천이 함흥에서 이 책을 출판했다는 것은 단순히 짐작만은 아닐 듯하다. 해방 무렵 함흥에서 정미소를 경영하여 책을 출판할 재력이 있었고 신심도 넘쳐났던 그였다. 그의 분신순도 40주년을 맞아 무엇을 해 볼까를 생각해 본다. 『당지』를 깔끔하게 새롭게 박아내는 것도 뜻 깊은 일이 되겠다는 생각을 해 본다.*
판문점 부근에서 그의 분신순도를 기리는 의미 있는 일은 그 밖에도 여러 가지가 있을 것이다.

이도천 선도사는 월남 후 남한을 떠돌며 평생을 지냈다. 강원도 산

---

* 『당지』는 동학네오클래식(도서출판 모시는사람들)의 하나로 같은 계열의 책인 『천도교의 정치이념』과 합본하여 단행본으로 복간되었다. - 편집자 주

골에 정착한 이도천은 그 연륜과 풍상에 어울리지 않게 그 영성은 소
소하며 맑고 맑았다.

〈침묵의 새벽〉

한 마리의 두견새 우는 집을 위해 한울님은 수많은 기적의 우주를
만들었던가. 나는 듣는다. 먼동의 빛 속에 침묵의 나팔소리. 오 무
궁한 성령이여, 지금에야 육체가 된 시간이다. 빨리 선택하라, 수많
은 다른 불행한 불 속에 그대의 불멸의 보탑(寶塔)을 꽃피우기에 적
당한 이 새벽을.(을미(1955) 7월 16일 용문사에서)(『신인간』 통권576호
(1998.8), 100쪽)

그가 남긴 짧은 글 하나를 새기면서 문득 의암의 시 한 구절을 떠
올린다.

헤아릴 수 없는 큰 한울도 조그만 마음보다 낮고
홀연히 풍운이 일어나 만리를 뒤밟는다.

無量大天寸心低 風雲忽然萬里蹄(『의암성사법설』「후경」)

해월의 삶은 동학의 살아 있는 교과서

해월신사 순도 120주년을 맞아 영월 직동에서

1898년 6월 2일. 120년 전이다. 음력 날짜이니 양력으로는 7월 20일 이날은 수요일이었다. 해월이 교수형으로 순도한 날이다.

한국천문연구원 홈페이지에 보니 음력 날짜를 양력으로 쉽게 알 수 있는 서비스가 있다. 1391년부터 2015년까지의 날짜에 대한 음력 양력 정보를 쉽게 찾을 수 있다. 1392년이 조선이 건국한 해이니 조선시대 역사 기록 전부의 양력 날짜를 쉽게 알 수 있는 셈이다.

한국천문연구원이 제공하는 동학 창도된 날에 대한 정보는 이렇다. 음력 1860년 4월 5일 수운 선생이 동학을 창도한 그날의 양력 날짜는 5월 25일이었고 금요일이었다. 음력 간지는 경신(庚申)년 신사(辛巳)월 기사(己巳)일이었고, 1860년 그해는 윤년으로 2월이 29일까지 있어 일년은 366일이었고, 이해 음력 4월은 평달에 작은달로 29일까지 있었다. 수운 선생은 158년 전 음력 4월의 정보를 '경신지년(庚申之年) 건사지월(建巳之月)'이라고 하였으니 한국천문연구원이 제공하는 정보는 정확했고 또 더 자세한 셈이다.

현재 천도교에서는 음력 날짜를 그대로 양력으로 계산하여 사용한다. 음력 1898년 6월 2일이 해월 최시형의 순도일이지만, 양력 6월 2일을 그냥 해월의 순도일로 기념한다. 그래서다. 지난 6월 2일 해월 신사 순도 120주년을 맞아 여주 천덕산 묘소를 많은 사람들이 찾았다. 또한 해월 관련 동학 유적지를 둘러보는 동학기행에도 여러 시민들이 참여하였다. 제삿날로 치면 음력으로 치는 것도 아니고 양력으로 계산한 것도 아니니 6월 2일에 해월의 제사를 지낸다는 것은 어정쩡하지만 그렇게 정해 놓았으니 지킬 뿐이다. 의암 선생(성사) 시대에 정한 규칙이니 의암의 권위를 뛰어넘는 어떤 분이 나와 바꾸면 또 바뀔 것이다. 제례의 형식이나 날짜 등 변하지 않는 것은 없다. 제사 지내는 것도 과거에는 한상 가득 차려 놓고 지냈지만 지금은 청수일기(淸水一器), 즉 깨끗한 물 한 그릇이면 족하다.

강원도 영월군 중동면 직동리

해월 순도 120주년(2018)을 지내며 몇 군데 다녀본 해월 선생 관련 사적지는 하나같이 산골 오지다. 강원도 영월, 원주, 인제, 경기도 여주, 이천 등등. 무엇보다 주목을 끄는 곳은 강원도 영월군 중동면 직동리로, 해월이 관군의 추적을 피해 1871년 숨어든 곳이다. 경북 일월산 아래 바닷가 쪽 영해읍에서 이필제와 함께 '최초의 동학혁명'을 일으켰다가 실패하고 태백산맥을 타고 도망쳐 숨어든 곳이 강원도 영월. 경상도 지역에 비해 동학에 대한 기찰이 비교적 소홀했던 곳이다.

지난(2018) 6월 1일 영월 직동을 찾았다. 아직도 소가 끄는 쟁기로 밭을 가는 곳이기도 하다. 고추와 콩 등을 심는 밭은 경사가 심해 농기계를 사용하지 못할 정도다. 이 마을에 단 한 마리 있는 소가 쟁기질로 모든 밭을 간다. 해월은 이 마을 뒷산 두위봉에 있는 호굴에 숨었다. 호굴, 호랑이굴의 줄임말이다. 관군이 검거하러 왔을 때 굴 입구를 호랑이가 지키고 있어 해월을 검거하지 못하고 돌아갔다는 이야기도 전한다. 천도교단의 기록에는 다음과 같이 전한다.

신사(해월)는 강수, 황재민 두 벗과 함께 산중의 여러 곳을 찾아가 편안히 살 곳으로 삼았다. 어느 날 절벽을 오르니 큰 암자가 공중에 가로질러 있고 그 아래에 깊은 동굴이 있어서 세 사람의 무릎을 담을 만했다. 그래서 오래 머물 계책을 의논했다. 9월에 황재민을 영남에 보냈는데 일이 있었기 때문이다. 신사는 강수와 함께 외진 곳에 살면서 사방에 사람이 사는 마을이 하나 없어서 불러도 대답이 없었다. 또 추운 절기를 맞이하여 낙엽으로 몸을 가릴 수 없었으며, 산채로 배를 채울 수 없었다. 강수와 항상 함께 잎사귀(곤드레)를 뜯어 소금에 타서 씹으면서 겨우 목숨을 연명할 뿐이었다.(『본교역사』)

날이 점차 추워지고 먹을 것마저 없어지자 해월과 강수는 깊은 산속에서 곤경에 처하게 된다. 그때의 상황을 강수는 다음과 같이 기록하였다.

마시지 않고 먹지도 못한 지가 열흘이요, 소금 한 움큼도 다 떨어지고 장 몇 술도 비어버렸다. 아무것도 입지 못해 헐벗은 몸으로 장차 어떻게 할 것인가? 말소리는 나무에 걸려 있고 기운은 숙연하여, 사람으로 하여금 생각하는 생각하게 하는 이 천고의 가을에, 생각을 기대어 이를 곳이 없으니, 손을 들어 절벽을 올라 돌아보고 돌아보며 서로 말하기를 "두 사람 중 누가 먼저하고, 누가 뒤에 할꼬. 끌어안고 죽는 것이 좋겠구나."(『도원기서』)

이런 절박한 상황에서 해월과 강수는 호랑이까지 만난 듯하다.

이때 큰 호랑이 한 마리가 밤낮으로 곁에서 지켜 주었다. 신사(해월)가 호랑이를 경계하여 말했다. "너는 산군(山君, 호랑이를 높이는 말)이다. 여느 짐승과 크게 다르니 무슨 생각으로 우리를 지켜주면서 가지 않는가? 나를 해치거나 나를 보호하는 것이나 너에게 모두 맡기겠다."라고 하였다. 호랑이가 머리를 조아리면서 듣고서는 대답하는 소리를 내어 마치 기꺼이 허락하는 모양을 하였다.(『본교역사』)

"길 없는 길 위에서 길을 묻다"
지난해 여름 이맘때쯤 호굴을 직접 답사한 부산의 허채봉 동덕은 다음과 같은 소감을 남겼다.

길이 없어 특별히 길 안내자(직동리 이철규 영농회장)까지 모셨길
래 의아했다. 두위봉 아래 400m 지점까지 차량이 들어가고, 산 중
턱 800~900m 고지쯤에 위치한 호굴이라는데 불과 500m 정도 걸
으면 될 걸 무슨 길 안내자까지나. 웬걸? 아차 하며 숲을 돌아보았
다. 아니나 다를까. 길이 없었다. 그냥 숲 속 어딘가에 있었다. 길이
없는 것조차 몰랐다. 길이 없는 산행 길에 주의를 다하여 살피기 시
작한 것은 자취였다. 앞서 지나간 사람이 흐릿하게 남긴 자취. 나뭇
가지의 모양새랄지, 바닥이 다져진 모양새, 때로 야생 짐승들의 똥
도 하나의 훌륭한 자취가 되기도 한다. 길 없는 길 위에서 길을 묻
는 방법이다.

예상 밖으로 호굴은 신비로웠다. 겉에서 보면 아주 작은 토굴에 불
과한데 안으로는 제법 크고 너른 공간을 이루어 기거하기에 충분할
만큼. 다만 첩첩산중 먹을 것이 없는 걸 빼면 한동안 은신처로는 안
성마춤으로 해월신사님을 위한 한울님 감응의 증표가 아니었을까
싶을 만큼 편했다. 여름엔 시원한 안개까지 서리어 더운 줄 모르고,
겨울엔 포근한 깊은 산 속 호굴에 들어가니 나오기 싫었다. 어쩐지
깊은 잠에 빠지면 해월신사님을 만날 수 있을 것 같은 형언하기 힘
든 자취가 전해져 왔다.(『신인간』 통권803호(2017.10), 76쪽)

해월은 호굴에서 내려와 이 마을에 1년을 머물렀다. 해월이 직동
마을 박용걸의 집에 머물게 되는 경위를 『본교역사』는 다음과 같이

기록하고 있다.

그때에 바람이 세차게 불고 추위가 매섭고 굶주림이 심하여 잠시도 버티기 어려웠다. 마침 한 소년이 새끼망태기를 지고 와서 신사에게 물었다. "어르신은 누구신데 여기서 이 고생을 하십니까?" 신사(해월)는 대답했다. "나는 본시 영남 사람이다. 소백산과 태백산을 유람하다가 여기 와서 길을 잃어 험한 고생을 한 지 며칠이 지났다." 소년은 신사의 말을 듣고 새끼망태기에서 조밥 한 덩어리를 꺼내 먹으라고 하였다. 신사는 강수와 나누어 밥을 먹으니 주린 배가 조금 가셨다. 깊은 산속에서 사람을 만나 밥 한 그릇을 얻어 먹으니 실로 하늘이 주신 음식이었다. 신사는 소년에게 말했다. "사람이 곤란할 때 도와주는 것이 가장 착한 선이다. 덕을 베풀 때에는 끝까지 해야 하니 지금부터 계속 구해줄 수 있겠는가?"라고 하였다. 소년은 알았다고 대답하고 갔다. 다음날 그 소년이 과연 음식을 마련하여 가지고 왔다. 신사는 물었다. "자네는 어느 땅에 살며 이름이 무엇인가?"라고 하니 소년이 답했다. "저는 영월 직곡리 사는 성은 박(朴)가요 이름은 용걸(龍傑)입니다."라고 하였다. 신사는 물었다. "여기에서 그곳까지 몇 리나 되는가?" 박용걸이 답했다. "십 리가 조금 넘습니다." 신사는 말했다. "며칠 뒤에 자네가 사는 곳을 찾아가려고 하는데 괜찮겠는가?" 하니 박용걸은 "삼가 분부를 받들겠습니다."라고 대답하고 곧바로 산을 내려갔다.(『본교역사』)

대인접물 법설

해월은 1871년 겨울을 박용걸의 집에서 보낸다. 그해 겨울 온통 눈 속에 파묻힌 직동마을에서 은신하며 해월은 동학의 재기를 도모하였다. 박용걸의 도움이 결정적이었다. 해월은 직동에서 잠시도 쉬지 않고 새끼를 꼰다거나 짚신을 삼고 또 땔나무를 해 오는가 하면, 쉬는 시간에는 조용히 앉아 수련에 임하곤 하였다. 이와 같은 해월의 모습에 감복하여 박용걸의 집안 모두가 독실한 동학교도가 되었다. 해월은 박용걸의 집 뒷방에 기도소를 마련하고 이곳에서 49일 기도를 행하였다. 영월과 인접한 정선의 동학도인들이 해월을 찾기 시작했고 다시 동학의 불꽃은 되살아났다.

이 무렵 해월은 찾아오는 동학교도들에게 「대인접물(待人接物)」의 설법을 하였다. 사람과 사물을 대하는 방법에 대한 세세한 가르침을 담고 있는 대인접물 법설을 통해 해월은 우선 "사람이 한울이니 사람 섬기기를 한울같이 하라(事人如天)"고 하였다. 「대인접물」 법설의 주요한 내용은 다음과 같다.

남의 악은 감추어 주고 선을 드러내어 찬양하는 것을 주로 삼으라 (隱惡揚善). 저 사람이 포악으로써 나를 대하면 나는 어질고 용서하는 마음으로써 대하고, 저 사람이 교활하고 교사하게 말을 꾸미거든 나는 정직하게 순히 받아들이면 자연히 돌아와 화하리라. 이 말은 비록 쉬우나 몸소 행하기는 지극히 어려우니 이런 때에 이르러

가히 도력을 볼 수 있느니라. 사람을 대할 때에 욕을 참고 너그럽게 용서하여, 스스로 자기 잘못을 책하면서 나 자신을 살피는 것을 주로 하고, 사람의 잘못을 그대로 말하지 말라(非人勿直).

무릇 때와 일에 임하여 '우(愚, 어리석은 체 하는 것)·묵(默, 침착하게 하는 것)·눌(訥, 말조심 하는 것)' 세 자를 용으로 삼으라. 만약 경솔하게 남의 말을 듣고 말하면, 반드시 나쁜 사람의 속임에 빠지느니라. 도인의 집에 사람이 오거든 사람이 왔다 이르지 말고 한울님이 강림하셨다 말하라. 만물이 시천주 아님이 없으니 능히 이 이치를 알면 살생은 금치 아니해도 자연히 금해지리라.(『해월신사법설』 「대인접물」)

해월의 「대인접물」 법설을 요약하면 '사인여천(事人如天)', '은악양선(隱惡揚善)', '비인물직(非人勿直)', '우묵눌(愚默訥)' 등이라 하겠다. 마음공부의 측면에서 살펴보면 이보다 더 소중한 가르침은 없다. "일이 있으면 사리를 가리어 일에 응하고(以理應事) 일이 없으면 조용히 앉아 마음공부 하라(靜坐存心)."는 「대인접물」의 구절도 볼 만하다.

해월의 「대인접물」의 법설 내용은 어떤 의미에서는 이필제와 함께 영해 관아를 점령하여 영해부사 이정의 목을 치고 수운의 신원운동을 벌린 것, 이로써 많은 도인을 희생시켰고 동학교단 활동을 위기에 빠뜨린 것 등 해월 자신의 잘못에 대한 처절한 반성과 자책이었다. 박용걸의 집에서 참회의 49일 기도를 행하고, 이듬해 새해 들어 인근의 접주들과 별도의 참회의 제례를 올렸다.

'스토리텔링'과 '놀라운 힘에 대한 큰 체험'

영월 직동 호굴에서의 해월의 체험은 납득하기 힘든 점이 많다. 제자들이 해월을 추켜세우기 위해 지어낸 허구의 사실로 이해할 수도 있다. 그러나 호굴의 기록은 매우 쓸모 있는 기록이라 할 수 있다.

우선 지난 6월 1일 직동마을 윤경섭 이장은 마을회관으로 동학기행 일행을 이끌어 음료수를 대접하였다. 윤 이장은 "단 500만 원으로, 마을 분들이 자기 산의 나무를 베어오고 울력 봉사를 해 한옥으로 마을회관을 짓고 있다."며 "요즘 세상에 이런 인심과 협력을 찾아보기 어려울 것"이라고 자랑한다. 그리고 "해월 선생이 '사람을 하늘처럼 섬기라'는 사인여천(事人如天) 사상을 이곳에서 폈다. 36가구 70명이 사는 작은 마을이지만 동학의 역사와 스토리텔링을 살려 나가겠다."고 말했다. 윤경섭 이장 말대로, 동학 이야기로 영월 직동 마을을 스토리텔링한다면 단연 '호굴'이 이야기의 중심이 될 것이었다.

'호굴'을 스토리텔링한다는 것은 해월의 호굴 체험을 종교적인 측면에서 '놀라운 힘에 대한 큰 체험'으로 이해해야만 가능하며, 그래야만 이야기가 설득력을 얻을 수 있다. 신비체험에 대한 경험은 올바른 이해와 해석이 없다면 제대로 납득할 수 없는 법이다. 최동희 교수는 이렇게 말한다; "과연 기름 반 종지로 21일 동안 등불을 켤 수 있느냐를 따지는 것은 전혀 별개의 문제다. 자연과학적 차원과 예술이나 종교의 차원을 구별하지 못한다면 얘기는 끝난 셈이다. 해월의 체험이 참이냐 아니냐를 결정하는 것은 자연과학적인 설명이 아니다. 그 체험 이후에 펼쳐진 해월 자신의 종교적 신념과 실천에 의해 이해될 수 있을 뿐이다."(최동희, 『해월 최시형과 동학사상』, 부산예술문화대학동학연구소 엮음, 예문서원, 1999, 71쪽)

최동희 교수는 해월이 마침내 '새들의 울음소리가 한울님을 모신 소리'라는 것을 깨달았고, 구체적으로는 '사람과 생물이 숨쉬는 것은 모두 한울님의 놀라운 기운에서 말미암는다'는 것을 깨달았으며, 이러한 해월의 삶은 동학의 살아 있는 교과서이며 모든 종교의 산 교과서라고 볼 수 있다고 평가했다. 최동희 교수가 언급한 해월의 놀라운 힘에 대한 큰 체험 사례는 아래와 같다.

뜻밖으로 3월에 최경상(해월)이 느닷없이 찾아왔다. 선생(수운)은 "그대는 혹시나 들어서 알고 찾아왔는가?"라고 물었다. 경상은 "제가 어찌 알 수 있겠습니까? 스스로 오고 싶은 마음이 있었기 때문에 왔습니다."라고 대답하였다. 선생은 웃으면서 "그대가 참으로 그래서 왔는가?"라고 말하였다. 이에 경상은 "그러합니다."라고 대답하였다.

경상은 "제가 그동안 공부한 것이 그렇게 알차지 못합니다. 그러나 이와 같은 이상한 일이 있었는데 어찌하여 그렇게 됩니까?" 하고 물었다. 그러자 선생은 "우선 말하여 보라."고 하였다. 경상이 "기름

반 종지로 21일 동안 밤을 새웠습니다. 그렇게 되는 까닭이 무엇입니까?" 하고 말하였다. 선생은 "이것은 놀라운 힘(造化)에 대한 체험이다. 그대는 마음으로 홀로 기뻐하고 스스로 자랑스러워하라."고 하였다. 경상은 또 "이제부터 제가 포덕을 하여도 됩니까?"라고 물었다. 선생은 "포덕을 하여라."라고 대답하였다.

선생(해월)이 장한주, 김연국에게 "저 새들의 울음은 무슨 소리인가?"라고 물었다. 이에 두 사람은 "알 수 없습니다."라고 하였다. 선생은 "그것은 한울님을 모시는 소리이다. 무릇 사람과 생물이 숨쉬는 것이 모두 하늘의 근원적인 기운에서 말미암기 때문이다. 그리고 세상 사람들이 저마다 그 모양들을 그려내어 '산신이다', '서낭신이다', '조왕신이다', '삼신이다'라고 말한다. 어찌 그렇게 신령의 이름들이 많을까. 하나로 묶어서 말하면 '한 하늘의 음양'(一天地陰陽)이다. 이제부터 여러분은 마음을 닦고 기운을 바르게 바로잡으시오."라고 하였다. 김연국이 "한 마리의 새의 울음만이 근원적인 기운일 뿐만 아니라 무릇 천하의 날고 헤엄치는 모든 동물과 모든 식물이 한울님 모시는 다같은 몸 아닌 것이 없겠지요?"라고 물었다. 선생은 "그렇다."고 대답하였다. (최동희, 『해월 최시형과 동학사상』, 부산예술문화대학동학연구소 엮음, 예문서원, 1999, 71쪽 재인용)

어리숙한 한울님

등록 1994.7.1 제1-1071
1쇄 발행 2019년 1월 10일

지은이   심국보
펴낸이   박길수
편집인   소경희
편 집   조영준
관 리   위현정
디자인   이주향
펴낸곳   도서출판 모시는사람들
         03147 서울시 종로구 삼일대로 457(경운동 수운회관) 1207호
전 화   02-735-7173, 02-737-7173 / 팩스 02-730-7173
홈페이지 http://www.mosinsaram.com/

인 쇄   천일문화사(031-955-8100)
배 본   문화유통북스(031-937-6100)

값은 뒤표지에 있습니다.
ISBN 979-11-88765-31-7   03100

이 도서의 국립중앙도서관 출판예정도서목록(CIP)은 서지정보유통지원시스템 홈페이지
(http://seoji.nl.go.kr)와 국가자료공동목록시스템(http://www.nl.go.kr/kolisnet)에서 이용하
실 수 있습니다.(CIP제어번호:CIP2018040012)

이 도서는 한국출판문화산업진흥원의 출판콘텐츠 창작 자금 지원 사업의
일환으로 국민체육진흥기금을 지원받아 제작되었습니다.